U0031487

創造文明的人

SID MEIER'S
A Life in Computer Games
MEMOIR!

席德·梅爾
Sid Meier

珍妮佛·李·努南
Jennifer Lee
Noonan

——

著

許恬寧

——

譯

本書獻給全球的電腦社群、遊戲機社群與手遊社群
（以及他們長期飽受折磨的配偶、爸媽與男女朋友）

CONTENTS

PART V 建造偉大的城市，讓文明欣欣向榮

前言
欲罷不能的十億小時

　　距今十億小時前，石器時代的尼安德塔人正在敲製矛頭。如果曆法系統有辦法支撐那麼久，從現在起的十億小時後，將是西元一一六一七四年。十億小時在手，大約夠你用光速來回阿爾發半人馬座一萬三千趟，或是一次次在每位紐約人面前，一片接著一片播放《星艦爭霸戰》（*Star Trek*）的電影全集……時間夠每個人看兩遍。

　　有人告訴我，另一種可能性則是把那十億小時，全部拿去玩席德‧梅爾的《文明帝國》（*Sid Meier's Civilization*）。

　　十億小時是個令人嘆為觀止的數字——而且這還只是極度保守的估算，因為一直要到過去十年，《文明帝國》的遊戲經銷平台 Steam 才開始認真搜集玩家數據。此外，十億其實只是《文明帝國V》二〇一〇年上市後，截至二〇一六年止六年間的遊戲時數，而《V》又只不過是《文明帝國》系列在過去二十九年間（本書英文版付梓時間）十二個版本中的其中一版，資料片更是沒算進去。†

---

† 成就解鎖：千里之行——恭喜讀完一頁。

若要想像自一九九一年以來，世人花了多少小時玩《文明帝國》，該怎麼說呢，實在是不可思議，我根本不會耗費這個腦力去想。再說，如果要公正評估《文明帝國》有多成功，我這一生製作過的其他所有遊戲也應該一併納入考量才對，例如：《大海盜！》（*Pirates!*）與《鐵路大亨》（*Railroad Tycoon*）等本身就相當受歡迎的系列，以及可惜沒碰上伯樂的《ＣＰＵ・巴哈》（*C.P.U. Bach*）與《模擬高爾夫球場》（*SimGolf*）等遺珠。此外我認為，即便是虎頭蛇尾的遊戲計劃也該記上一筆，畢竟要走過錯路，才會知道該朝哪裡前進。每一款遊戲都教會了我一些東西，也各自有令我懊惱與滿意之處，所有的遊戲都承先啟後。

　　在接下來的章節，主要會按照時間順序，檢視我這輩子製作過的所有遊戲。從全球知名的創作一直到無人知曉的作品全數都會登場，名單齊備，甚至還會介紹幾款業餘創作。那些遊戲無法放進傳統的職涯模式，既非「為了賺錢」，也無「要是你抄別人的點子，你會挨告」之虞。每一個疆域遼闊的帝國，全都能回溯到一名最早的開拓者。同理，大家都說我是待人和氣的產業前輩，但沒有人生來就是老大哥。老實說，我也曾是不懂事的年輕小夥子，我也一度為了增加遊戲的樂趣、為了微乎其微的利潤（通常根本無利可圖），製作過點子沒那麼原創的遊戲。幸好，據說那些遊戲已經超過了消滅時效，因此我也準備好和盤托出。不過，無論是用上十億行（所有《文明帝國》的產品相加起來，這個估算並不離譜）、還是少於一百行的程式，本書提到的每一款遊戲都有一個共通點：它們和世上所有的遊戲一樣，基本上

都是由有趣的決定串連而成。

這話就如所有範圍包山包海的定義一樣，需要加以解說，到第 16 章我會再回頭詳談這個概念。不過，最重要的一點在於，這是一種往外看的心態，而不是往內看。我們平日被種種「決定」包圍，遊戲也是一樣，我們所做的每一件事都是抉擇。究竟「有不有趣」，一定程度上取決於個人的主觀品味，但「擁有選擇權」的美妙使得遊戲與其他媒體不同，玩家得以將自由意志施加到周遭環境裡，不必乖乖順從劇本——無論那樣的選擇權是透過電腦鍵盤、塑膠代幣或肢體運動來傳遞，或完全只在心中暗想都一樣。少了玩家的投入，就沒有遊戲；反過來講，只需一個單一的互動，就能讓旁觀者變成參與者，就此成為玩家。

當然，身為遊戲設計師，我們有義務讓這樣的決策過程變得更好玩，但要桿桿進洞並沒有這麼容易。例如我不會誇下海口，說我光是讓玩家決定中午要吃什麼，就一定能做出一款好遊戲——只是有這樣的可能性，或至少有可取之處。世上沒有讓所有人都覺得無趣的主題；萬事萬物都有引人入勝之處，因此遊戲設計師的主要工作並不是讓某樣東西**變得**有趣，而是要**找出**樂趣。我習慣分析事物的本質（有人會說這是強迫症），檢視人連帶受到的影響，抽絲剝繭，找出究竟是哪些元素令人欲罷不能，哪些元素則純屬點綴。一旦篩出任何特定決定中最有趣的部分，就算是準備好打造互動體驗了，玩家也會覺得新鮮有趣，不會因為陌生而感到不安。這就是我個人的遊戲哲學，到目前為止，效果似乎挺不賴的。

在訪談中，經常有人問我是從什麼時候對遊戲產生興趣的。提問人通常暗自希望我會談到在童年時期、某個很早的時間點，我獲得上天的啟示，突然間領悟到自己是遊戲設計師。他們好像很愛挖掘啟發我的神奇物件——或許是我念小學時，我爸送我的那本厚達六百三十頁、介紹南北戰爭的圖解書；也許是我住瑞士時，住家旁邊的那座火車站；又或者是我家那台小小的黑白電視，播放過演員艾羅爾‧弗林（Errol Flynn）的經典俠盜片——訪談人往往希望我說出，就是在某個瞬間，我感受到命運的召喚。不然，我這一生為什麼會走上這條相當不尋常的道路？這該怎麼解釋？難道不是因為在某個關鍵時刻，我的人生突然冒出轉捩點嗎？

然而，就我的角度來看，其實沒這回事。我從來沒有明確地下定決心，要把自己奉獻給遊戲，我認為遊戲原本**就是**預設值，是一條理所當然的道路。遊戲在歷史上不只跨越了十億個小時，早在西元前五千年，古代蘇美人就在擲骰子了。更原始的遊戲幾乎可以回溯至尼安德塔人——遊戲可說是深植於人類的本能。嬰孩出生沒多久，就會和自己的腳丫子拔河，他們甚至還搞不清楚那是誰的腳。每個人都是邊玩遊戲邊展開人生道路的，我也不例外。我曾在人生最早的時光因為反覆遮臉露臉的躲貓貓而咯咯笑，接著我把玩具士兵排排站，再來是玩桌遊，後來寫起有趣的電腦程式。對我來說，這似乎是全世界最符合邏輯的開展。「你是從什麼時候開始的？」這個問題較為理想的問法其實是「為什麼你沒有停下來？」——然而，即便有人這樣問我，我也無法提供什麼好答案。把人生花在遊戲上居然是特例而非通則，

令我百思不得其解。

　我的墓碑上要是只刻著「席德‧梅爾：《文明帝國》製作人」這幾個字，我欣然接受。《文明帝國》是款眾所皆知的好遊戲，這個遊戲以正面的方式影響了眾多玩家的人生，對此我相當自豪。然而，《文明帝國》只說出了部分的故事。

　以下，才是完整版的故事。

PART

I

◆

遊戲是虛擬的，但興奮是真的！

01

賭城奇航

在遊戲界，我創辦人生第一間電玩公司的始末，幾乎成了一則傳奇故事。然而，就像大多數的傳說一樣，經過眾人口耳相傳，你聽到的版本很有可能誇大許多。沒錯，那則故事的確發生在拉斯維加斯。我之所以會開公司的確是被激到，酒精可能也起了一點作用（至少有一名當事人如此）。然而，發生了那些事之後，又過了好幾個月，公司才真正成立。這樣說吧，我這個人回顧過往時，並不喜歡把這一切想成一條注定會踏上的道路。當時真的沒有什麼命運在召喚我的感覺。

我畢業剛踏入職場時，曾在通用儀器（General Instrument）擔任系統分析師，工作內容是前往家鄉密西根各地的零售店裝設聯網收銀系統。這份和電腦打交道的工作令我心滿意足，對於才剛畢業的新鮮人而言，這活相當不錯，對此我由衷感激。我並沒有迫不及待地想在

世上揮灑創意，甚至不曾細想產業的未來，頂多只能說傻人有傻福：當時零售版的電腦遊戲尚未問市，只有業餘愛好者免費分享的一些零星程式，因此我不太可能偷偷懷抱著夢想，希望有一天能成為專業的電腦遊戲設計師。話雖如此，這並不代表我不知道什麼才夠酷——我剛進大學的那幾個月就寫下人生第一款遊戲的程式了。然而酷歸酷，上班掙錢又是另一回事，我總覺得遊戲和工作是兩碼事。

事實上，也不完全如此。通用儀器有一個稍微酷一點點的部門叫AmTote，負責的業務是製作電子計分板。據說，遊戲節目《價格猜猜猜》（*The Price Is Right*）最初的設備全都由通用儀器這個部門設計，不過他們的主要產品其實是一種叫做「威能累積計算器」（Mighty Totalizator）的直立式賭博機率追蹤器。雖然這個名字聽起來像是蹩腳的科幻小說武器，但一路回溯下去，這台機器可是早在一九一三年就發明了，發明者是澳洲人朱利斯爵士（George Julius）（機器的名字大概也是他取的）。在那個年代，賭博暴動的問題層出不窮，賭客對於理應是大賠率的下注，最後卻只拿到小額的彩金感到相當不滿。發生這類情形的原因包括內線消息在民眾間傳開——大家早就聽說冠軍馬在開賽前夕受傷，押冷門選項的賭客變多，冷門就不冷門了。賭博業者的賠率不過是純粹反映出其他每一名賭客把錢押在哪裡。數字更新的速度愈快、愈早讓賭客知道最新的情形，馬票亭的工作人員就更能免於無妄之災。

朱利斯的發明是最早期的機械計算器，由大量的單車齒輪與鋼琴線組裝而成，起初的體積大到足以塞滿整個賽馬場的馬廄。幸好到了

一九七〇年代，計算器的體積已經大幅縮小，但它依舊是一台令人呵欠連連的數學機器。

然而，不管怎麼說，替製造賭博機器的公司工作有一個附帶的好處：公司的活動通常會在賭城拉斯維加斯舉行。我在公司熬了幾年資歷，職位也升了幾等，才終於輪到我被派去拉斯維加斯，參加人生第一場大型會議。我對隨機的遊戲沒興趣，在會議裡枯坐三天更是令人心煩，不過我和其他許多性格同樣內向的同事不一樣，我喜歡拉斯維加斯的五光十色——此外，我喜歡玩二十一點，也許這更符合我的技術宅名聲。大部分的賭場都會提供小賭怡情的牌局，在那個年代，只要兩美元就能玩一局。與我靠「人體牌」的累積計算器來心算機率的能力相比，兩美元似乎是個很合理的風險。

再說了，拉斯維加斯的另一項優點，就是大型電玩機台的數量遠遠超過世上任何一個角落。

不過，在我投入娛樂的懷抱之前，每天我都得先搞定會議廳裡舉辦的多場主管會議。才第一天下午我就無聊到快睡著，不確定撐不撐得過最後一場研討會，主題好像是「事業策略」（還是「市場成長」），或是任何令人昏昏欲睡的東西。為了保持清醒，我使出殺手鐧，轉頭和一旁的同仁小聲聊天，那個人叫比爾・史泰利（Bill Stealey）。

比爾和我在不同部門任職，我們兩個不算真正認識，但知道彼此是同一間大公司的職員，說不定還搭了同一班飛機從馬里蘭出發。不過，我很難想像比爾會老老實實坐在客艙——腦中更容易浮現的畫面

是他狂敲駕駛艙的門，對著機組人員指手畫腳。比爾曾經是美國空軍的儲備駕駛，儘管戴著近視眼鏡，依舊不屈不撓、過關斬將。他對自己所受過的訓練自豪得不得了，所有的名片上都印著「最高戰鬥機飛行員」（Fighter Pilot Supreme）的頭銜。

比爾就是比爾，他果然壓低聲音，跟我講起遨遊天際的往事。要我們兩人找到生活中有交集的事，似乎不太可能，不過飛行這個話題對我而言也不是全然陌生，我提到自己私下有空時會寫飛機遊戲的程式。

比爾點頭表示贊許，我們兩個一拍即合。比爾最近也買了一台Atari 800 家用電腦，並坦承他只是「名義」上用那台電腦來工作，買電腦的主要目的其實是為了玩一款叫《星際奇兵》（Star Raiders）的新遊戲。比爾不禁抒發己志：「我真的很想從事販售遊戲的工作，這是未來的趨勢！」

我告訴比爾，其實我剛賣出了人生第一款遊戲，買主是一間叫橡果軟體（Acorn Software）的小型遊戲發行商。

「真的嗎？」比爾突然來了勁：「我們應該合開一間公司！」

「很有趣的點子。」我不失禮貌地轉移話題。開公司不一定是不好的提議，但比爾這個人很容易一時興起，我心想，即便他當下真心這麼認為，有些事大家也只是嘴巴上講講，不會真的去做。

當天的會議結束後，我和比爾決定同遊拉斯維加斯，看看哪裡有遊戲機台，最後我們踏進了美高梅大酒店（MGM Grand）。我們在一間又一間光線閃爍、嗶嗶亂叫的機台遊樂場一較高下。我其實沒有把把都贏，但在比爾口述的故事裡，我幾乎連戰皆捷。最後，他扳回一城的機會來了：酒店裡有一台叫做《紅男爵》（Red Baron）的一戰飛行模擬器。

比爾放話道：「看好了，年輕人，學長來教你幾招。」他一屁股坐進模型塑膠椅。

我站在比爾後方觀戰。比爾拿出開過十年真飛機的功力，專心完成眼前相較之下沒那麼危險的任務，擊落在群山之中蛇行的火柴人雙翼機。比爾那場的得分很高，但究竟有多高有待考證——我記得是三千分上下，但比爾回憶的數字高達七萬五千分。這是一個合理的得分比，因為我記得的往事精彩度往往只有比爾的二十五分之一左右；不過這次證據站在我這邊，因為以現代模擬器來說，就算以無懈可擊的方式玩《紅男爵》十分鐘，最高分也不過一萬出頭，也就是一分鐘大約一千分。如果比爾真的拿下七萬五千分，我必須見證他的飛行技術超過一小時才有可能。反正不管原始數字究竟是多少，比爾那場表現得很不錯。

接著換我上場。

「你怎麼辦到的？！」比爾跳腳，瞪大了雙眼。我最後的得分大約是他的兩倍（這個比例我們兩個人都同意）。「我才是真正當過飛行員的人！你怎麼可能擊敗我？」

我聳了聳肩。「剛才你在玩的時候，我記下了演算法。」

「你什麼？」

「我是程式設計師。」我提醒比爾，「敵機的 AI 非常好預測。唯一的竅門就是永遠別讓敵機出現在你後方。給我兩個星期，我就能設計出比這更好的遊戲。」

「那你快點設計。」比爾催促我。他已經瞬間忘掉受傷的自尊。「只要你寫得出來，我就賣得出去。」

就這樣，我們開始了。當時我只覺得這會是個好玩的計劃，但並不是什麼改變一生的決定。我認為，所謂的重大時刻少之又少，而且這種追溯既往、神話某事的行為很危險，會讓人想要等發生了某件高潮迭起的事再說，而不是積極抓住每一個機會。事實上，當時我已經試著寫遊戲程式好幾年了，而且就像我跟比爾說的那樣，在我和他聊天之前，我早就賣出過一款遊戲——嚴格來講是四款，但這個故事晚點再說。總而言之，第一步永遠是坐下來開始努力，幾乎不可能是搭機前往拉斯維加斯，等著某人邀你創業。

我的家用電腦裡有好幾個遊戲原型正在進行，其中有一款是幾乎快要完工的直升機遊戲，但我答應比爾的是飛機遊戲，因此，那年夏天剩下的時間我都拿去全心製作《王牌地獄貓》。這個遊戲名稱取自二戰期間美國的海軍戰鬥機「格魯曼 F6F 地獄貓」（Grumman F6F Hellcat）。我說自己能在兩星期內弄出更好的 AI 不是在吹牛，但「更好」與「最棒」之間有著相當大的距離，我永遠希望盡善盡美。

終於，我覺得差不多了，便把遊戲交給比爾。一天後，比爾列出

一堆遊戲漏洞與不符合軍事考證的地方。這下子我知道，我們兩個人的合作也許真的有搞頭。比爾沒有想靠不懂的東西賺快錢，他和我一樣對遊戲品質下工夫。我從善如流，接受了比爾的建議，修改遊戲；不過我不確定當時比爾是否對我有信心。不過，既然我已經回應了比爾的挑戰，他也不是那種會退卻的人。我已經證明自己有能力設計出更好的遊戲，比爾別無選擇，只能證明他真的能把東西賣出去。

就這樣，我們掏出一千五百美元的積蓄買了一疊磁片、一包標籤貼紙、一盒可以裝磁片的小塑膠袋。在那個年代，這種簡陋包裝是標準做法，就連專業級的產品也一樣——沒有人會像後來的遊戲包裝那樣，為了放進一張磁片和半頁說明書浪費一整個紙盒，此外，當時影印機技術還很新穎，沒有便宜的消費者機種，有就很不錯了。比爾擺在地下室的那台點陣印表機印出的標籤品質，已經和任何中型公司的出品不相上下。這下子我們萬事俱備，只欠商標。

比爾想把新公司命名為「自大狂」（Smuggers）。自從我邀請比爾加入我的使用者群組後，他就不斷開這個玩笑。雖然「使用者群組」一詞通常會讓人想起早期的網路聊天室，但這個字最初指的是一群電腦用戶在真實世界裡組成的實體團體。聚會場所通常是地方上的商店，偶爾大夥兒也會擠在某個人家的客廳。大家氣喘吁吁搬著巨大的主機和螢幕到場，以貨真價實「同儕對同儕」（peer-to-peer, P2P）的形式交換軟體。我不是群組的發起人，甚至不是帶頭的人，但比爾永遠說那個群是「席德・梅爾的使用者群組」（Sid Meier's Users Group），並開玩笑地把每個字的第一個字母拼在一起，簡稱為「自大」

（SMUG）。幸好其他朋友也滿有幽默感的，對此事並不介意，但「自大狂」實在不是我心目中的公司名稱首選。

我提議的名字是「MicroProse」（微散文），理由是我認為電腦程式的優美程度不輸給任何散文，而且剛好也是英語「專家」（pros）的諧音。比爾認為這個名字有點難發音，但他也同意這個名字頗有特色，民眾記得住。不過事實證明，這個名字並沒有我們當初想的那麼獨一無二。幾年後，我們被一家叫「MicroPro」的 WordStar 文書處理程式製造商告上法院。雖然我們可以主張我們的公司比較有名，但 MicroPro 的成立時間稍稍比我們早一點，情勢看來對我們不利，我們別無選擇，只能換公司名字──最終得換。比爾這個人或許有點人來瘋，但若要打持久戰，他也不會輸。客客氣氣協商好幾年後，告我們的公司突然自行更名為「WordStar 國際」（WordStar International），整件事從此無疾而終。除了比爾，我不確定還有誰能辦到這種事，不過這就是比爾天賦異稟之處，他就是有辦法讓人打退堂鼓，對方還會感激涕零。

一開始，比爾的遊戲業務拜訪基本上都是順便為之。如果要去外地出差，他下火車後會走到最近的電腦店，看看能不能賣出幾張磁片。週末時，比爾會把一箱磁片放進後車廂，一路沿著美國東岸的九十五號州際公路（I-95）開，能開多遠開最遠，然後在最後一秒鐘趕

回來參加通用儀器星期一的公司晨會。

接著，某個晚上，我的電話響了。

「席德，我想我們在這裡有搞頭。」

「比爾？你在哪？」

「紐澤西。我們剛剛賣出了五十包《王牌地獄貓》。」

「太好了！」

「沒錯。」比爾說。言下之意是「**快去拷貝吧。**」

在那個年代，每賣出一片遊戲，就代表我得待在雙磁碟機前一片、一片龜速拷貝磁片，每片大約得耗掉無聊的六十秒。我可以在等待期間讀本書，但不可能工作——當時的家用電腦還沒有我需要的多工功能（大約還要再過十年才有那種東西），不過外包正在興起。不久後，我雇用了使用者群組裡的一個小朋友，以一片二十五美分的薪水請他替我拷貝。我和他熟的原因是他年紀太小，還不能開車，我平日會順道載他，因此他的第一份工作可能相當於今日在電玩公司領到三十九美元的時薪。算是挺不賴的。

在那段期間，我還完成了直升機遊戲《直升機救援行動》，《叢林福洛德》也開始動工。我聽從比爾的建議，替這三款遊戲加上了開場畫面，順便幫 MicroProse「產品目錄」上的其他遊戲打廣告。此外，我也負責拷貝現成遊戲的新版本。比爾從店經理那聽到玩家的想法後會跟我分享，我也會調整遊戲，因此要是我們最初的遊戲磁片還存留在這世上，大概張張都不同。

《叢林福洛德》不是飛機遊戲，但往往是比爾吸引店員上鉤的誘

餌。這款遊戲可以讓店員和同事多人競賽，很少人能抗拒這種誘惑。此外，《叢林福洛德》具備日後所謂平台遊戲的元素，風格和廣受歡迎的機台遊戲《太空大恐慌》（*Space Panic*, 1980）與《大金剛》（*Donkey Kong*, 1981）類似，看來引發了玩家更深層、更直覺的共鳴：不曉得為什麼，每個人自然而然就會知道待在遊戲螢幕的上方比下方好，有落難少女就要救。駕駛格魯曼 F6F 需要一點練習，《叢林福洛德》則可以立刻上手，玩家不必特別厲害——只要彼此勢均力敵，就能玩出樂趣。兩、三名遊戲店員工一起擠在螢幕附近時，馬上就會激起購物者的好奇心，接著比爾會把電玩搖桿交給消費者試玩，店家八九不離十都願意進貨。

當然，我們其他款遊戲也有多人競賽的功能，《王牌地獄貓》與《直升機救援行動》都可以，但最多只能兩個人玩。《叢林福洛德》的特殊之處在於可以一次使用四個搖桿，這在一九八二年是很值得大書特書的事，很少小眾市場的遊戲能做到。當時可以一次四個人玩的重要遊戲是雅達利開發的《爆破彗星》（*Asteroids*），目的是展示雅達利旗下機子的性能。科技製造商通常必須採取「花若盛開，蝴蝶自來」模式，一直要到已經投下數百萬美元，才會知道某項功能是否受開發者歡迎。很可惜，有很長的一段時間，四人齊玩的功能一直相當邊緣，只出現過幾款大型的機台遊戲，例如《聖鎧》（*Gauntlet*, 1985）與《少年忍者龜》（*Teenage Mutant Ninja Turtles*, 1989）。一直要到一九九三年，才有《毀滅戰士》（*Doom*）這種爆紅的主流電腦遊戲加入行列。

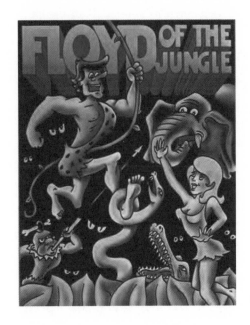

《叢林福洛德》封面圖案
© 1982 MicroProse, www.microprose.com

不過,《直升機救援行動》的多人功能另有獨到之處。搖桿並不是用來操控兩個相同的角色,而是連結至同一架直升機的不同部分。玩的時候如同許多真實世界的軍用車輛,由一名玩家負責駕駛,另一名則負責開火,二人需要通力合作,不斷相互溝通。當年那些科技早期的東西很多都佚失了,不過,除非有人跳出來反駁,我要在此主張《直升機救援行動》是先驅,率先讓同時上場的玩家負責不同任務。

此外,我也是因為製作《直升機救援行動》才開始了解如何讓螢幕往四面八方滑動。我早期的遊戲靈感大多來自新型的程式設計小花招——我會去學新技巧,或是從零自行開發——接著想辦法套進遊戲。舉例來說,與其他遊戲相比,《王牌地獄貓》的一大進展就是地

平線更能有效地精確傾斜。以今日的眼光來看，改變一條線的角度沒什麼大不了的，但如果你的電腦記憶體一共大約只能存放本書純文字版的三個章節，難度將會大幅提升。

《叢林福洛德》同樣也集數個技術進展於一身。除了能讓螢幕上的四個人同時一起玩，還加進了新型動畫技術，讓同一個角色能在些微不同的版本之間切換。那一年市場上最熱門的遊戲《太空侵略者》（注：Space Invaders，台灣稱此類遊戲為「小蜜蜂」）就是採取這種模式，一共展示六種外星人。《太空侵略者》中的外星人以循環的方式擺動腿，但一共只有切換兩種姿勢。程式可以做到的其實更多，我希望能測試程式的極限，盡量讓最多種的生物以最大量的方式移動。既然外星人有人做了，我便把遊戲背景設在雨林，接著我想起小時候曾在無數個星期六的早晨觀看的卡通《森林泰山》（George of the Jungle）。我製作《叢林福洛德》的年代和後來不一樣，當時做遊戲往往以技術為優先考量，主題依舊居次——我是在專門**替**電腦製作遊戲，而不是有必要時能放進電腦的遊戲。能用的功能我希望全部都能用上。

我的實驗目標是在不拖累遊戲速度的前提下，看能把多少東西塞進螢幕裡。為此我得練習繪圖技巧，畢竟當年的設計師大多都得身兼數職，自行搞定所有的環節。我在程式的極限內放進鳥、大象、鱷魚、蛇、獅子、猴子與俾格米人（Pygmy，俾格米人在現實生活中是很和善的部落，但當時的刻板印象把他們呈現成探險家的恐怖挑戰。那個時候的我也沒想到要質疑這種傳統說法）的四階段影像，再加上

美麗的落難少女珍妮絲（Janice），主人翁福洛德當然也不能缺席。福洛德除了有跑步、跳躍、攀爬與死翹翹的動作，還有個別的靜態畫面。我的猴子看起來有點抽象，就跟動物餅乾一樣，你永遠無法確認那塊東西究竟是什麼生物，不過鱷魚和大象還滿不錯的。這對MicroProse 來說是個好消息，因為還要再過三年，我們才請得起真正的美術人員。

我們在一九八二年十月開始打廣告，六個月後，終於第一次有人為我們寫遊戲評論。雅達利公司的《滑稽》（Antic）雜誌把《叢林福洛德》評為「好玩」和「相當好」。整體而言，當時的遊戲心得不太會用上強烈的形容詞。隔月，《滑稽》也介紹了《王牌地獄貓》，評語是「令人印象深刻」，但「尚有改善空間」。

雖然評價平平，比爾卻不是很在意，因為評論人引用了比爾最愛用的推銷台詞：「由『空軍國民衛隊』（Air National Guard Wing）成員試玩。」那其實是比爾的小噱頭，意思只不過是比爾和他兩個朋友玩過。老實說，比爾行銷計劃的重點並不在於遊戲評論人說了什麼，只要有人評就行了。

報導刊出後，比爾開始打電話給開車到不了的遊戲店家。

「你好，我想買《王牌地獄貓》。」

「不好意思，我們店裡沒這款遊戲⋯⋯」

「什麼？！」比爾火冒三丈：「你們這什麼破電腦店？沒看到《滑稽》的遊戲評論嗎？」比爾氣沖沖掛掉電話，喃喃自語要到別家買。

一星期後，比爾再打一遍，這次裝成不同人。再過一星期，他會

打第三次。比爾甚至連電話號碼都不必換，因為在那個年代，顯示來電還只是幻想中的產物，如同漫畫裡迪克・崔西探長（Dick Tracy）手上戴的那只萬能蘋果手錶。

最後到了第四個星期，比爾會用上他的專業人士聲音：「午安，我是 MicroProse 軟體公司的銷售代表，希望能有這個榮幸，向您介紹我們最新款的遊戲《王牌地獄貓》。」假需求讓店家昏頭，他們向比爾敞開大門。

今日的行銷世界手法五花八門，比爾這招似乎太明顯了。然而，在電腦店還只是路旁迷你店鋪的那個年代，效果還不錯。當時比爾大概有打電話給全美每一家經銷商，用源源不絕的熱情感染他們。我和比爾是最佳拍檔，我不想碰銷售，比爾則對創作環節沒興趣。我能坐在家裡徹夜編寫程式，比爾則有辦法每個週末都出門推銷，我們永遠不插手彼此的分工。[†]

---

† 成就解鎖：書中沒有新手村，是時候買下這本書了！

02

致敬，或抄襲？

「致敬」這兩個字實在是太往自己臉上貼金，遠比「盜版」好聽多了。我六三％的改編遊戲確實是誠實之作，有時甚至是著作權的主人親自要我做的。至於剩下的三七％，好吧，或許是有點侵犯到已經存在的商標，但我一共只獲得幾塊錢的銷量，以及一些毫不掩飾的狐疑眼神。孩子們，歹路不可行。（除非它啟發你，讓你在全球令人最有成就感的產業中有能走上一輩子的職業生涯。如果是那樣，鋌而走險的報酬還算不錯。）此外，我出自善意的剽竊也曾讓我被通用儀器口頭警告，畢竟我的職稱絕對沒有「遊戲設計師」這幾個字。不過，惹上公司的麻煩之前，我早在大學時代就曾因為製作遊戲而差點出事。

一九七一年，我進入密西根大學（University of Michigan）就讀，在那之前我連電腦本尊見都沒見過，但電腦極度講求邏輯的本質深深吸引著我。我一時興起，除了原本的物理與數學雙主修，還跑去修一

門寫程式的課，並在學年結束時把主修改成電腦科學。如今回想起來，這個決定大幅改善了我的就業行情，但我當時根本沒想那麼多。我會主修電腦，頂多是因為電腦令我感到手中握有力量。我無法自行算出一萬位數的圓周率（或至少得花一千萬年才做得到），但我可以寫出幫忙計算的程式。簡單來說，電腦讓人有能力先去「做很酷的事」，接著再讓那件很酷的事從另一端冒出來，這種事讓我雀躍不已。我甚至不想用「就像魔法一樣」來形容。這是科技，比魔法還棒。

課堂上，我們用大型電腦 IBM 360 上課，使用程式語言福傳（FORTRAN）與八十列打孔卡。學生會準備好自己的一疊卡，帶進電腦室，看著工作人員把卡一張一張放進讀卡機。大約十分鐘後，我們會走到另一張桌子邊領回結果。美好的科技黃金歲月尚未到來，仍舊處於令人抓狂的古老年代。

我拿的大學獎學金有項規定，要我擔任工讀生來抵學費，我只上完一堂程式設計課，就厚著臉皮向教授討工作，教授正好在找人做電腦的工作。號稱自己有資格接下那份工作事實上有點冒險，不過那個年頭懂電腦的學生並不多，也幸好實際的工作內容很簡單，主要是做教育軟體的早期探索，例如讓選擇題測驗依據你的答案跳到對應的題目。不過，諾亞·薛曼博士（Noah Sherman）實驗室的設備遠比給我這種大二生用的課堂機器先進得多，這下子我能存取真正的電傳打字終端，直接把程式輸入系統，不必靠打孔卡當中介。因此我得以在比先前快上許多的循環中檢視有問題的輸出，修正程式，接著確認輸出

有所改善。薛曼博士感受到我對電腦的滿腔熱忱，便鼓勵我在完成例行的分內工作後，就可以用實驗室的機器做自己想做的實驗。某個夏天他跑去義大利度假，甚至乾脆把實驗室的鑰匙留給我。

當時我只要一找到任何與電腦有關的主題，就會一頭栽進去，尤其是所謂「人工智慧」（AI）這樣的新東西。光是準確對電腦下指令就已經夠複雜了，還要教電腦如何自行做決定，甚至從錯誤中學習，更是截然不同的層次。艾倫・圖靈（Alan Turing）的著名事蹟，就是把「社會行為模仿」當成會思考的電腦的終極目標；但我認為更有趣的前景是能夠智取人類的電腦：電腦不該只是不會喊累的數學機器，而是要能預測我的行為，且要聰明到知道能用資訊做什麼。我想要的那種電腦既有辦法替複雜的未來可能性提出模型，去掉不好的結果，最後還能選定理想的行動方案。簡而言之，我想要一台能玩遊戲的電腦。

我認為經典的起點就是井字遊戲——史實也證明了這點，只不過我當時並不知情。一九五〇年，也就是圖靈發明了可儲存程式的電腦（stored-program computer）僅僅兩年後，約瑟夫・凱特（Josef Kates）打造出「大腦柏蒂」（Bertie the Brain），那是一台高十二英尺（注：約三・六六公尺）的龐然大物，放在加拿大國家博覽會（Canadian National Exhibition）展示，打敗了所有來玩井字遊戲的遊客。（歷史學家通常會把史上第一款電玩《雙人網球》〔*Tennis for Two*〕與這台機器特別區分開來，因為《雙人網球》有螢幕顯示器，「大腦柏蒂」則使用簡單的燈泡。）其他工程師也在一九五〇年代各自創造出井字遊

戲的各種版本，最終推出運算版的跳棋、二十一點，甚至西洋棋。當時最新的例子是一九七五年，也就是我嘗試自學遊戲 AI 原則的那一年，一群麻省理工學院（MIT）的學生利用一種叫「萬能工具」（Tinkertoy）的拼裝玩具打造出機械版的井字遊戲機器。他們做出來的東西與最初由齒輪和鋼琴線組裝而成的累積計算器相當類似。要是我當年就知道這些事就好了，但是在網際網路問世之前，我絕大多數的時候都是關起門來自個兒鑽研，一個人獨自研究教育用途的程式，未能受益於其他人的聰明才智。

只要薛曼博士人還在義大利的山巔探索美景，我就可以霸占實驗室，我在實驗室待了很長的時間，天天都在弄自己定的計劃。首先，我建立了簡單的文本輸入方案（text input scheme），一次可以輸入一個動作。當時我還不知道要怎麼讓電腦在螢幕上展示下一步，只能命令電腦把方格送至最近的印表機。全大樓人人共用的印表機擺在另一個房間。我走到列印室，拿走印好的東西，回到桌前，再輸入下一步。這種做法超級費時，不過至少讓我有一些運動的機會。（誰能想到四十年後，那種讓你不得不走來走去的遊戲居然還風靡一時。）

我印出上頭什麼都沒有、只有井字遊戲○○ ×× 符號的文件。大約到了第三還第四次，印表機的櫃檯人員以為她抓到了濫用學校資源的現行犯。

「等等！」她一把搶回剛才遞給我的紙。「你以為你在幹麼？電腦不是給你玩遊戲的！」

我想不出什麼得體的回答，因為我覺得電腦確實就是拿來玩遊戲

的。

「這件事我非舉報不可。」她一邊訓話，一邊用她的終端查我的帳號，找出我的名字和指導教授的聯絡資訊。有那麼幾分鐘，我好怕我連第一回合的井字遊戲都還沒玩完，我的遊戲電腦夢就會胎死腹中。薛曼博士並沒有明確指定我可以做什麼，或許他也會認為我這是在濫用電腦；說不定我會就此被驅逐，回到打孔卡的世界。

幸好，薛曼博士證明了我的清白。校方打電話到大西洋的另一頭找到他，教授人很好，他告訴學校人員，在暑假剩餘的日子裡，不管我想用電腦做什麼都行。我猜教授根本不知道自己答應了什麼，但我感激涕零。

我畢業後到通用儀器上班，再次得以使用光靠自己負擔不起的技術。公司使用的是十六位元的 Nova 迷你電腦（在那個年代相較之下的確很「迷你」），當時可說是頂級機種，因為它的處理器是附在單一印刷電路板上，背面也沒有像義大利麵那樣的大把線路。這款迷你電腦的機殼和八年級中學生的身高差不多，價格比新車還貴，而且不只我可以一個人用一台，公司也配給多數同仁一人一台。此外，辦公室裡所有的迷你電腦可以直接彼此通訊，並未集中綁定中央大型主機（central mainframe），我們有網路。

如同大學的電傳打字機，通用儀器的商用機只支援純文字，不支

援圖形，不過我不是第一個面臨這種困境的人。早在一八六五年，打字機尚未發明的年代，路易斯・卡洛爾（Lewis Carroll）就已經指示過出版社《愛麗絲夢遊仙境》（*Alice in Wonderland*）的活字該如何排版，才能印出故事中的圖案。打字機普及後，「藝術打字」（artyping）也成了風靡一時的嗜好，全國各地的報社捧著現金，轉載一個字一個字打出來的複雜肖像畫與景物畫。到了一九六三年，正式的二進位文字碼「美國資訊交換標準代碼」（American Standard Code for Information Interchange，簡稱「ASCII」）問世後，這種類型的藝術作品便數位化了。後來打字機又在市場上多撐了二十年，但新型的 ASCII 成為主流。從那個時候開始，字元所拼成的圖案被統稱為「ASCII 藝術」（ASCII art）。

對我而言，ASCII 技術的潛能並不在於能畫出多複雜的圖案，重點在於電腦能顯示純文字的速度。一列列的數字或許只是雜貨店的銷售數據，只要有人在美國東岸買了一根香蕉，數字就會更新；但一排排的數字「3」也可以拼成一座鵝卵石碉堡，瞄準螢幕另一頭敵方銷售數據的連字號「-」。究竟是銷售數據還是碉堡，對電腦而言並沒有區別。我發現，有了正確的文字排版，就能讓「ASCII 藝術」轉換成「ASCII 動畫」。

在漆黑的電腦螢幕上出現星羅棋布的白色字元，這種畫面或許令人下意識感到興奮、或許讓人癡迷到廢寢忘食，總之，我決定以《星艦爭霸戰》為主題製作遊戲。其實同一時期還有另一個《星艦爭霸戰》遊戲也頗有名氣，也就是麥克・梅菲爾（Mike Mayfield）一九七

一年推出的 ASCII 遊戲，採取回合制，螢幕上方的格線散布著克林貢人（注：虛構宇宙中好戰的外星種族）與小行星。梅菲爾的遊戲問世後大受歡迎，日後一直有人在玩，有好幾本書轉載程式碼，懷舊的粉絲也加以改造，甚至還有能用安卓（Android）智慧型手機玩的現代版本。這款廣為流傳、許多文獻都有記載的程式並不是我製作的遊戲，我絕不可能居功。就我所知，我的《星艦爭霸戰》ASCII 遊戲的流傳範圍只限於通用儀器的內部網路。

梅菲爾寫出回合制的程式，我的則是即時遊戲，和大型電玩一樣。我先用底線、斜線與管道（pipe，你的鍵盤右上角那條垂直線「|」）畫出「企業號」（Enterprise）觀景窗的架構。這個部分在玩的時候從頭到尾都是靜止的，框架裡的每一樣東西則會每秒移動好幾次，呈現出動畫感。敵艦與太空垃圾有如 3D 一般飛向你，你必須抓準時機發射飛彈與光炮。你每制伏一名敵人就會獲得小小的文字爆炸獎勵。我甚至加了小小聲的嗶嗶嗶音效，結果卻是自掘墳墓。

一開始我只給幾位有興趣的同事看這款遊戲，但似乎幾天之內，每個人都聽說了。公司的網路開始變慢。辦公空間傳來此起彼落的嗶嗶聲，有如某種令人羞愧的車輛喇叭聲，昭告天下這裡有人怠忽職守。不過，似乎沒有人感到特別愧疚，畢竟大家都聽見別人也在玩。

最後，辦公室生產力下降的程度嚴重到無法視而不見，我被下令刪除遊戲，不過同仁傳達這項命令時，以你知我知的表情聳了個肩。沒有人是無罪的，在上班時間玩遊戲這件事，就連管理階層都無法第一個跳出來指責。不出所料，我的同事很是失望，不過遊戲被禁我也

相當自豪，畢竟這是我的遊戲有多好玩的客觀指標。

　　不過，這次的事件的確引發了一個問題：我想製作遊戲的欲望愈來愈強烈。如果再也不能在辦公室裡寫遊戲，那還能在哪裡寫？如同許多正在起步的市場，一九七〇年代晚期的家用電腦市場很擁擠，尚未標準化。市面上的確有幾個較為重要的型號，例如：Apple II 和 TRS-80，但也有許多偏小眾的機器，例如：康懋達 PET（Commodore PET）、 德 州 儀 器 99/4（Texas Instruments 99/4, TI-99/4）， 以 及 Heathkit 工具包。Heathkit 買來時還是散裝零件，使用者必須自行焊接。然而，即便市面上的機器五花八門，它們的目標客層似乎都是工程師，而不是程式設計師，考量到遊戲需求的機種更是一台也沒有。TRS-80 沒有彩色螢幕，其他好幾種型號則是沒有提供插搖桿的孔。當時其實也有專門拿來玩遊戲的系統，包括美格福斯奧德賽（Magnavox Odyssey）與經典的 Atari 2600，但那些只能算是被動的讀取器。你無法使用任何一款機器來製作遊戲，就像你無法用電視來製作電視節目一樣。大型電玩可以直接設定程式，但硬體遠遠超過我能負擔的價格範圍。我只能等待。

　　最後到了一九七九年的尾聲，雅達利同時推出了 Atari 400 與 Atari 800 兩款系統，生產代號是「坎蒂」（Candy）與「柯琳」（Colleen），據說是為了向雅達利辦公室的兩位秘書致敬。模擬程式保存下這兩個名字，今日在網路上依舊找得到。坎蒂／ Atari 400 幾乎只是 Atari 2600 的升級版，打著專用遊戲機的名號行銷，卻沒有裝設傳統鍵盤或非電視螢幕的插孔。柯琳則是貨真價實的電腦：更大、更

重，有著一流的圖形與音效功能，配有真正的鍵盤，以及可以加大記憶體的擴充槽，整整有四個搖桿端口。

更棒的一點是，這台電腦的數據輸出可以儲存在有一個個小洞的磁帶打孔紙上。磁帶僅寬幾公釐，整整齊齊地捲在今日看起來像是卡式錄音帶的小盒子裡。除了方便性大增，還有一項好處：任何人只要看見你帶著一疊疊雅達利磁帶，都會以為你隨身攜帶的是美國歌手比利‧喬（Billy Joel）的單曲，不會想到這些磁帶其實是一堆阿宅的電腦道具。

理論上來說，市場上的其他電腦也可以製作遊戲，不過這台機器是專門為遊戲設計的，還是由比任何人更了解遊戲的公司製造而成。我剪下訂購單，附上支票，金額幾乎是我所有的積蓄。幾個星期後，雅達利的招牌銀色盒子抵達我家門口，幾小時內我便動手開始寫程式。

不過，一開始我能做的事情並不多。那台雅達利送來的時候只有一個存放 BASIC 電腦語言的卡匣，基本上沒有其他說明書。不過，我靠著使用者群組、訂閱數本雜誌以及認真做實驗，很快就完成了人生第一個真正的原創作品，即便那不是我最出色的成果。我把那款遊戲命名為《搶救人質》。螢幕左側有一台盤旋在空中的小綠色直升機，和我後來放在《直升機救援行動》的那台差不多。右側則是一排看起來像臉的東西，藍臉代表壞人，白臉則如同遊戲名稱的暗示，代表等著被搶救的人質。那排人臉的後方是一張放大的臉，我相當含蓄地將他命名為「阿亞圖拉」（注：the Ayatollah，什葉派的精神領袖尊稱）。

這是一款配合時事的遊戲（注：一九七九年發生伊朗革命與美國駐伊朗大使館的人質事件，新任的伊朗領導人是一名阿亞圖拉）。

阿亞圖拉對你發射飛彈，你也對阿亞圖拉發射飛彈。此外，你必須在危機四伏的險境中趁機救走人質，讓他們安全抵達螢幕左側。萬一不小心撞上壞人，你直升機裡目前救走的所有人質將全數壯烈犧牲。在遊戲結束前，螢幕底部會一直顯示目前已經犧牲的人數，無聲地控訴你。我的想法是簡單的圖形也能表達直言不諱的批評。

我回底特律看家人時，順便把這款全新的創意傑作帶回去獻寶。我爸媽都是歐洲移民，我爸是瑞士人，我媽是荷蘭人。他們移居美國的部分原因，就是美國提供了四海一家的現代生活。我爸對於機械與技術產品相當熟悉，我一度以為他會和我一樣，對寫程式感興趣，結果我只被他臭罵了一頓：我爸的職業排版生涯之所以會被時代淘汰，就是毀在我帶進老家客廳的最新產物。我爸對電腦沒什麼好感，不過至少他沒有掉頭就走，只是帶著戒備的眼神，悶悶不樂地看著我的一舉一動。我把雅達利連上電視，把陌生的搖桿交給我媽。

我媽很興奮，她的那種興奮就和全天下的母親一樣，是在替孩子的成就感到自豪。我媽把顯示遊戲名稱的螢幕畫面誇了一番，說得好像她可以想辦法掛在冰箱上一樣，但幾秒鐘內，我一共只有四個顏色的伊朗人質危機就讓她全神投入遊戲，眉頭深鎖。每當有新的威脅朝她而來，我媽就會小聲叫道：「哇，糟糕！」隨著遊戲不停進展，她愈來愈投入，咬牙切齒，躲避飛彈時全身跟著晃動，接著她突然拋下遙控器，把臉別過去。

我媽告訴我，她玩不下去了。她心臟跳得太快，這一切讓她的壓力太大了。

《搶救人質》被拋到一旁。接下來的午後時光，我們共享天倫之樂，但我永遠忘不了剛才那一刻。這款小遊戲居然讓我媽投入太多情緒，她的感受強烈到不得不完全放下遊戲。光是螢幕上的幾個粗糙方塊就足以讓她心悸；每當有人質犧牲，那份罪惡感也令她心如刀割。要是媽媽能玩到最後，無庸置疑，勝利也必定會讓她真心充滿喜悅。

我就此發現，遊戲不只是消遣而已。遊戲能激發感受。如果優秀的文學作品光靠紙上的黑色線條就能發揮力量，要是再加上動作、音效與色彩，威力會有多強大？遊戲這個媒介可能帶來的情緒互動深深吸引著我。

不久後，我和遊戲的緣分再度碰上重大的轉捩點。這次和我加入的群組有關，群組名叫「還沒取一點都不像的暱稱的使用者群組」（Not Yet Inaccurately Nicknamed Users' Group，簡稱「NYINUG」）。某天晚上，我們在聚會地點的角落交換技巧、故事與盜版軟體（各占三分之一）。突然間，有位陌生人走過來自我介紹，說他自己不太懂電腦，但需要找高手幫忙。某間地方銀行要他拓展年輕客層，意思顯然是銀行希望說服青少年，世上最潮的事就是扛起財務責任。企劃案的核心內容是推出一款電玩遊戲，以金錢為主題，擺放在銀行大廳。

更令人匪夷所思的是，銀行竟然願意付錢請人製作遊戲。

　　我接下了那份工作，心中不斷想著「工作」這兩個字。該不會有人可以靠製作遊戲賺錢吧？我可以加入那些人的行列嗎？現在我知道自己有能力製作遊戲，大概還會一輩子做下去，但我從來沒想過遊戲可以是收入來源。如果真有這種事，擔任遊戲設計師似乎是一份很理想的工作。

　　和平常的任何事一樣，這次我也抽絲剝繭，尋找能重複的結果。我愈是分析這次的機會是怎麼來的，就愈感謝那位廣告顧問所扮演的角色。他和多數人一樣，無法自行寫電腦程式，但是對這一塊的認識多到能夠看出潛能。相較之下，我既當不了口若懸河的行銷人員，也不懂得自我推銷。此外，雖然我知道這和我的目標背道而馳，但我的直覺就是不想和不懂電腦有多神奇的人打交道。我擁有其他人沒有的實用知識，但我得仰賴**懂得**我的知識的人，他們有辦法把我連結到程式以外的世界。換句話說，我需要像我未來的合夥人比爾‧史泰利那樣的人。

　　那次的金錢遊戲製作過程樂趣無窮，不過注定以失敗收場，因為遊戲的任務是擔任「超級銀行業務」大使（"extreme banking" ambassador）。我設計了兩款遊戲，一個是走來走去接硬幣的小豬撲滿，另一個則像當時最新的機台遊戲《青蛙過河》（Frogger），你必須帶著你的錢走到對街的銀行，但不能被車輾過。或許車輛是衝動購物的象徵？我不曉得花了多少心思說明設計選擇，總之那是一個奇妙的案子。

同一時間，我還認真製作了另一款我能自己賣的新遊戲試試水溫，看看能否成為我立志要當的專業遊戲設計師。我把這次的重點放在好推銷，於是我決定依循既有的成功配方，模仿太東公司（Taito）大受歡迎的遊戲《太空侵略者》。我連為那次的仿作取了什麼名字都不記得了，大概是《外星人入侵》（Alien Invasion）或《星球保衛者》（Planet Defenders）什麼的。當時我依舊沉浸在那個年代的駭客文化中——那時的駭客形象是穿著POLO衫的乖乖牌，下擺塞進褲子，對於兩塊電路板哪個比較好猶豫不決，而不是黑影般的高手窩在筆電前，在祕密藏身處低聲說：「進去了。」此外，我想都沒想過（一秒都沒有），販售那些顯然是仿冒品的東西有可能會惹禍上身。真要講的話，《太空侵略者》當時尚未釋出任何Atari 800的版本，因此我依舊算是從零把遊戲轉換至新系統中——那是另一件我尚不知道公司會付錢請人做的事。我如果是太東的員工，他們會把這個行為稱為「移植」（porting）遊戲，而不是「偷」遊戲。

　　我自認自己土法煉鋼的《侵略者》遊戲上得了檯面後，便把少量的卡匣放進小塑膠袋，帶到地方上的電子產品店試試看。那間店的經理人很好，不但耐心聽我推銷，還願意轉售五、六個卡匣，不過我猜他主要是為了留住我這個顧客，而不是真心想要販售遊戲。我不確定那些卡匣到底有沒有賣出去，不過那位經理後來再也沒買過我的遊戲。考量到版權問題，賣不出去大概是最好的結果，最終我也意識到我需要原創的點子，不過當時反正就先試試看。純粹為了練習，我還製作過某種版本的《小精靈》。我心想，晚點再來發揮創意，先把基

《一級方程式賽車》封面圖
© 1982 Mike Tiemann, Infinity Graphix 獲准
重印

本竅門掌握好再說。

　　我的使用者群組享用我免費提供的《小精靈》，某個人為了報答，告訴我有一種新技術叫「玩家—飛彈圖形」（Player-Missile Graphics），與當有東西在螢幕上四處移動時，你能以多快的速度重新繪製圖形有關。顧名思義，這項技術大部分的例子都牽扯到太空船和飛彈，儘管如此，我想到這種程式很適合用在上帝視角的賽車遊戲上，進而發想出《一級方程式賽車》這款遊戲，並在去拉斯維加斯出差的前夕，成功賣給橡果軟體。

　　「一級方程式」是另一個我不曾付錢使用的商標，但至少遊戲本

身沒有特別和任何已經上架的賽車遊戲雷同。話又說回來，任何人都很難宣稱自己擁有「在圓圈中快速移動」的所有權。就像我在日後的職業生涯中製作過的許多遊戲一樣，《一級方程式賽車》基本上是從現實中取材而成，這一類的東西至少目前為止依舊無法取得版權。賽車遊戲不需要有虛構的賽車手與預先設定好的背景故事；你的任務是同時帶來獨特的情緒與心理連結。不論時間多短，你要讓玩家暫且相信自己就是遊戲中的賽車手。

《一級方程式賽車》讓我吃下了定心丸。這下子我確定自己真的能成為遊戲設計師，不再半信半疑。《一級方程式賽車》遊戲手冊的最後放著我的簡歷，上面寫著我這名二十八歲的創業者現在有一款專業的遊戲作品，以及兩個人生夢想。

我的第一個夢想是「開發音樂作曲系統」，最終也真的做到了。另一個夢想則是「寫出最好的戰略遊戲」。

03

巡航高度

　　到了我和比爾攜手合作後的第一個聖誕節，我們一個月可以賣出
將近五百盒遊戲。我剛趕工完第四款遊戲《噴火戰鬥機王牌》，這款
遊戲今日大概會叫資料片，畢竟它的程式庫和《王牌地獄貓》其實一
樣，只不過是把戰鬥場景從太平洋搬到歐洲。比爾認為，若要進一步
拓展客群，下一步將是把我們所有的遊戲移植至其他系統裡。比爾的
願望清單第一名就是開始在全美家家戶戶出現的熱門新款電腦「康懋
達六四」（Commodore 64）。

　　我對這個計劃興趣缺缺。首先，把我們的遊戲搬上康懋達電腦，
完全只是為了公司的財務著想，我認為這是比爾要處理的問題，不是
我。這項工作了無新意，沒什麼意思，只不過是為了賣出更多我們已
經做過的遊戲罷了。我已經替自己的雅達利電腦開發出大量可以省時
間的工具，我有很多新遊戲的點子，不想分心去做別的事。就我來

看，數位遊戲已經到達巔峰——我是說，人眼真的能**看到**超過一百二十八色嗎？如果我希望在這個明顯已經成熟的產業立足，我才沒空去改寫舊的程式。

比爾也認為公司要不斷推出好產品，不能沉湎過去的成功，要我繼續產出，因此我們雇用了我的朋友格蘭特·伊朗尼（Grant Irani）與安迪·何利斯（Andy Hollis）。他們兩人都是通用儀器的程式設計師，也是我雅達利使用者群組的成員。不過，電腦並不是我們幾個人的主要社交管道，畢竟變成大明星比利·喬不是能隨便放棄的夢。對我們這樣的年輕人來說，當搖滾明星依舊遠比當遊戲設計師酷上太多太多了，因此我們的晚間聚會主要還是在地下室裡搞樂團，跟在車庫裡玩音樂差不多，只不過密西根的車庫一年之中有九個月太冷。安迪負責打鼓，格蘭特是主唱兼吉他手，我是鍵盤手。

嚴格來說，雖然這下子我們的人手加倍了，但 MicroProse 依舊只是我們趁晚上與週末的時間，自己在家做的工作，因此感覺上變化不大。格蘭特忙著把《叢林福洛德》移植到康懋達六四上，安迪則開始改造《王牌》的戰鬥場景，弄出韓戰的版本。此外，在那段期間，我做出了新作《僚機》，我和比爾覺得此作好玩的地方不太一樣，我們也在互相討論妥協，這款新型的飛行遊戲將試著呈現獨立的第三人稱多人玩家。

通常，多人玩家遊戲和《叢林福洛德》一樣，螢幕上會一次呈現整個場景，或是和《直升機救援行動》一樣，強迫玩家一直待在一塊兒。然而，比爾想要的那種遊戲是兩名飛行駕駛可以自由選擇看是要

組隊，還是在不斷延伸的關卡場景裡對抗，不一定要同時看著世界的同一個區塊。比爾或許是從機台遊戲得到這個概念的，但先前家用電腦完全沒有這樣的東西，因此我得想出辦法水平分割螢幕，讓兩名玩家各自專注在自己的那一半畫面，但兩人經過的路線重疊時，自己又將出現在另一個人的那一半畫面上。更棒的是，程式早早就寫完了，安迪還有時間把第一人稱視角的版本加進他的遊戲《米格走廊王牌》（*MiG Alley Ace*）裡，因此，我們的飛行三部曲的第三部也在某方面獨樹一格，與先前的版本不大一樣。

我們的產品目錄多了兩款遊戲，第二個平台也有了不錯的開始，良辰已至，比爾決定離開通用儀器，全職加入 MicroProse。比爾如果不辭職，他真的無法再挪出更多時間給 MicroProse 了，但我比較謹慎，不敢隨隨便便放棄穩定的薪水；我依舊不認為這個夢能天長地久。我們的創業哲學向來是避開貸款與創投，光是銷售低迷一、兩個月，公司就會撐不住。我下了決定，較為謹慎的做法是兼職，一星期挪出兩天待在 MicroProse 新的辦公空間，其餘三天仍在通用儀器上班。

幸好，我在通用儀器的上司很想留住我，尤其是我在遊戲方面的實驗，等於是在接受公司將直接受益的進修。只要我肯留下，公司讓我想上幾天班都可以。通用儀器離不開我的例子還包括我建議公司採取新型作業系統，並把系統主要建立在我如今熟到不行的 Atari 800 架構上。我不認為雅達利內部有任何人預測到他們家的概念最終將會成為美國東北部收銀機採納的系統，但相關設計相當符合我們的用途，於是公司批准了我的建議。此外，大部分的同事都知道，我最終還是

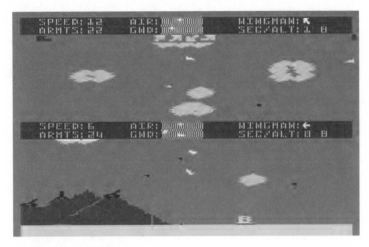

《僚機》螢幕截圖
© 1983 MicroProse, www.microprose.com

會離職，很多人日後也想跳槽到 MicroProse，所以沒人抱怨我一心二
用。我和比爾是科技版的家鄉英雄，同事替我們加油打氣的程度，並
不亞於我們自己。

　　比爾全心投入 MicroProse 的銷售宣傳，並以更離譜的程度用力吹
噓當年開飛機的經歷，他在新聞稿上自稱「狂野比爾」（Wild
Bill）——那是比爾當年在空軍的綽號，也是他的無線電呼號，但整
件事也有可能是他自己瞎掰的。比爾一度引起了地方電視台的關注，
記者預定來訪的那天，他穿著全套的飛行服來上班，在辦公室裡昂首
闊步，一副他平常就是這麼穿的樣子。新聞台的工作人員離開後，比
爾以「開玩笑的啦，才怪」的態度宣布：從現在起，只要有媒體在
場，我們都該向他敬禮。

後來我們發現，比爾替我們也都訂做了飛行服，每套衣服的肩膀上還繡著公司的新口號：「動作是模擬的，但興奮是真的！」（The action is simulated, the excitement is real!）我起初以為那套飛行服只是為了角色扮演，但比爾讓那套衣服真的派上用場，他帶我到馬丁州立機場（Martin State Airport）親身體驗飛行。這隻老狐狸，明明是他自己的嗜好，這樣一來連衣服都能報公帳了。不過，比爾的動機也不全然是為了他自己。既然《僚機》已經上市，比爾下一個大計劃就是要和微軟超受歡迎的《模擬飛行》（Flight Simulator）一較高下。他希望飛行體驗能帶給我靈感，愈精確愈好。

比爾有飛行執照，但他依舊得通過初步的技能測試，商家才願意租借雙人座的塞斯納（Cessna）小飛機給他。我在塔台上等比爾通過測試。馬丁州立機場是座市內機場，只有一棟面向跑道的建築物，駕駛人員帶著比爾飛上藍空，做了一系列的「連續起降」（touch and goes），意思是起飛，緩緩繞一圈，降落，接著直接加速再次起飛。起飛與降落是飛行最重要的兩個步驟，幾趟之後，飛機的租賃人員把位子讓給我，換我和比爾在天上恣意翱翔。

我不確定駕駛塞斯納與開戰鬥機是否十分不同，或許比爾只是在炫技，故意把飛機逼到極限，但他的飛行方式讓我身旁的服務人員興奮地喃喃自語：「哇賽，那個人根本不曉得自己在幹麼。」

我先前並不緊張，但現在真的得重新好好考慮。我提醒自己：**還**

有十分鐘，我就會坐上那架飛機。如果現在落跑，不曉得還逃不逃得掉？大概不行。比爾會想辦法把我抓回來。

既然如今我還在這裡講故事，顯然我生還了，整場體驗甚至沒有特別恐怖，儘管我們安全飛上青天，我仍然嚴正拒絕接手操控桿。比爾曾在賓州的國民兵基地（National Guard）指導過許多年輕駕駛，標準的訓練環節就是學員必須活過比爾的刻意搗亂，例如將機頭瞄準地面俯衝，或是讓一側的引擎失速。因此理智上我知道無論我做了多離譜的駕駛動作，比爾也有辦法救我們，但我猜我臨陣退縮了，即便我的確希望能親手摸過操控桿，一次也好，這樣我就能說自己開過飛機。

塞斯納算是還過得去的替代品，不過比爾真正想要的是以 F-15 戰鬥機為主角的遊戲，然而，我們一直堅守傳統機型的主要原因，在於它們採取傳統的技術。如果飛機的儀器操作很簡單，最高時速僅有一百一十七英里（注：約一百八十八公里），那我們就不必擔心電腦的景物繪製速度，也不必煩惱要儲存多少飛行數據，此外，更不用去想壓縮演算法，因為螢幕下半部的實體空間根本不夠畫 F-15 戰機的完整儀表板，至少以目前的解析度來說還辦不到。更好的繪圖、更高的處理速度或許的確在角度正確傾斜的地平線等著我們，但就現況來說，比爾的美夢還得再等一等。

《單人航行》是我們正式推出的首款飛行模擬遊戲（sim genre，與「機台遊戲」〔arcade genre〕相對，機台遊戲提供幻想中的機動性與無限燃料）。我引進了移動式相機的概念，提供各種不同的飛機視角，遊戲玩家可以切換駕駛艙內與移動中的飛機後方景象。此外，我

《單人航行》封面圖案
© 1983 MicroProse, www.
microprose.com

們還加了一項不仔細注意就不會發現，但其實相當有用的細節：你的
飛機映在地面上的影子（可以協助你評估飛行的高度）。就我所知，
我們是第一個這麼做的飛行模擬遊戲。最後一點是我把力氣放在 3D
圖形上，這是一項愚公移山的艱鉅任務，日後我每年都會攻克一點，
慢慢進步。

　　3D 如今看來稀鬆平常，不足為奇，但這項技術涉及大量的三角
學，當年的電腦真的可說是無力負荷。如果你有小孩，你家玩具的處
理速度很有可能大多都能贏過我們當時用的電腦。我以很克難的方

式，用所謂的「**繪線**演算法」（linedraw algorithm）讓山脈與跑道往外投影出史無前例的 3D 感。真的，相信我，超酷的，如果當年你在現場，絕對會瞠目結舌。

不過，不論再怎麼改良程式碼，程式碼的重要性都不如關鍵的設計選擇：我們並未拿掉「玩」的概念。即便《王牌》等「電玩」與這次的飛行「模擬器」（simulator）被視為分開的市場，但沒有理由說飛機迷就不該擁有電玩迷的樂趣。只要我們小心，不跨越現實主義那條神聖的線，我和比爾是帶給兩國和平的皇室婚禮。因此我們在《單人航行》加入了一個簡單的送信挑戰。如果我們的飛機駕駛員想嘗試，便可試著在時間限制內抵達指定的目的地，不想的話也沒關係。

送信挑戰的功能大受歡迎，我們成功與微軟的《模擬飛行》做出區別——許多遊戲評論者甚至認為我們更勝一籌。然而，那些好評的流通範圍很小，而且零售市場也沒有什麼「中間地帶」。市場的底部是家庭式的小商店，接著就直接就跳到西爾斯（Sears）等全國性的大賣場，西爾斯當年的獲利甚至超越沃爾瑪（Walmart）。你的產品要麼鋪天蓋地、無所不在，要麼就是根本看不到。

比爾告訴我，一般人並不知道，全國性的連鎖店其實不是自行決定要販售哪些產品的，而是把貨架空間出租給專業的經銷商；而經銷商又會像星探尋找下一個新星一樣，自行和各別的遊戲公司簽約。經

銷商碰巧在地方商店裡看見我們出品的遊戲的機率，等同大型唱片公司的製作人到廉價酒吧的 K 歌之夜尋找人才一樣，微乎其微。比爾說，如果我們想引起旁人的注意，我們就得參加芝加哥的消費電子展（Consumer Electronics Show，簡稱「CES」）。

一九八四年，消費電子展的規模大約是今日的一半，也就是說，只會有九萬人參加，地點是芝加哥市區最大的展覽中心，人群在三個大型樓層分散開來。我和比爾打算一同出席，我負責示範遊戲與回答技術問題，比爾則負責四處攔截路人，說服對方我們會讓他們的公司發大財。此外，我們還帶了喬治・葛利（George Geary）一起去，他是辦公室裡的萬事通，萬一我和比爾忙不過來，喬治可以暫時主持大局。

麥考密克展覽中心（McCormick）的飯店超出了我們的預算，於是我們選了距離展場幾個街區的旅館。光是租十英尺乘十英尺大的基本款攤位，要價就超過一萬一千美元，但是和今日相比算是便宜的了，現在的廠商得掏出近十五萬美元。我當時不知道租金有多貴，反正不管怎樣，我都會配合。錢的事我永遠交給比爾決定，只要我們能讓正確的人選看到《單人航行》，比爾很有把握，在展覽尚未結束之前，就會有經銷商把我們選走。

即便各家展商還在各自搭建展位，現場的氣氛令人熱血沸騰。我從來沒有想過遊戲產業會占據展覽場這麼大的面積，參展者五花八門，每一個展位都代表我們這個產業的一個獨特元素。即便到處都堆滿了亂七八糟的紙箱和黑布，也掩蓋不住大夥光芒萬丈的潛能。這邊這個人在販售新型的改良式搖桿，走道對面的那個人設計出速度勝過

其他人的硬碟。大家互不干涉彼此的專業，甚至不需要了解也能合作，你只需要認同遊戲是值得投入心血的，那就夠了。我只祈盼我們提供的東西跟得上其他人的水準。

很遺憾，我們的展位顯然沒有別人那麼華麗。消費電子展讓我們在這方面上了一課。我們一直要到親眼看見其他公司開始拆箱，才頓悟到我們帶的東西太少了。別人有閃亮的電子霓虹招牌，我們只有一條塑膠橫幅。盧卡斯影業（Lucasfilm）與美商藝電（Electronic Arts，簡稱「EA」）有整整好幾排的展示台，我們總共只有一台雅達利主機，以及一個不知道從誰的辦公桌上搜刮來的螢幕，多半是我的。

比爾突然急得像熱鍋上的螞蟻，想立刻裝好我們的設備。我猜他之所以會那樣，原因是我們最好要假裝得像原本就打算簡單就好，不要顯得既沒準備又反應遲鈍。然而，我們抵達展位的當下，預約的桌子還沒來，也沒人能保證什麼時候會送達。比爾低聲埋怨有工會的組織就是這麼麻煩，接著便親自出馬搞定問題；不久後，他就帶著我們的三張桌子回來（也有可能是別人的）。天曉得究竟是怎麼一回事。那三張桌子的顏色和尺寸都不一樣，我們的展位沒辦法藉此看起來專業一點，但我知道我最好閉緊嘴巴，不要問比爾這些桌子是打哪來的。他一定會嗆我一句：「所以呢？我們現在是有桌子還是沒桌子？」反正就湊合著用吧。

過了一陣子，工作人員送來了漂亮的成對桌子，但他們看見我們已經有了桌子，便聳了個肩離去。比爾得意洋洋，雙手交叉在胸前，目送他們離開。接著我們火力全開，以五個人的精力，準備好稱霸會

場這片江山，史上沒有任何戰士推銷員比得過他。

比爾果然大獲全勝。展覽結束時，有好幾家公司向我們的遊戲招手。

送上門的邀請主要都是標準的經銷合作，比爾摩拳擦掌，如果有必要，他將不惜花上好幾個月好好談妥條件，但 HesWare 公司提出的合作不太尋常。這間軟體開發商是我們市場上的競爭對手。我們堅決不接受來自創投的資金，HesWare 則是欣然接受。其實一間公司的資金比遊戲多不一定是壞事，畢竟我們這次在大會上認識並希望結盟的經銷商也有類似的情況，只不過「合夥」不等於「所有權」，這點我和比爾的立場向來表明得非常清楚。然而，HesWare 提出的交換條件既不是提供公司股份，也不是持續性的授權金，而是願意出整整二十五萬美元買斷我們的遊戲，由他們自行銷售。茲事體大，比爾認為我至少該談一談。

我們猶豫的癥結，包括《單人航行》的長期銷售有可能超過HesWare 開出的條件，尤其是這下子我們已經手握經銷商人選了。然而另一方面，我們的預算依舊很緊，我甚至還不能全職上班。如果能進帳一大筆現金，對公司而言會很有幫助。萬一這款遊戲失敗了，我們還能撐一陣子。

我只給比爾一個建議：如果你相信你手中有稀世珍寶，那就該以寶物待之。我說：「人家都說傳家寶不該賣。」

最終，我們做出了正確的決定。當時我們並不知道，HesWare 其實有相當嚴重的財務問題，幾個月後就會宣布破產。如果真把遊戲賣

給他們，我們不但會失去遊戲的權利，還可能根本一毛錢都拿不到，真正是血本無歸。

自從《單人航行》上架的那一刻起，這款遊戲一直持續帶給我們穩定的收入。我們搖身一變成為經銷商眼中可以放心代理的公司，連帶得以更新幾款先前的遊戲，在全國上市。我先是提升了 AI 技術，推出新版的《叢林福洛德》。這個版本可以指定電腦當其中一個玩家，不一定要找真人一起玩。因此展示模式自然就能像大型電玩一樣吸引顧客。我著手進行這個部分時，也順便改造了《直升機救援行動》的敵人 AI，兩款遊戲的程式都改成 SidTran。SidTran 是我自創的程式語言，可以提升效能。SidTran 勝過其他語言的主要優點在於能立即見效，正如薛曼博士的電傳打字機勝過打孔卡一樣。這麼一來，就可以用更快的速度看見更改程式後的結果，用一半的時間做雙倍的修正。

我們的經銷商的確想要《直升機救援行動》做一個重大修改：更改遊戲名稱。市面上有另一款類似的遊戲叫《救援直升機》（*Choplifter*），而我們的規模如今已經大到不能不注意這一類的事，因此這款遊戲在全美重新發行時，更名為《空中救援Ⅰ》（不過我猜經銷商根本不擔心他們可能要替我們的公司名稱負法律責任，因為在法院禁制令抵達的那天之前，根本沒有人提到這件事。）

《單人航行》簽約幾個月後，比爾說出了自四年前有廣告顧問恰

巧路過我們的使用者群組聚會以來，我一直等著聽見的話。

「席德，我們賺的錢夠多了，現在你可以辭掉白天的工作了。」

比爾不只跟我一人說了這件事。幾乎是一夕之間，我們擁有了真正的辦公室，大家在飲水機和會議桌旁聊天，家具不再是從某人廚房裡弄來的。我們依舊比較像個大家庭，而不像企業，因為大部分的員工都是老朋友，比爾的太太也幾乎從最開頭就負責我們的行政工作。此外，不久後我向年輕女子琪琪（Gigi）求了婚。顯然我們是在公司認識的，因為我所有的時間都待在辦公室裡。反正結論是，無論如何，我們一開始出於興趣做的事，現在終於可以名正言順成為正經事，只不過大夥兒全都剛好樂此不疲。

擴張公司會帶來很大的財務壓力，有可能引發反效果，但比爾就是比爾，他從未忘記真正的成長動力是高品質的內容。除非我們一次同時開發多款遊戲，否則一下子賣出多款遊戲的榮景將無法持續，因此，比爾的下一個重要任務是大張旗鼓，宣布我們要招兵買馬。

比爾告訴我，為了吸引業界頭腦最聰明、最有創意的人才，他希望宣傳我們的公司不但欣賞設計師，也給人才應有的尊重。此外，比爾早已成為玩家與媒體的偶像，他成天穿著飛行制服走來走去，隨口暗示美國空軍已經為了我們出動人員測試遊戲。然而，那樣的宣傳手法吸引不了程式設計師。比爾說，程式設計師只接受自己人之間出了同行英雄，因此他決定，新一波的廣告宣傳將有兩大明星登場，一個是我，另一個則是堆成一座大山的鈔票。

我其實不太確定那張照片最後有沒有登上雜誌，但我還是覺得整

「錢袋」照片
© 1984 MicroProse, www.microprose.com
攝影人：喬治・葛利（George Geary）

個概念實在太搞笑了，所以自己留了一張。照片裡的我坐在辦公桌前，自豪地在螢幕上展示《單人航行》。一旁擺著兩個漫畫裡那種束口袋，袋身畫著錢的符號，上方是爆出來的鈔票花束。我手裡也拿著一疊攤開的鈔票，臉上帶著被詳細指導過的驚喜表情。然而，比爾覺得這樣還太過隱晦，於是他在開拍前爬上我的桌子，把閃閃發亮的金色美元符號從天花板垂掛下來。比爾從來沒有告訴我他想加上什麼照片說明，不過我相信，絕對不包括「最近剛辭掉白天的工作」這幾個字。

即便公司日進斗金，大事招搖並不是我的風格，真的完全不是。

比爾很喜歡講一則軼事：有一次我忘了存一張支票，會計部的人打電話過來查我才發現。我很確定，我只是因為要做的事實在太多，所以漏掉了，而不是因為我對錢漫不經心。不過，我的確不會一拿到支票就立刻用在一九八〇年代的「花天酒地」上。我通常滿節儉的，永遠都會做計劃。不過只要比爾認為對公司有幫助，我很樂意配合，就算要拍攝奇奇怪怪的照片也一樣。對我而言，唯一重要的事就是我要能靠製作遊戲為生。

在那個年代，突飛猛進的科技也帶動了其他產業的興起。一九七五年，法國的六分儀航電公司（Sextant Avionique）替雙引擎噴射客機「達梭水星」（Dassault Mercure）首度開發出「抬頭顯示器」（heads-up display, HUD）。設計理念是將資訊直接投影至駕駛視線範圍一目瞭然的螢幕上，駕駛不再被迫得壓低視線看著儀器，再抬頭看向地平線。抬頭顯示器很成功，飛機製造商很快便把這個點子同時普及到軍事與商業上的應用，科幻小說的作者則幻想這項技術能在我們人類的眼球內直接顯示，就像電影《魔鬼終結者》（*The Terminator*）裡的阿諾‧史瓦辛格（Arnold Schwarzenegger）那樣。

接著，一九八四年二月，美國空軍宣布，F-15E 的新型戰機艦隊將配備比先前更大、更詳盡的抬頭顯示器。駕駛的視野從一端延展到另一端，有發光文字、瞄準指示，以及替準確的機動操作強化地形顯示。跑道不再是跑道，而是兩條數位的線，發光的十字線重疊在敵機上。

史上第一次，開飛機更像是在打電動，而不是電玩努力模擬真正

的駕駛狀況。當時我已經無法把更多的儀表板資訊塞進電腦螢幕的下半部了，軍方把資訊改置於上半部，等於是幫了我一個大忙。雖說山不轉人轉，這次卻是山自己跑來了。

現在輪到我告訴比爾他已經等了好幾年的好消息：我準備製作F-15戰鬥機的模擬器。比爾咧嘴大笑，像聖誕節早晨的孩子一樣開心。

04

出征

　　MicroProse 很出名的一件事，就是我們的遊戲手冊和教科書一樣
鉅細靡遺，附上大量的資訊，不過起初其實沒那麼包山包海。有時
候，我們的確需要向電腦新手（基本上就是每一個人的意思）解釋電
腦並沒有出問題，跑遊戲的時候真的就是那樣，例如《噴火戰鬥機王
牌》要用戶放心，遊戲「大約會在四分鐘內」完成載入。其他的時
候，我們的解說建立起今日大家認為不必多言的遊戲慣例，例如《王
牌地獄貓》會告知「您被擊中時，螢幕將閃爍紅光」，《直升機救援
行動》則提到「級數愈困難，得分就愈高」。

　　不過大部分的時候，我們其實是在提供攻略，畢竟沒有人喜歡連
一次都贏不了的遊戲。《一級方程式賽車》建議玩家：「用五檔轉彎時
要小心：建議使用四檔。」《王牌地獄貓》則鼓勵你：「立刻準備下一
次的射擊，不要等待！」《噴火戰鬥機王牌》的手冊甚至告訴你「淺

藍色代表天空,綠色是地面。」好吧,那句介紹或許有點過頭了。

我們的飛行遊戲尤其會提供大量的特技飛行資訊,部分的原因在於比爾很懂這塊,且十分樂於分享,但或許也是因為他很擔心,如果沒有特別指出來,玩家可能不會注意到我們放進遊戲裡的花招有多棒。隨著每款遊戲都多添一點細節,每本遊戲手冊也跟著愈來愈厚。我們推出《單人航行》時加上的飛行體驗描述,已經遠遠超出遊戲實際上能模擬的程度。

「在真實的飛行狀態中,最可怕的情況是儀器狀態顯示器中的姿態指引儀失靈。萬一碰上這類的緊急狀況,引擎也故障了,駕駛艙還在冒煙,飛行員會很樂意搭乘『絲綢電梯』(silk elevator,「降落傘」的英文俚語),以求全身而退,安全回到地面!」

《單人航行》的說明書共有十六頁,《F-15 獵鷹行動》則增加到三十六頁。我們告訴玩家,○‧九馬赫的速度實際上是可變閾值,等同於「海平面的六百六十一節」,但在更高的海拔,這個數值遠遠較低。我們還提供了複雜的圖表,解釋七十、七十八與八十二度轉的 G 力差異,以完全精確的方式列出各種敵機的失速速率、實用升限與武器,還附上地對空飛彈的傾斜範圍。遊戲手冊的摺頁圖也完整詳列出駕駛艙螢幕的二十九種指示燈,接著又提供搖桿能完成的十種不同動作,最後還長篇大論介紹了副翼與方向舵的區別,即便我們的模擬器將「自動互連控制面的動作,讓升降舵上升至正確距離」,我們事事都考量到了。

好吧,「幾乎」每一件事都考量到了。我們寫了整整三十六頁的

手冊，卻沒提到如何讓飛機降落。

　　降落是飛行的關鍵資訊，你不可能憑直覺就知道如何讓飛機著地，但我們並沒有在「精確」與「遊戲性」之間抓到正確的平衡。在真實情境下，讓飛機降落是飛行最困難的部分，但要是玩家明明已經順利完成了遊戲任務，你卻在最後一秒讓他們死掉，理由是飛機沒降落好，玩家可能會不太開心。我們的折衷辦法是，每當玩家返回基地，一抵達「合理」的距離與高度，電腦就會接管，自動降落。很不幸，我們自作主張以為，就算不是以製作飛機遊戲為生的玩家也會知道在那種情況下怎樣叫做合理。算了，反正遊戲還是賣得挺好的。

　　《F-15獵鷹行動》除了省略了關鍵的遊戲機制，還有另一個獨樹一格之處：那是我們第一款嘗試靠手冊做到複製保護的遊戲，今日這種東西被稱為「數位版權管理」（Digital rights management，簡稱「DRM」），是一場創作者與使用者之間永恆的戰役。我們想出辦法保護遊戲，接著就會有人想出破解方式，道高一尺，魔高一丈，沒完沒了。當然，比爾堅決反對任何會讓錢從我們的口袋流出去的事，但我在青春歲月也曾幹過不少盜版軟體的行為，如果閒聊到這件事，我其實沒什麼立場講話。不論程度多輕，有一種說法的確道出幾分事實：盜版遊戲其實是一種宣傳，有的人原本不會買，但玩過之後就有興趣了。早期我也有過幾次這樣的經驗，接觸到免費版本後還真的買了幾

《F-15 獵鷹行動》螢幕截圖
© 1985 MicroProse, www.microprose.com

次遊戲。此外，我要不是因為能實驗未加密的真實資料，我學寫軟體的速度也不會一日千里。（在那個年代，玩家的電腦會一邊載入遊戲，一邊編譯，因此磁片上的資料不但可見，要是有正確的工具，還完全可以編輯資料。）

　　不過話雖如此，許多盜版慣犯的動機並不純粹只是好奇。我無法原諒投機取巧的商人，也沒有人喜歡活躍的惡意使用者，那種人會把惡意程式藏進他們提供的下載誘餌裡，等人上鉤。幸好當時我們還不必擔心這個問題，因為第一個四處肆虐的電腦病毒要到《F-15 獵鷹行動》上市一年多後才會出現。諷刺的是，病毒的最初目標是大力防止複製：程式一偵測到作者的軟體被盜版，就會進行報復，清除使用者

硬碟的關鍵部分。然而，病毒有時會誤傷無辜的軟體，例如綽號「大腦」（Brain）的病毒雖然出發點良善，但執行時出了很大的問題。病毒的撰寫者甚至光明正大寫出自己的全名與聯絡資訊，他們認為沒必要隱瞞身分，自詡為正義使者，打擊盜版。

然而，即便以過分善意的角度來看待一九八四年的惡意軟體，未經授權的分享依舊可說是十分猖獗。科幻小說作家歐森・史考特・卡德（Orson Scott Card）曾經寫道，MicroProse 的遊戲優秀到「即便是開車時速僅有五十五英里的人（注：約八十九公里），也會考慮玩盜版。」如果遊戲受歡迎的程度一般般，正版的銷量有時甚至會勝過大受歡迎的遊戲，因為要找到手中已經有遊戲的人比較難。紅極一時的遊戲很容易在 BBS 上覓得，有人估算，可能高達八〇％都是盜版。

一九八二年的「史登電子對考夫曼」（Stern Electronics Inc. v. Kaufman）訴訟案後，電玩被視為受著作權法保護的藝術作品，但實際上無人執法。整個產業明目張膽地破解軟體保護，而且是公開行之，根本不怕被索賠，舉例來說，軟鍵出版公司（Softkey Publishing）光是提供如何破解 Apple II 電腦軟體程式的指令，銷量就好到可以發行兩本不同的月刊。

我們的劣勢在於當年的數據儲存能力相當有限，程式很小。只要下定決心盜版，就有辦法土法煉鋼列出每一行程式。「開放原始碼」（open-source）這個詞一直要到企業弄清楚該怎麼封閉原始碼才問世，真正的加密則只有軍方才辦得到。我們可以利用幾種資料布局的手法（例如將磁碟上的資訊存成扭曲的螺旋狀，而不是一直線），但

這類的花招永遠一下子就被破解，有時反而害正版的遊戲讀不出來。

不過，好消息是，資料傳輸的速度同樣也很有限。當年市場上最快的數據機大約要價六百美元（今日的幣值要再乘以兩倍以上），速度比蝸牛還慢，每秒傳輸一千兩百位元。也就是說，下載一個典型的48K 小遊戲（大約是維基百科解釋「千位元組」的條目頁面的三分之一大小）要花上五到六分鐘，這對有意盜版遊戲的小偷來說並不是很久。然而，如果是真正的繪圖，而非粗略的像素畫，光是一張數位影像很容易就和遊戲本身一樣大，因此我們附上大量圖片的手冊不可能用電話線來傳輸。

手冊如果只是記載遊戲該怎麼玩的指示，就算沒有手冊也沒什麼太大的關係——遊戲原本就該憑直覺就能上手，許多玩家摸索一下就會了。然而，手冊如果附上關鍵資訊，少了就玩不下去，那麼沒了手冊就等於能破壞遊戲，不必更動任何資料。這個辦法究竟是誰第一個想出來的，眾說紛紜，一九八四年有多起利用「手冊尋找」（manual lookup）的複製保護案例，一九八三年卻一例也沒有，顯然這招一下子就成為時下流行的做法。

許多早期的例子相當乏味，例如：「手冊第十七頁的第十二個字是什麼？」比較好的例子則是想辦法把資訊和遊戲結合在一起，像是念出咒語，或是答出狡猾敵人所提出的謎語。我們替《F-15 獵鷹行動》（顯然不是幻想類遊戲）挑的密語是最高機密武器的鑑別碼。雖然我們把答案散落在手冊各處，以免有心人士輕易複印，我們嘗試的做法依舊太過簡單。你可能被問到的密碼一共只有十五個，每一個都只有

一個字母。玩家可以隨機猜測的選項太多，要手動複製的東西卻沒有多少，輕輕鬆鬆就能弄成一個小小的文字檔，附在盜版資訊上。

我們的下一款遊戲聰明了一點點。《沉默艦隊》的手冊不再提供密碼，改為要求玩家用看的配對幻想驅逐艦的剪影。黑白的方格形狀很容易就能存入遊戲記憶體，但若要口頭描述或轉換成文字就複雜得多了。

然而，家用掃瞄器在一九八〇年代晚期開始進入市場，數據速度也增加了，分享影像開始變得容易。即便如此，我們設計的麻煩程度依舊足以嚇阻一般的盜版者。我認為只要不誠實的選項沒有簡單到很離譜，整體而言大家還是守規矩的。至於頂尖駭客，反正就算設下全世界最厲害的障礙，也阻擋不了他們，所以就不必費太多心思了。這種事很討厭，但還是會一直發生，每一個防複製的機制最終都會被破解。不知怎麼搞的，遊戲創作者還是撐了過來。

雖然驅逐艦的剪影不過就比武器碼長個幾吋，《沉默艦隊》的手冊再度膨脹，證明了我們的手冊之所以會那麼厚，不只是為了防盜版，而是忍不住就是要寫那麼多。大部分的手冊內容是在討論真正的潛艇任務戰術──這是我的第一款潛行類遊戲（stealth game），而不是速度或火力類電玩。此外，瞄準魚雷需要大量的三角學知識，所以又更帥了；但比爾贊同一則古老的軍事笑話，他認為「反潛作戰」

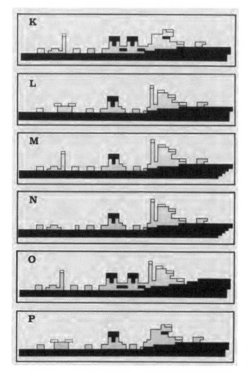

《沉默艦隊》遊戲手冊
© 1985 MicroProse, www.microprose.
com

（anti-submarine warfare, ASW）的英文縮寫，指的其實是「慢死人的作戰」（awfully slow warfare, ASW）。就算我們加了可調快遊戲的時鐘與自動瞄準的選項，比爾依舊不滿意。他偏好以〇‧九馬赫的速度作戰，而需要謹慎出謀劃策的《沉默艦隊》令他無聊到快要抓狂。

「就不能浮出水面發射大砲嗎？」比爾抱怨。

「這款遊戲的重點不是砰砰砰。」我一遍又一遍提醒比爾，但比爾喋喋不休。為了阻止他繼續碎碎念，最後我在主力潛艇的原型上加裝了甲板砲。

不久後，比爾在某個大買主面前示範這款遊戲，但看來遊戲 AI 比他技高一籌。當你試著推銷遊戲，發生這種事往往不太妙，因為你的程式究竟有多聰明、多奸巧，零售主管根本沒有興趣了解。他們一輩子大都沒自己玩過遊戲。他們判斷究竟要不要進貨的依據，是解讀他人的情緒狀態。如果你在示範遊戲時被打敗，滿屋子的人會跟著你一起失望，而這種第一印象幾乎無法扭轉。當然，遊戲不該從頭到尾都很簡單，但輸的時刻應該晚點出現，要在玩家已經大有斬獲後再出現轉折。在遊戲關鍵的頭幾分鐘，絕對一定得讓玩家贏。無論玩家是自己一個人玩電腦的孩子，還是圍坐在會議桌旁的一群銷售人員都一樣，這是不變的鐵則。

幸好，比爾向來是遊戲展示的大師，加上他依舊不喜歡潛艇的慢板遊戲張力，於是他選擇在那次的試玩中一次對抗多艘敵艦。只見所有的戰艦浩浩蕩蕩衝向他，即便潛艇的速度跟老爺爺一樣，也算得上是場驚心動魄的進攻。比爾盡量一邊進攻一邊閃躲，但最後一艘敵艦將他炸出水面，魚雷也用完了，眼看著幾秒鐘內就會完蛋，比爾開啟了甲板砲，在一陣怵目驚心、灰灰白白的海水方塊中絕處逢生，成功殲滅敵人。依據比爾的轉述，現場歡聲雷動，大夥兒大概還把他扛到肩上，即興來了一場遊行。最重要的是，客戶買了遊戲。

從那個時刻起，比爾化身為設計師。每次只要他覺得我們的遊戲缺乏令人熱血沸騰的點，或是少了廉價的刺激，他就會大喊「甲板砲！」，主張自己是對的。這個哏一用就是好幾年。

大砲不是比爾違反我的直覺、插手改善《沉默艦隊》唯一的地

方。比爾還決定，MicroProse 雇用遊戲畫師的時間到了。

　　老實說，我覺得有點被冒犯到。我確實不是梵谷等級的大師，但這些年來，遊戲的美術設計都是我負責的，我自認功力還算不錯──畫出十六色的精靈圖（Sprite）根本是雕蟲小技。拜託，我很強的，我甚至不像某些設計師，還得先在座標紙上畫草稿，我只要想著我的圖案就能直接輸入電腦，夠厲害吧！我替《沉默艦隊》設計的圖形清單更是我的得意之作，才不是讓玩家從清單上點選艦長可互動物品（例如：雷達、潛望鏡、事故報告等等）那種簡單的介面咧，我根本直接把全螢幕的潛艇指揮塔內部樣貌畫了出來，裡頭有一個小小的人形艦長，你可以把他移來移去，放在塔內的不同區域。我**超強的**好嗎，雇什麼畫師啊。

　　然後我看到新來的畫師麥可‧海爾（Michael Haire）弄出的指揮塔。他的 3D 透視法比較逼真，顏色對比更加活潑，而且他的艦長看起來就是個人類，不止是「人形」而已。基本上，美術圖能使遊戲更好的地方，海爾的作品全都讓遊戲更加分。

　　好吧，我心想，**也許我們真的需要真正的畫師。**

　　雖然我沉痛地意識到自己技不如人，但我還是忍不住開心遊戲就此更上一層樓，並安慰自己，這麼一來我就有更多的時間處理程式的其他部分。不知從什麼時候開始，我覺得《沉默艦隊》需要既逼真又完整的太平洋地圖，所有名不見經傳的迷你島嶼都要畫上去，每一處的水深都要夠精確。既然美術部分已經交給其他同仁，我更是下定決心要交出特別的地圖，於是我馬上就開始鑽研碎形的程式技巧，做出

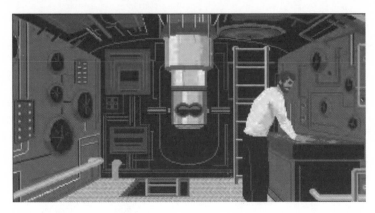

《沉默艦隊》螢幕截圖
© 1985 MicroProse, www.microprose.com

幾乎是無止境的變焦效果，可以從全景一直拉近到僅八英里寬的長型
海洋。以現代標準來看，那算不上《當個創世神》（*Minecraft*）或
《異塵餘生》（*Fallout*）系列的「開放世界」（open world），因為你能
做的依舊只有拉遠拉近，但我提供了栩栩如生的畫面，讓你能真正進
入潛艇遊戲的世界，而不是把潛艇加上輪子弄上岸。

　　同一時間，《F-15 獵鷹行動》跌破了所有人的眼鏡，銷售量高達
數十萬，並榮獲《電腦遊戲世界》（*Computer Gaming World*）讀者票
選的「年度最佳動作遊戲」。比爾對飛機類遊戲的狂熱更是就此有增
無減，但我已經準備好開發別種遊戲。也不能說是倦怠，只是我的點
子榨完了。美國軍械庫裡的每一款飛彈與炸彈已經全數收錄至《F-15
獵鷹行動》裡，機械細節也盡量仿照實物，要是再做逼真一點就得接
受安全調查了。我們弄出一流的雷達，混淆雷達的金屬干擾絲也做得
維妙維肖。從景物到敵機的自動推進武器，畫面上的每一樣東西都以

3D 呈現。我看不出哪裡還有改善的空間。

幸好，如今公司裡的其他人能以穩定的速度推出《甘迺迪交涉》（*Kennedy Approach*）與《特技飛行噴射機》（*Acrojet*）等可靠的飛行類遊戲。有了同仁分擔開發的重擔，我擁有一定的探索自由，比爾也不至於過度擔心我們打破了成功的公式。[†]

比爾的口頭禪是「席德會找到辦法的」。我不確定他的意思究竟是我會找到新的靈感，還是我終究會清醒過來，不再做傻事。

比爾不願多角化的心態其實也有一定的道理。在《沉默艦隊》之前，我曾經用《北約司令》這款遊戲短暫探索過新的領域。說得委婉一點，那不是我最理想的作品。講白了，就如我多年後告訴記者的話：「那款遊戲根本不好玩，反正很糟糕就對了。」

我當初的想法是在電腦上打造戰爭遊戲的優點，避免傳統桌遊版本的一切缺點。戰爭遊戲源自真實軍事將領的沙盤推演，他們在巨大的前線地圖上把士兵模型挪來挪去。訓練情境是專門替軍官設計的，最終他們也將在戰場上影響人命。那些虛構的場景日後被製成大眾也能玩的遊戲，這類遊戲通常會符合史實，精確地重現特定戰役，例如

[†] 成就解鎖：火不是我們點的（*We Didn't Start The Fire*，注：歌手比利・喬的名曲，歌詞由五花八門的戰爭衝突、當代名人與時事頭條組成）──搜集比利・喬、阿亞圖拉與甘迺迪。

讓你有機會以不同方式打「卡斯特的最後據點戰役」（Custer's last stand，注：一八七六年的北美印第安戰役），而且遊戲設定永遠不會偏離當時的軍事技術。戰爭傳統桌遊的關鍵特色包括不是一個玩家一個遊戲棋就能搞定，而是有數十個模型，很容易搞丟；地圖大到會占據整張桌子，要玩就先得花好幾個小時排好道具；此外，遊戲說明書很複雜，你和朋友爭論的時間，將不亞於你們實際玩遊戲的時間。

這一類的缺點讓我深信電腦的版本將更勝一籌。電腦瞬間就能幫你設定好背景，而且遊戲說明書絕對不會讓你搞不清楚要怎麼玩。此外，電腦還有一個很重要的能力：在玩家面前隱藏資訊。有了現代衛星，當代戰爭已經幾乎不再有無法確認敵人位置的迷霧，但史上大部分的時候，軍事指揮官只能盲猜敵軍的動靜。許多戰役是擦槍走火而起，有時甚至是自己人打自己人，例如一戰期間，英國的 G9 潛艇一遇到同屬英國的驅逐艦「帕斯利號」（HMS Pasley），兩艘船便開火交戰，直到 G9 裂成兩半、沉入海底，僅有一人倖存，活著告訴帕斯利號的艦長，他們打錯人了。

然而，對手的遊戲棋就擺在你眼前的桌上時，要猜到他們藏身何處一點也不難。圖版遊戲的設計者試圖解決這個問題時，通常會靠著矇騙軍隊狀態的複雜紙牌系統來掩人耳目，但那個方法實在不太自然。相較之下，對於電腦程式設計師而言，不讓螢幕顯示某些東西反而省事很多。我們根本不需要隱藏任何東西；一開始不要畫就好了。我認為，在只有圖版遊戲的年代，圖版遊戲是很棒的東西，但顯然電晶體是更好的替代品。

問題出在《北約司令》實在有夠無聊。首先，我沒想到電腦呈現出來的有限地圖範圍會讓遊戲失去大半的活力。看到世界在你眼前展開、等著你征服，就會有一股說不出的魔力，但大地景象在數個螢幕之間龜速切換時，那種讚嘆之情就消失了。說到底，戰爭遊戲還是得占據整張桌子才比較好玩。我現在記不清了，但我之所以會對《沉默艦隊》那種可以拉遠拉近的地圖如此著迷，或許就是這個原因。不過老實講，最大的問題不在於地圖。

　　我小時候玩《戰國風雲》（Risk）一類的桌遊時，會和朋友擠在遊戲圖版旁，相互調侃，贏了就歡呼。你要是敢侵略我們的國家，我們會給你好看，但如果你協助我們抵抗侵略者，我們會記住這份恩情。有人快要贏的時候，其他人就會結盟起來拉下他。電腦不一樣，電腦無法靠跟我鬥拇指相撲來搶誰可以當澳洲。每一個玩家在遊戲互動的時候會顯露自身的個性，就連他們當天的心情也會產生影響，而我的演算法不可能複製朋友圍在桌邊的氣氛，那種同仇敵愾、相互慫恿或是以彼之道還施彼身的策略。我和同事依舊會定期在公司的茶水間玩桌遊，這也證明即便是靠製作電腦遊戲吃飯的人，也明白真人遊戲體驗的價值。我自己是做遊戲的，自然會替遊戲說話，但企業裡負責計算生產力與工作滿意度數據的人士，如果能在選擇凝聚團隊的活動時先挑遊戲，那將是美事一樁。

　　也許一直以來，圖靈是對的。他認為優秀的人工智慧必須包含社交能力。我先前一直沒發現這點，在玩戰爭遊戲時，社群是帶來樂趣的重要元素——很不幸，當時我依舊沒有醒悟到這件事，《沉默艦隊》

完工後，我又一頭栽進戰爭類遊戲裡，接連推出了三款在原地打轉的作品。

《歐洲遠征》、《沙漠決斷》、《越南衝突》和最初的《王牌》系列一樣，差不多是那種總有一天會被稱為「一款主遊戲加兩個資料片」的作品。三款遊戲的基礎都是我替《歐洲遠征》開發的遊戲引擎，《歐洲遠征》本身又是由最初的《北約司令》改寫的。每次我們接力推出一款新遊戲，就試著添加更多歷史深度。我誤以為我們是這個方面沒有做好，但這麼做其實無法解決遊戲性的問題，但至少多了一些感人的描述。

當時我們請了歷史學家艾德・貝佛（Ed Bever）來助一臂之力。貝佛以前是普林斯頓大學的教授，閒時會替《滑稽》雜誌撰寫策略型遊戲的評論。他除了同時對過去與現在的軍事場景瞭若指掌，還曾讚美過《北約司令》「刺激又精確」，我們自然認為教授在遊戲方面的品味很不錯。

貝佛教授多才多藝，他其中一項能力是遊走在「趣味」與「嚴肅」之間。真實的戰役是個敏感的主題，我們其他類型的遊戲如果強調摧毀的樂趣還說得過去，但如果是歷史上發生過的事，就沒那麼適當。《越南衝突》這款遊戲尤其如此。問題一直在意想不到的地方冒出來。

「螢幕上的狀態顯示欄如何稱呼輸家，將會激起玩家強烈的反應。」貝佛在遊戲設計師備忘錄上寫道：「基於兩點理由，我們回歸成總傷亡數。第一點是為了避免冒犯親人在越南喪命的人士。即便只是

遊戲模擬，他們可能會對清點死亡人數感到不舒服。第二，死亡人數會讓人對傷亡比產生誤解，許多美國人受傷後活了下來，越南人則性命不保。」

我們的遊戲手冊首度在歷史資訊旁邊加上了免責聲明，而我總覺得不對勁。不對勁，不是因為我認為不該如此小心翼翼，而是我發現，我寧願一開始就製作不需要放上免責聲明的遊戲。我們的戰爭遊戲三部曲日後被稱為《司令》系列（*Command Series*），三款遊戲全都提供了詳實的模擬體驗與深刻的歷史教訓，但我認為它們不一定算得上是遊戲。

遊戲最基本的定義與特色是互動。玩家的每個選擇不一定都會獲得獎勵，但結果的控制權主要還是得掌握在玩家手中，否則他們只不過是在看偶爾要按一下鈕的電影罷了。這次我們不僅有太多預先決定好的歷史參數，我還加進太多的人工智慧元素。原本我希望能免去玩家的麻煩，讓他們不必什麼都親自安排，結果卻是玩家沒什麼事好做，甚至可以選擇什麼都不做，完全看著遊戲自行播放完整的模擬。許多寫遊戲評論的人士覺得很驚艷，或至少他們自以為很驚艷，但事實上看超過兩遍就會覺得很無聊。這種事有如電腦無止盡地計算圓周率，概念上很厲害，實際上過了一段時間後，就沒那麼有趣了。

雪上加霜的是，我們處理的戰爭主題都太近期了，無論結局怎麼樣，都令人感到沉重。就算是一下子就大獲全勝的衝突，玩家依舊會問：「但代價是什麼？」我永遠認為，身為遊戲設計師的任務其實是讓人暫時離開現實，而不是檢視真實的道德困境所帶來的痛苦。當

然，藝術具備這樣的空間，而電玩遊戲算得上是一種藝術。但整體而言，在辦公室度過了漫長的一天後，大家並不想把時間花在沉重的省思。即便不去管「第一人稱的參與額外帶來的緊張感 vs. 被動的觀察」，遊戲理應留住受眾的時間，遠遠超過其他任何的藝術形式。去一趟博物館或看一場悲劇電影，有可能讓人做三小時不舒服的自我反省，但遊戲設計師請大家投入二十小時至十億小時不等的時間。沒有太多人願意花那麼長的時間沉浸在生命最苦難的時刻裡。別的不說，至少我自己就不願意在一整年的遊戲開發時間都一直處於沉重的情緒。我花了比平常還要久的時間才領悟到這點，但最終我擺脫了對戰爭遊戲的痴迷，重新遨遊天際。

05

眾志成城

就在我努力尋找遊戲靈感的同一時間，電腦硬體世界一場多年來的恩怨情仇，恰巧也進入了如火如荼的階段。雅達利與康懋達打的那場戰爭既是商業戰，也是私人恩怨，中間的糾葛錯綜複雜，涉及惡意收購，兩間公司都有前員工投奔新陣營。財務合約離奇失蹤，接著又被找到。最終兩間公司都號稱自己擁有某項不是由他們任何一方開發的技術，雙方發起了無數次的法院訴訟，其中最大的關鍵在於雙方都極想弄到手的最新處理器技術：代號「洛林」（Lorraine）的 68K 晶片組。

這裡先岔題一下，我一直覺得，替專案取代號是在自我膨脹，我們 MicroProse 從來不做這種事。我的遊戲永遠只叫「那個潛艇遊戲」或「D-Day 遊戲」，到了上市前夕我們才會想出真正的遊戲名稱。不過話說回來，我們的產品原本就有內建的期待，光是「遊戲」一詞，

就已經暗示著令人興奮的東西即將問世。但如果你設計的是硬體，我想「更快的灰箱」並不適合拿來當代號。近年來，我們的發行商的確要我們使用代號，因為專案團隊已經變大了，企業間諜活動在業界成為很真實的問題。電子郵件太容易流出去，我也了解保密的重要性。然而，若有人不確定某個奇怪的代號指的是哪個專案時，有時就會導致雞同鴨講的對話。就我個人而言，要是我不想讓別人知道自己在做什麼，我會乾脆隻字不提。

不管怎麼樣，雅達利和康懋達打了好幾年的官司，才終於確認洛林究竟歸屬何方，但在結果出爐之前，兩間公司的下一代硬體都照樣採用了洛林。我一點都不關心企業政治。就我們的角度而言，技術軍備競賽是好事一樁。雅達利 ST 與康懋達阿米加（Amiga）都採用 68K 處理器的意思，就是我們能把更優秀的遊戲帶到兩倍數量的玩家面前。

我還沒想到明確的主題，就開始替阿米加開發新的 3D 引擎，最後那項技術也成為阿米加敗北之前唯一的阿米加專案。阿米加稱不上是一款糟糕的電腦，但銷量不符合預期，對我們這種小公司而言，電腦的市占率很重要，因為我們會花上一年的時間，在我們用來打頭陣的電腦機型上微調遊戲，包括替特定的螢幕解析度調整視覺布局、替特定的音效晶片做音效最佳化等等。這個部分完工後，我們只會花幾個月的時間，把程式移植到其他的主流系統上。我們最初釋出的版本永遠會是某款遊戲的最佳版本，因此我們理應採用當下最流行的機型來開發遊戲，替最多消費者帶來最完美的體驗。阿米加有一群死忠的

狂熱支持者，但不論是在消費者家中，還是在我們的辦公室裡，這款電腦從來沒有坐上第一名的寶座。

然而，至少要過一年，潮流的態勢才會逐漸明顯，因為在硬體實際銷售給大眾之前，開發者會提前很多時間拿到新硬體的原型，我敲了敲我的新 3D 遊戲引擎，想像我們有一天會拿它來開發哪些類型的遊戲。在我桌子的另一頭，公司裡的其他人則繼續使用原有的平台工作。

此類研發中的遊戲中，有一款是給康懋達六四的直升機遊戲《武裝直升機》，開發者是安迪以及新進的設計師阿諾・亨德里克（Arnold Hendrick）。《武裝直升機》深受「紙筆角色扮演遊戲」（pen-and-paper role-playing game）的影響（阿諾剛踏入職場時就是負責那種類型的遊戲），特點包括採用有點前衛的「永久死亡」（permanent death）概念。你可以儲存《武裝直升機》的遊戲進度，晚一點再繼續求勝，但如果任務失敗，就無法重新載入先前儲存的進度。死了就是死了；雖然有些玩家還是會在最後一秒使出脫逃術，趁資料被覆寫之前，立刻退出磁片。《武裝直升機》其他不尋常之處還包括玩家可以替角色取名字，以及在不超過重量上限的前提下，替直升機選擇武器，有點像在傳統的角色扮演遊戲（RPG）中分配技能點。此外，《龍與地下城》（*Dungeons & Dragons*）的設定是作戰時，二十等的法師可以逃離戰役，在酒館待上一晚補充能力值。《武裝直升機》的直

升機駕駛也能以病假為由，不參與某項任務，或是在基地外進行必要的休息與復原。這一類的角色機制已經由圖版遊戲的老手測試了十幾年了，《武裝直升機》則是率先成功將相關機制帶進數位領域。

值得一提的是，這次玩家可以選擇讓直升機自動降落，亦可以親自操作，我們也有特別記得要在手冊裡解釋這件事。

然而，在我們的設計機制突破界限的同時，飛行機制則是直接太過前衛。我們知道，玩家缺乏熟悉度的問題將會出現，因為《武裝直升機》將是第一款進入市場的直升機模擬器。我們原本打算利用鍵盤罩提供彩色的提示，拉平學習曲線，然而，在電腦周邊強調人體工學的今日世界，鍵盤本身比硬紙板厚不了多少，鍵盤罩也成了古老的遺跡。不過，遊戲測試人員要我們不必擔心這件事，《武裝直升機》的集體桿（collective，即直升機的操縱桿）憑直覺就能操作。他們回報，主要的問題其實在於速度。

直升機的飛行速度比飛機慢，但側邊移動的機動性比較高。然而，對於遊戲程式設計師來說，讓世界旋轉的困難度高過快速水平移動。飛機要花上好幾秒鐘才會從一個位置斜向下一個位置，但直升機可以快速旋轉甚至原地打轉，也就是說，我們必須以比先前更快的速度呈現出三百六十度的 3D 弧形景觀。

我拿出我新研發的 3D 引擎救火，團隊如獲至寶，但如此一來，我們將得徹底改造《武裝直升機》的基本程式。雖然我的引擎是替阿米加量身打造的，康懋達六四的效能沒那麼強大，新引擎的效能依舊勝過我們先前所有的版本。我和安迪攜手合作了好幾個月，一起改造

程式碼，試著讓舊型電腦的效能跟新型電腦一樣好。

每一件事最終都與「影格率」（frame rate）有關，也就是電腦每秒能重畫多少次螢幕。如果是變動前景的某樣小東西（例如高度計的指針），電腦可以快速做到。然而，倘若整個背景都要變動，畫面就會變得很卡。

我們把目標訂在每秒四張。這不是什麼艱鉅的超級任務，就連我最初放在通用儀器伺服器上的《星艦爭霸戰》遊戲都能跑那麼快，雖然這樣比當然不公平，一個只是移動的文字，另一個卻是旋轉的山坡。MicroProse製作的其他遊戲跑得更快，但每秒四張是最低門檻，再少遊戲就玩不動了。

到目前為止，我們能做到三張。

深夜裡，安迪頻頻哀嚎：「我得再跑一次最佳化。」他求我找出一個不需要執行的計算，或是不需要同時儲存的資訊。「我知道你可以再多想出一個點子。」

更換遊戲引擎已經嚴重拖延了專案的時間表。如果無法快點加速，我們將得開始像拋棄壓艙物一樣，一一拋掉遊戲的每一個部分，只保留讓直升機還能待在空中的基本骨架。

幸好我們做到了。《武裝直升機》的銷量最終超過二十五萬盒，還榮獲《電腦遊戲世界》的「年度最佳動作遊戲」。我也希望能在此大致說明一下我們是怎麼辦到的，但動用的數學實在是太長、太複雜，又超級無聊（聽過的人都向我保證真的會睡著）。反正重點是，我們並不是靈光一閃就想出了解決辦法，而是經過無數次一點一滴慢

慢修改，而且其中許多功勞也不能算到我們頭上。我們必須想辦法以更好的方式做事，但也得學學別人更厲害的辦法：新技術、新的壓縮演算法、執行標準子程序的新方式。遊戲是眾人集體努力的成果，若有人認為，能把功勞歸到單一個人的身上，那真的是太可笑了。道理就和我第一次以展商身分參加消費電子展的經驗一樣，我們的產業並不是由一個單一的巨大展位組成，而是數萬個小展位齊聚一堂；雖然有些展位是由不成對的桌子拼湊而成的，但所有的展位都出了一分心力。

「電腦遊戲開發者大會」（Computer Game Developers Conference，簡稱「CGDC」）是唯一一個比消費電子展讓我更感到溫馨又團結的活動。大會創辦人是遊戲設計師克里斯‧克勞福（Chris Crawford），當時他最有名的作品是《權力平衡》（Balance of Power），他還寫了《電腦遊戲設計的藝術》（The Art of Computer Game Design）一書。第一屆電腦遊戲開發者大會我未能躬逢其盛，那次一共有二十七個人坐在克里斯家的地板上。不過，六個月後，我得以參加第二次聚會，時間是一九八八年九月，聚會地點位於聖荷西（San Jose）郊區的假日飯店（Holiday Inn）。那次的與會人員暴增了四倍，午餐請了外燴，不過我們依舊是站著吃東西，還得一次用兩個紙盤裝，以免食物灑出來。那場大會僅酌收入場費，主辦人在門口一收到錢就衝去銀行，以

免開給飯店的支票跳票。此外，我相當確定，就是從那一年開始，克里斯會穿著特定服裝做主題演講。有一年他為了強調潛意識裡的創意衝動所帶來的威力，向我們揮舞鞭子；還有一年他帶著滿腔的熱情來了一場戲劇表演，把遊戲設計比擬為唐吉訶德，在戲劇的尾聲，他抓著一把金屬重劍衝向聽眾。

「為真理而戰！」克里斯對著我們大吼：「為美而戰！為藝術而戰！衝啊！」

我參加的第一場大會快要結束時，主辦方給了克里斯一個驚喜，頒給他「**全宇宙最棒的遊戲設計師獎**」（Zee Greatest Game Designer in Zee Universe），獎杯是一個大型的塑膠燈泡。主辦單位還頒發了其他獎項，但整體而言他們刻意只頒給遊戲公司，不向個別的設計師致敬，因為主辦單位認為，競爭會讓社群分裂，製造嫌隙。MicroProse的遊戲測試部門得獎了，看來我們的遊戲上市時，程式錯誤比別家遊戲少。我認為，大致來說，我們領先群雄的地方只不過是有品質保證的團隊而已。大會上討論的主題還包括專業測試者是否真的有能力提供不帶偏見的回饋，畢竟他們的報酬是金錢，而不是樂趣。幸好這個主題一下子就被拋到腦後，或許是因為，要是每個人都順著這種思路想下去，就會想到我們自己領的一樣是錢。

到了第二年還是第三年，我也上台報告。到了第十年，我被分到「遊戲設計傳奇小組」（Legends of Game Design），組員包括羅恩・吉伯特（Ron Gilbert）等業界重要人士。吉伯特在 HesWare 倒閉之前，一直在替他們寫程式，後來他替盧卡斯藝術（LucasArts）設計出革命

性的新型 SCUMM 引擎。這款效率更上一層樓的引擎讓程式設計師很開心，但 SCUMM 一脈相承的縮寫命名法也許還是令人忍不住揚起眉毛（附屬程式工具的名稱包括 SPUTM、SPIT、FLEM、MMUCAS、BYLE、CYST）。不過，即便是坐在數百人面前的講台上，我也不曾感到我和其他與會者相距甚遠。在電腦遊戲開發者大會上，大家全都是平等的朋友，就算沒受邀上台，每個人都有能侃侃而談的東西。設計在一九八〇年代主要是每個人獨立進行的活動，因此沒什麼人會遞名片，以現代的勢利心態結交人脈，也沒有人會端著高高在上的架子。大家對於有個社群、能與志同道合的人聚在一起興奮不已，這群同好能理解我們對遊戲的那分熱愛。我們的朋友無法懂，有時甚至連家人都不一定懂。也不是說外頭的世界†一定看不起遊戲，但遊戲有時還是會引人側目。在日後的數十年間，主流世界將冒出新的恐懼，害怕沉迷遊戲的玩家。不過，當時外界對我們最嚴厲的指控則是遊戲是膚淺的消遣，沒有多少好處；他們認為，遊戲不像書本那樣有深度，不像電視節目那樣富有娛樂性，也不像運動那麼健康。不過真要那樣講的話，我認為其他小眾的興趣也差不多。爵士音樂家也一定很難讓人理解，為什麼在鋼琴上一連彈奏幾小時的重複樂段，其實有著特殊的含義。建築師要是終於有機會可以抓著人大談大師法蘭克・蓋瑞（Frank Gehry）的建築幾何特質，一定也會很興奮。世界上有許多稀有生物，而電腦遊戲開發者大會就是和我一樣的罕見種聚集的地方。

---

† 成就解鎖：美國愛國歌曲《為了（你），我的國家》——讀「你」千遍。

我不認為當時我們有人料到，日後遊戲將在文化中占有重要的一席之地。我們只不過是在大會上分享主意，讓彼此對先前沒聽說過的遊戲產生興趣，以及吃下一大堆餅乾。

不過當然，電腦遊戲開發者大會和整個遊戲產業一樣，最終走過了這個初期階段，規模也愈來愈龐大。一九九九年，為了納入遊戲機遊戲，大會把名稱中的「電腦」一詞拿掉，接著又在二〇〇二年正式加上手遊。如今，不同的參加程度會收取不同的入場費。「藝術」與「設計」等幾個大主題的報告也分得愈來愈細，例如有「在地化」與「社群管理」等子主題。到了二〇〇〇年代初，會場已經大到靠雙腿走路會很累人，二〇一八年大會更是迎來兩萬八千名與會者，打破先前的記錄。不過，整個活動依舊非常有趣。遊戲依舊是核心。我認為，只要這個重點沒跑偏，遊戲開發者大會就能生生不息。

接下來的幾年，MicroProse 拿下了更多獎項，不過有些「殊榮」就連電腦遊戲開發者大會也提供不了。《武裝直升機》剛上市沒多久，就獲得了相當罕見卻令人不是很開心的特殊待遇：這款遊戲被禁了。很久很久以前，我對於老東家通用儀器打擊我的 ASCII 太空船感到受寵若驚，但這次的禁止範圍是一整個國家，而且這次的指控比「損害同仁生產力」還要更加嚴重：依據西德政府的說法，《武裝直升機》犯的錯誤是「提倡軍國主義」，「特別容易在社會與道德兩方面

誤導年輕人。」

在過去一百年間，德國自身的歷史關係錯綜複雜。一九八六年，二戰依舊讓很大一部分的德國民眾心有餘悸，戰爭的恐懼深深烙印在他們記憶裡，揮之不去。無論是過去還是今日，德國人深刻體認到，不能讓導致戰爭的文化條件再度興起，戰後德國執行了許多國內外的補救措施，其中為時最長的就是成立媒體監督委員會，德文名稱是「Bundesprüfstelle für jugendgefährdende Medien」（聯邦有害兒少媒體審查局），簡稱「BPjM」。

BPjM 有一張「兒少危險出版清單」（Youth Dangerous Publications List，確切的名稱在幾年間至少被重新翻譯過一次以上，因此通常簡稱為「索引」〔the index〕），此外，BPjM 有權審查任何被視為「對年輕使用者而言道德敗壞與粗鄙庸俗」的素材，其中自然包含反猶太主義與極度暴力的主題，但較不明顯的酒精濫用與自殺也算在內。比較準確的說法是，BPjM 拒絕一切美化軍事行動的事物。

除了最後一項有點討厭，「兒少危險出版清單」其實是相當標準的清單，和今日美國會列為「成人級」（Mature）的遊戲差不多。然而，要是在德國被列入清單，問題將不只和美國一樣。在美國，零售商不能把「成人級」的產品販售給未成年人；但「索引」所列出的媒體，則不能讓孩童有任何一丁點的機會看到，無論是在販售地點瞄到還是從廣告見到都不行。如果德國商店想販售我們的遊戲，店內就得特別劃分出「僅限成人」的販售區，還要有獨立的出入口，不能放在大門的視線範圍。整體而言，世界上只有一種東西會那樣賣，而且那

樣商品的顧客並不是我們平日的客群。

　　自從《武裝直升機》引發了 BPjM 的關切，BPjM 也盯上了我們產品目錄上的其他款遊戲。我們被打入黑名單的遊戲可一路回溯到先前的《沉默艦隊》與《F-15 獵鷹行動》，當時那兩款遊戲早就賣了好幾年，也都沒問題。登上黑名單除了讓我個人有點挫折，也為公司帶來了沉重的財務衝擊，因為 MicroProse 在德國的銷售額約有一百五十萬美元，而且我們原本打算把德國當作進入歐洲市場的據點，拓展我們的經銷網。

　　事實上，比爾懷疑我們之所以會被舉報，純粹是勢力較大的歐洲經銷商在搞鬼，因為我們的競爭對手賣的其他知名軍事遊戲，例如《加托級潛艦》（Gato）、《海戰之狼》（Sub Battle Simulator）、《潛艇大作戰》（Up Periscope）等等，全數安然無恙通過審查，沒有任何遊戲被列入「索引」。比爾提出強而有力的上訴，並召開記者會，增加民眾的抗議聲浪，但我們的聽證會屢屢延期，原因不明，一拖就是好幾年。等到「索引」終於放行，那幾款遊戲採用的技術早就過時了，沒剩多少銷量，在不在名單上根本沒差。

　　整件事唯一令人欣慰之處，在於對電腦遊戲審查的討論上升到國際層級。比爾代表我們向 BPjM 抗爭的同一時間，《龍與地下城》也在美國受到數個宗教團體攻擊。一名麻州女性成功讓地方上的學校圖書館不得收藏《魔域》（Zork）的遊戲改編小說。同時，一名美國郵政人員拒絕遞送《男孩生活》（Boy's Life），理由是那本雜誌刊登了遊戲《魔法師》（Enchanter）三部曲的廣告。英國的《獨立報》（Independent）

以頭版報導遊戲的審查制度，文中有特別提到我們。有一說是我們的案子知名度很高，最終影響了美國自律團體「娛樂軟體分級委員會」（Entertainment Software Rating Board）的成立。

近年來，德國的立場稍有軟化，認為唯有當媒體「容易造成未成年人無法發展對社會負責與自力更生的人格時」，才會傷害到青少年。碰上與二戰有關的內容時，將以個案方式審查其藝術價值，了解作品是否提出明確的反侵略聲明——舉例來說，玩家能選擇扮演同盟國對抗納粹，但《決勝時刻：黑色行動》（*Call of Duty: Black Ops*）這款遊戲的德國原聲帶還是得拿掉滾石樂團（Rolling Stones）的歌曲《同情惡魔》（*Sympathy for the Devil*），因為當中有一句歌詞讓歌手站在閃電戰中錯誤的一方。雖然整體而言，軍國主義的禁令已經取消，但德國依舊維持相對保守的暴力定義，因此遊戲商通常還是會選擇在德國市場推出修改版的遊戲，不想冒被禁的風險。舉例來說，殺死外星人或機器人的煽動性被視為小於殺人，而遊戲商就會把壞蛋的血從紅色改綠色，或是把膚色改成灰色，再加上一些電火花，不必費太大的力氣。

我個人不曾有意製作諸如此類需要更動的遊戲，這大概也是這三款遊戲被禁，令我深受打擊的原因。不過這次的事確實讓我了解，並不是每一個文化都以相同的態度看待遊戲，而且的確有所謂「美國遊戲」這種東西。我在想，完全不帶文化偏見，對全球的人來說都有吸引力，真正「放諸四海」的遊戲，不曉得長什麼樣子？這個問題很值得思考。

我因為《武裝直升機》回歸熟悉的遊戲主題，比爾對此感到相當高興；我是該風光重返飛行模擬的領域了。還用我說嗎，席德與狂野比爾絕對是天作之合，我們是最優秀的遊戲製作者＋最頂尖的飛機遊戲供應者。兩個人剛下直升機，準備好再次震撼所有人。

　　比爾問我：「好，你下一款飛行模擬器什麼時候會出爐？」

　　我告訴比爾，我對那個實在是沒興趣，我想做點別的。

　　比爾皺了皺眉，問道：「又想搞戰爭遊戲？」

　　我向他保證，真的不是。絕對不是。「我有一個海盜的遊戲點子。」

衝著你的名字買遊戲

06

喂！那邊的！

　　海盜遊戲實際上是兩個月前，新來的設計師阿諾在會議上拋出的點子。MicroProse 一直以來推出的全都是戰鬥遊戲，來點不一樣的背景設定，可以豐富展品陣容。整體而言，我喜歡這個點子，從設計甲板砲與雷達的海戰程式，換成掛上黑色旗幟與射擊大砲，並不是什麼難事。然而，換湯不換藥已經沒辦法再讓我熱血沸騰。四年前共同創立 MicroProse 的那個席德不會相信竟然會有這麼一天，但我總覺得日子愈來愈乏味。

　　主要的癥結點在於，我已經厭倦了高度寫實主義（hyperrealism）。如果真實生活真有那麼刺激，當初怎麼會有人想要打電動？飛行模擬類的遊戲更是永無止境地要求更多可以查看的刻度盤、更多可以操控的襟翼、更多精確的風速與輪摩擦計算，然而，似乎沒有人注意到，這已經變成了沉重的工作。遊戲不該訓練你成為真正的飛行

員；遊戲真正該做的是如果你想要，你可以花一小時假裝自己是飛機駕駛。你如果實際上哪裡都沒去，這不叫逃離現實。

同理，光是把原本就是船艦模擬器的東西換成十七世紀的船殼造型還不夠。我想起海盜時，我想到的並不是船隻調度有多困難。我也不知道為什麼，但浮上腦海的畫面是打來打去的刀光劍影，盪來盪去的繩索，以及隨風飄逸的白襯衫，上衣的領口還打了個小小的蝴蝶結飾帶。我想起邪惡的西班牙大鬍子擄走少女，裝著義肢的水手對酒當歌。不管這一切到底是什麼意思，反正我想到的是英勇無畏、活靈活現的海盜。

我告訴比爾，海盜不是整天只會打打殺殺。海盜還會冒險。

很不幸，「冒險」（adventure）這個詞已經被特定類型的遊戲給占用了。那種遊戲傳統上以文字為主，冒險的成分實際上大約是零。大部分的時候玩家都在和電腦爭論，過程一般來說就像這樣：

你站在小木屋裡。北邊有扇窗戶，東邊有扇門。
（看著房間。）
我不懂。
（看著木屋。）
你看見一張床和一張桌子。

（看著桌子。）

這是一張桌子。

（打開桌子。）

桌子鎖住了。

（看著窗戶。）

這是窗戶。

（打開窗戶。）

你不能打開窗戶。

（看著床。）

這是一張床。

（看看床底下。）

你看見床底下沒有有趣的東西。

「沒有有趣的東西」這幾個字差不多道盡了一切。當時所謂的冒險遊戲並不是在測試你的機智，而是在測試設計師能把擺明在眼前的物品藏多久，直到你想直接發問。我們的辦公室把這種遊戲稱為「撿棍子」，沒有人有任何一絲製作這種遊戲的欲望，我也不懂憑什麼這種遊戲能壟斷「冒險」這個詞。冒險的意思不一定是盲目摸索事先設定好的一條路，你可以創造自己的故事，掌握自身的命運，就跟海盜一樣。我想要高潮迭起、精彩連連的遊戲，讓你經歷一個接著一個的興奮場景，省略那些走來走去、看著某樣東西，然後把它撿起來的遊戲步驟。

比爾試圖說服我不要做這個：「太瘋狂了，我們以前沒做過那樣的遊戲。」

「我知道。」我說。這個點子最棒的地方就在這裡。

「沒人會買啦。」

我聳了聳肩。事實上，我覺得有人會買，不過那從來不是我製作遊戲的主要動機。如果我想玩海盜遊戲，就代表我得自己做海盜遊戲，因為還沒有其他人做過。

比爾看得出來，他無法動搖我的心意。他比了個無可奈何的手勢，咕噥說：「那我們至少該放你的名字，叫『席德・梅爾的海盜什麼的』。這樣或許喜歡《F-15 獵鷹行動》的玩家會認出這是你的作品，衝著你的名字買。」（注：本書遊戲名以台灣通譯為準，因此並未如英文原品名放上「席德・梅爾」之名。完整遊戲名稱，請見附錄。）

順道提一下，後來比爾講起這件事的時候，他的版本比我華麗許多。在我和比爾實際有過這場對話之前，故事就開始了。按照比爾的說法，把我的名字放在產品盒上的點子源自軟體發行協會（Software Publishers Association，簡稱「SPA」）的一場晚宴活動。這個協會幾年前才剛成立，做著標準的業界團體會做的事，例如請人演講與頒獎，但他們的主要目標是打擊軟體盜版。還要再過好多年，協會才有辦法說服立法者，盜版真的是很嚴重問題；不過在一九八六年，只要你有明確的證據，有辦法證明某個撥接 BBS 散布了偷來的遊戲，協會就會提供一百美元的獎金，甚至還真的成功起訴過幾樁案子。軟體發行協會會定期舉辦會議，與會的公司大約有一百五十間，MicroProse 也加

入了，其他成員還包括雪樂山（Sierra）、微軟、布羅德邦德（Broderbund）和羅賓‧威廉斯（Robin Williams）。

對，沒錯，你可能會「蛤？」一聲，但喜劇演員羅賓‧威廉斯確實與軟體發行協會有關係。就我所知，羅賓本人未曾親自參與遊戲設計，但他強烈認為所有的創意工作都應獲得合理的報酬。此外，羅賓超級喜歡電玩，甚至還因為遊戲把女兒取名為「薩爾達」（注：Zelda，取自動作冒險遊戲《薩爾達傳說》〔The Legend of Zelda〕）。依據傳說，在某場軟體發行協會的活動上，羅賓和比爾同桌聊天，羅賓提到其他所有的娛樂產業都會追捧明星人物，讓他們的名字家喻戶曉，為什麼遊戲產業沒有？

我不曉得他們那次只是隨口聊到，還是有特別推薦我，不過比爾已經有很多搞個人崇拜的經驗。這種會臭屁自稱「最高戰鬥機飛行員」的人不用花什麼力氣，就能讓他認為自己最初的直覺果然是對的──也許讓我和好幾袋鈔票同框唯一的問題，就是還**不夠**炫富。不過無論如何，我不怪比爾也想在這件事情上沾光，畢竟幾乎不管是什麼事，「是羅賓‧威廉斯叫我這麼做的」這個藉口實在太棒了。我只知道比爾以高階主管的身分決定把遊戲命名為「席德‧梅爾的海盜○○○」，我又忙著想冒險遊戲的機制，沒有過問這件事。

好消息是，在當時，遊戲該是什麼樣子，先入為主的觀念並不

多;但反過來說，壞消息則是證實可行的常態性做法也不存在。雖然我想放什麼元素都可以，但這也代表每個環節「不」要加什麼，我同樣也得負責，而且通往失敗的道路有無數條。這種感覺就像在試著寫下食譜，但事先並不曉得這幾種食材放在一起會不會美味一樣。我無從遵守戰略遊戲一般會有的樣貌，有可能一個不小心就做出有如在早餐麥片裡加洋蔥的遊戲。

我唯一能做的就是不斷盤問自己：「我自己會想玩這個遊戲嗎？」只要答案是「會」，那麼點子就可以留下。舉例來說，我想避開單一敘事路徑（narrative path）的陷阱。如果設定中的木屋不好玩，我希望可以直接離開，不必先找到沒人告訴過我的那把藏在地毯下的鑰匙，也不必花十分鐘說服電腦，快點讓普通鑰匙做出普通鑰匙會做的事（「打開抽屜的鎖？」「用鑰匙嗎？」「把鑰匙用在桌子嗎？」）然而，給玩家自由的同時，太多的自由也會讓人無所適從。選擇題永遠比填空題受歡迎。我發現冒險遊戲試著分析自由指令時，真正的問題在於：只有一個正確答案很討厭，但無盡的錯誤答案更是糟糕。

近日的心理學研究證實了這個有限選項理論。我們大腦的執行功能或決策能力會隨著時間愈來愈疲勞，就和過度使用肌肉一樣，無論你是在健身房舉重，還是推沙包搶救你的房子，你的疲憊程度與任務的重要性並不相關。不重要的決定所耗費的腦力跟有趣的決定一樣多，卻不會帶來任何的滿足感。曾經有項研究發現，受試者拿到有一堆選項的午餐菜單後，他們的數學測驗得分較低，選項較少那組的成績則比較好。午餐要吃什麼相對來說沒什麼意義，但依舊會耗損腦

力。另一項研究發現，讓路人試吃果醬時，如果提供的口味屈指可數，購買率比較高；倘若口味五花八門，顧客反而會眼花撩亂，不了了之（即便他們事後會說自己比較喜歡選擇較多的攤位）。

究竟為什麼人會直覺湧向選擇較多的地方，數據卻顯示選擇較少時我們比較開心？各種理論眾說紛紜，但我認為這和人類天生的好奇心有關。我們每種東西都想嘗試一下，要是沒辦法試，我們就會有點難過。我們一點都不想要覺得自己錯過了好東西，甚至有一種電動玩家叫「蒐集狂」，他們非得拿到每一種道具不可，所有的分數都要通通拿下，什麼都不肯放過。大部分的玩家沒那麼極端，但即便是溫和的玩家，這個準則依舊適用。玩家擁有的選項愈多，他們厭倦遊戲的速度也愈快。他們的直覺讓他們喜歡多一點的選項，但最終他們會離開，就跟有太多種口味可選的試吃者一樣。我認為我的職責是去蕪存菁，只把最好的選項呈現給玩家。

所以總結一下：沒有錯誤答案；正確答案不只一個，但也不能太多。我開始記錄點子。海盜向年輕美女求愛，會出現選擇。海盜拼起古老的藏寶圖，會出現選擇。有時海盜拔刀相向，也會出現選擇。

當然，真正的海盜不會做這些事，他們殘殺無辜，幹些不入流的勾當，根本不有趣；但這是遊戲，不是模擬。浪漫版的海盜在文化裡很突出，深入人心。弗林主演的經典老片中，有四部在講風流倜儻的大俠，沒有一部描繪了貪婪的反社會人格者。

事實上，這種早已存在的文化敘事正是《大海盜！》能讓玩家盡情沉浸在遊戲裡的關鍵。玩家在開始玩遊戲之前，心中早已有了背景

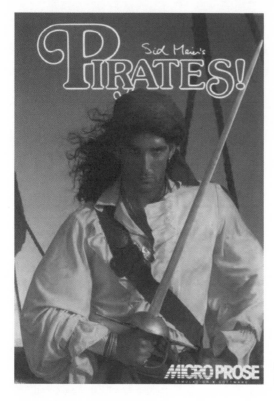

《大海盜！》遊戲封面
© 1987 MicroProse, www.
microprose.com

故事：好人會穿著白襯衫，纏著五彩繽紛的腰帶；壞人則會身披黑長
袍，戴眼罩。讓壞蛋留一撮小鬍子，他就會繼承玩家自孩提時代以來
每個小鬍子反派的所有特徵。光是一句「嘿，小子！」就能傳達出完
整的遊戲氛圍，自動提供背景、人物與合適的情節。相關的文化速寫
讓玩家在不知不覺中自行在腦中補充背景設定，替我們省下開發遊戲
的時間，更重要的是，還可以節省寶貴的電腦記憶體。

　　《大海盜！》帶來了不尋常的記憶體挑戰。為了把計算工作降到
最低，我們用 2D 來呈現船艦航行與鬥劍，但這麼做依舊讓遊戲有很

大的一部分以文字呈現，沒有空間把其他任何元素做成動畫。我們理論上的確應該省略所有遊戲人物走來走去的部分，但不可否認的是，那些環節其實也沒那麼多，因此我們決定嘗試提供一張張插圖，有如讓玩家自己替繪本配上文字。顯示卡走過方塊鱷魚與塊狀猴子的年代後，已有長足的進步。每當我們的畫師海爾完成一款遊戲，他的技巧就更上一層樓。我們靠著技術與才華，想辦法在電腦上創作出一些藝術作品，成果在那個年代令人印象非常深刻；但這裡的關鍵字是「一些」。我想要的是「很多」，但要把所有的東西全數塞進遊戲裡似乎依舊不可能；幸好程式設計師藍道爾‧馬特勒（Randall Masteller）解救了大家，並在老概念上用了新的方法。

為了以高效率儲存與顯示字型，電腦作業系統一向被最佳化，畢竟要是螢幕上沒有文字，其他什麼事都做不了。字型是第一個被載入記憶體的東西，也最容易被清除與取代。因此，多年來程式設計師都知道，如果能以字型的形式向電腦呈現資訊，電腦就會跑得快一點。

這種技巧通常被應用在小型影像。以我最初的 ASCII 遊戲為例，我用星號代表小行星，因為標準的文字字元是我唯一的選項。不過，字型不一定得由字母與數字組成。如果出現了某種年代錯亂的奇蹟，我的 NOVA 迷你電腦裝的是微軟的 Wingdings 趣味字型，那麼星號會變成小信封。如果我使用大寫的「M」，就會變成典型的卡通炸彈，數字「8」則會變成小小的可愛轉盤電話。當然，這會讓電腦的其他功能變得難以讀取，不過這裡的概念在於，設計師可以創造出由小型影像組成的自訂字型。與利用電腦內的圖形晶片畫出相同的圖案相

比，在螢幕上顯示那樣的「文字」比較快、也比較簡單。

下一個步驟是利用字型做出簡單的動畫，先前我在《叢林福洛德》就用過這招。每一種動物都是字型的一個字母，字母表中順序比較後面的字母則是用來代表稍有不同的相同動物。也許一般來說，小寫「c」看起來像鱷魚閤上嘴巴的樣子，大寫的「C」則看起來像張大嘴巴的鱷魚。命令電腦在螢幕上快速切換「c」與「C」，鱷魚就會看起來像在動。在迴圈裡多加兩個鱷魚字母，就能同時走動與咀嚼。字型一載入記憶體，就能把鱷魚放上螢幕，要放一隻還是一百隻都行。只要把新字母表控制在單一字型能容納的總數（兩百五十六個字元）之內，電腦處理器就能輪流切換，就跟滑到下一頁文字一樣毫不費力。

藍道爾的工具用途是分析大型圖片，想辦法以最有效率的方式，讓每一個小小的八乘八像素塊變成字型字元。就像是塗數字畫一樣：如果左上角是純藍色的天空，那麼「數字1」字元可以變成一大塊純藍色，其他大塊的藍色也能是一群「1」。如果要畫雲，「數字2」可以代表半藍、半白的斜角，但接著我們還得開始弄一長串代表全白的「數字3」。在我們用光可分配的字母之前，圖片愈是簡單就能愈大。接下來，玩家選完那個頁面上的選單選項後，我們可以清除螢幕上的字型和其他每一樣東西，再下載包含下一張螢幕圖案的新字型。

唯一的問題在於，我們依舊需要顯示真正的文字。遊戲可以在磁片上放數百種字型（每個不同的螢幕畫面的確動用到不同字型），但記憶體一次只能載入一種字型，因此每種字型的頭七十個位置是一組一模一樣的小寫字母、大寫字母、數字，以及幾個特殊字元，例如逗

號與問號。剩下的一百八十六個括弧、連字號等等，則是用混雜的彩色像素取代；除非以正確順序排列，否則看不出任何意義。順序正確時，它們會突然變成美麗的濱海城鎮，或是總督身材火辣的女兒。

　　少了厚重的手冊，就不是 MicroProse 的遊戲了。因此，在遊戲開發的尾聲，設計師阿諾加入了我們的團隊，並開始製作八十八頁復古墨水色的文字。這次不必加入複製保護的元素，因為我們已經升級到製作額外的加勒比海地圖摺頁，增加了分享出去的難度。這一類的實體巧思一舉兩得，除了防盜，想收藏的人自然會願意掏錢買這種一般稱為「感官遊戲道具」（feelies）的物品，名字源自阿道斯‧赫胥黎（Aldous Huxley）的反烏托邦小說《美麗新世界》（Brave New World）中的一種觸覺娛樂。率先提供這種道具的遊戲是 Infocom 公司一九八二年的謀殺案解謎遊戲《死亡線》（Deadline），多年來，這款遊戲被當成業界標竿，收藏盒除了提供玩家犯罪現場的照片、警方問話、驗屍官報告、家族律師的信函，甚至還附上在犯罪現場「找到」的三顆藥丸（實際上是糖果）。之所以會有收藏盒的構想，是因為設計師馬克‧布蘭克（Marc Blank）找不出辦法把所有的資訊全數塞進遊戲裡，而在盜版情形大幅減少後，大家才恍然大悟這種構思的潛力。

　　阿諾除了精心製作手冊，還在《大海盜！》裡添加了分量適中的寫實主義，不像電影那樣過度浮誇。他追求歷史戰役模式的精確度，

只要生活年代不符合我選中的時間框架，海盜再怎麼出名他也會反對到底，例如黑鬍子（Blackbeard）與尚・拉菲特（Jean Lafitte）。不過真要說的話，寫實主義的基礎反而撐住了浪漫化冒險更大的主題。阿諾在設計師備忘錄中解釋：「這群人是大時代遺留下來的狂人，賊心不改的罪犯……他們的生命裡既沒有政治陰謀，也沒有美好的未來，只有子彈或絞刑繩等著他們。與先前著名的海鷹海盜（seahawk，注：弗林飾演過同名電影）與大海賊（buccaneer）相比，我們覺得這種盜賊缺乏魅力，令人興趣缺缺。」

然而，傳奇海盜很麻煩的一點在於：他們永遠不會死。你不能在電影裡讓弗林飾演的海盜「領便當」，讓他死於戰鬥或被判處絞刑，那將毀掉他來自的宇宙的一切。然而，不會輸的遊戲不是遊戲；一定要有某種失敗的可能性。更麻煩的是，我無意間拿掉了任何能結束這款遊戲的明確勝利時刻。軍事遊戲有固定數量的任務，每一局只要達成令人滿意的爆炸量後就結束了。然而，海盜永遠準備好展開下一場冒險——「這是我的海盜人生」，而不是「幹完這一票就結束了」。我讓玩家自由選擇要參與哪場冒險，等於是放棄指定哪一趟冒險最精彩或最難完成。你可以贏得某場特定的戰鬥或找到寶藏，但無法全破整個遊戲，也無從輸掉這個遊戲。

幸好，這兩個問題兩相應和，互相解決了彼此的矛盾。

講到遊戲裡的「輸」，其實取決於懲罰到多重的程度，玩家還會繼續相信我們所創造的幻想世界。這次我們讓角色無法死去，但也不能讓他們兩手空空從頭開始。弗林或許會失去寶藏、失去他的船，甚

至是一度失去船員，但他的名聲永遠都在。弗林永遠可以在船難中掙扎上岸，再度召集眾人。於是我們乾脆這樣設計：你的海盜要是在海上輸掉一場戰鬥，弗林就會在小島上擱淺一陣子，直到忠實的部下奇蹟似地拯救他，不過船和黃金都會石沉大海。

即便如此，在現實世界裡，擱淺一下子就沒事了幾乎等於沒有懲罰。除了倒數計時的時刻，時間在遊戲裡並沒有真正的價值。突然間，終點變得很明確。

我發現這款遊戲的重點並不是生與死，而是一生的光陰。從童年到老年，海盜生涯至少會持續四十年的光陰，目標則是盡量在那段期間內完成最多的事——活出沒有遺憾的冒險生活。搶黃金，打勝仗，累積能在小酒館吹噓的瘋狂故事。就和現實生活一樣，你有多成功，除了取決於你有哪些英勇事蹟，還得看你本人能把那些事吹得多天花亂墜。

我決定，我們應該讓玩家自行選擇何時退出遊戲。此外，我們會顯示勝利的總次數與對應的航海排名，但不會給一個數字分數。我們在評估擊劍技巧與駕船能力時，甚至還會配合角色的年齡，放慢控制的反應速度，增加失誤率。玩家可以自行判斷何時風險過高，見好就收，也可以堅持不放棄，拒絕收手，像駝背的老水手一次又一次冒險上陣，直到失去最後一枚達布隆金幣。如同遊戲其餘的環節，到底要不要結束，由玩家自己決定。

諷刺的是，我們避免採取寫實主義反而讓遊戲史無前例地符合現實。生活不是一個價值會一直客觀增加的過程。你要是失敗，可沒辦

法再次載入任務了事。你只能拍掉馬褲上濕答答的沙子，返回公海，再次踏上新的冒險旅程。萬一恰巧數度淪落荒島也沒關係，這下子你在酒館就有精彩的故事，讓你可以暢談當年勇。

07

然後就買了一架飛機

　　雖然《大海盜！》最終也深受玩家喜愛，但讓我們出名的還是飛行模擬遊戲，永遠一推出就造成轟動；我的「行動冒險模擬」（action adventure simulation）則屬於穩紮穩打的慢熱型遊戲，要過一陣子口碑才會傳開，包括玩家之間的口耳相傳，以及玩家告訴創作者他們的看法。我們往往要等到收到玩家寄來的信，才能聽見遊戲購買者的心聲。有時候玩家也會打電話到公司來，比爾通常會親自接聽，即便我們早已不像草創階段時，把他家的廚房電話設為公司電話。以前比爾從來沒抱怨過玩家打電話來時忘了考慮時差，如今他也依舊相當樂意接到粉絲打來的電話，因為會聯絡我們的玩家通常是打來說好話的，畢竟很少人會浪費郵票或電話費，只為了說出他們有多討厭某款遊戲。有時我會想，要是能回到通訊至少得付出最低代價的年代，日子說不定會好過許多。

反正不管怎麼樣，我推出集多種類型於一身的《大海盜！》後也只能等，等上幾個月，看看大眾是否和我一樣覺得有趣。在得知玩家的反應之前，我想，下一款遊戲最好還是先回到較為傳統的主題，至少先有一些銷售數字和心得評論出來後，再看看怎麼樣，見機行事。比爾告訴我他已經有計劃了：以湯姆・克蘭西（Tom Clancy）的暢銷小說《紅色風暴》（*Red Storm Rising*）為藍本，推出全新的潛水艇模擬遊戲。

　　我對涉及授權的遊戲並不是很放心。一方面，如果在你之前已經有人建立了文化速寫，遊戲就會更吸引玩家，例如在海盜世界裡，臉上有兩撇翹鬍子的人，一看就知道絕非善類；但如果是在《哈利波特》（*Harry Potter*）的霍格華茲（Hogwarts）魔法學院，留鬍子就沒什麼關係[†]，因為那至少代表你有鼻子。熟悉相關宇宙的玩家在玩遊戲時早就進入情緒架構，準備好被情節牽著走。另一方面，對遊戲設計師來說，你是在共享別人的創作，對方不一定會喜歡你的詮釋。噩夢般的場景是在接下來的一年，你將被合約上的條款制約，不得不製作興趣缺缺的遊戲，或是被版權所有人綁手綁腳，做不出最理想的遊戲。

　　比爾向我保證，在點頭答應任何事之前，可以先確認所有人已經取得共識，畢竟我們也得先讓小說的原作者湯姆相信，我們不會搞砸任何事。就這樣，一九八七年的夏天，我和比爾開車前往乞沙比克灣（Chesapeake Bay）的西岸，登門造訪湯姆。

[†]　成就解鎖：披頭四專輯《比伯軍曹的寂寞芳心俱樂部樂隊》——蒐集四種鬍子。

我不曉得這趟旅程會碰上什麼事，不過見面後我發現湯姆是個樸實的人。他的《獵殺紅色十月》（*The Hunt for Red October*）一炮而紅，但由於他才剛出道，沒辦法和出版社談到最理想的條件，所以就算他接下來的作品《紅色風暴》也被搶購一空，白天他依舊得賣保險維生。我們一起坐在湯姆家的客廳裡聊天，意思是比爾負責開口，我負責在必要的時刻禮貌性點頭示意。比爾那天穿著辦公室的正裝，但整個人散發出來的氣場活像他穿著飛行服；他的身體重心整個往前靠，雙手比個不停，展現出他在商展上驚人的氣勢，口若懸河，滔滔不絕。

　　湯姆以前待過美國陸軍的後備軍官訓練團（Army ROTC），他和比爾開心地交換軍隊趣聞，一直聊到下午，最後我們這一方顯然正式獲得了湯姆的認可。我們小心翼翼拋出問題：他希望對最終的成品握有多少的掌控權？

　　「零。」湯姆興高采烈地回答：「這件事你們得去找賴瑞談。」

　　《紅色風暴》是湯姆和賴瑞・龐德（Larry Bond）合寫的，大家都說，賴瑞負責他們這個雙人組的技術層面。湯姆寫下天馬行空的故事演變，賴瑞則雕琢修飾細節。這讓我感到大事不妙，因為破壞樂趣最快的方法，就是一板一眼堅持什麼東西都要符合真實情況。我只高興了史上最短的〇・一秒，還以為一切都談妥了，結果對方派出的代表

是賴瑞，不是湯姆。看來，這個計劃終究注定會完蛋。

我們打電話給賴瑞，一切似乎很順利，但賴瑞堅持要我們去他家一趟，和他幾個朋友一起共度遊戲之夜。這下子我更擔心了：唯一比傲慢的授權者還要更糟糕的，就是幻想自己是遊戲專家的人。比爾找了個藉口推辭，但這場聚會顯然是為了向我致敬才辦的，我不去不行。

我一敲門，賴瑞的妻子立刻跑來應門，但客廳空盪盪的，沒有紙牌，沒有骰子，什麼都沒有，更別說是客人了。不過，我隱約聽見人聲，不曉得是從哪裡傳來的。我理應瞬間明白這一切是怎麼一回事，但直到她帶我走下地下室，我才鬆了一口氣。

一張折疊桌上，以樓上放不下的規模，擺好了紙張、鉛筆，還有塑膠模型。賴瑞和朋友熱烈地跟我打了招呼，接著就繼續排遊戲。他們並不是因為我的身分而故意上演一場遊戲秀，我是真的受邀參加阿宅之夜，一瞬間，我放鬆了下來。

我找了張桌尾的椅子坐下，觀察眼前的戰略遊戲。那是一款軍事主題的遊戲，背景是海上，跟我和賴瑞很快就會合作的計劃一樣，但這並非這款遊戲今晚被挑中的唯一原因。這款遊戲《魚叉》（Harpoon）的是賴瑞的，他不僅是擁有者，還是發明人。賴瑞‧龐德除了寫下最暢銷的軍事驚悚小說，還發行了自己的遊戲系統，不但能改造成不同戰役，玩家還可以依據編號自由說故事。

賴瑞並未幻想自己是遊戲設計師，他真的是設計師。

我想到，我在拜訪賴瑞之前，好像有聽過《魚叉》的事，但我和

他通電話後，沒有時間找資料了解，也有可能是我有點害怕自己會找到什麼。此外，閱讀遊戲規則說明書和親眼看別人玩是兩回事。那場示範太成功了，我很快就心悅臣服。賴瑞既沉著又有自信，遊戲場景充滿創意，機制經過千錘百鍊：船隻的調動很有真實感，武器造成傷害的程度也很正確，適當的海軍戰術獲得了恰如其分的獎勵。我發現在許多方面，湯姆和賴瑞的關係就像比爾和我一樣。一個人抱著滿腔的熱忱推廣品牌，另一個人則是負責讓事情有效運轉的勤奮工匠。看來賴瑞和我會處得很好。

即便如此，我們早期的原型跌跌撞撞，研發的開頭難免會這樣。我們上一款潛艦遊戲《沉默艦隊》的靈感大都來自理查・歐肯（Richard O'Kane）的著作《淨空艦橋》（*Clear the Bridge!*），此書講的是二戰對抗日本的期間，美國的刺尾鯛號（USS Tang）英勇但以悲劇收場的巡邏任務（注：歐肯是該艦的指揮官，任務原本已經順利達成，卻在最後一刻出現了烏龍故障，刺尾鯛號反被自己的魚雷擊中，僅有幾個人生還）。歐肯在前言中寫道：「我在寫下這段記錄、再次說出發生了什麼事的時候，從頭到尾我都知道我的船員與船艦的命運將會如何。我不得不反覆騎上我那匹亮棕色的駿馬，到丘陵上跑個幾圈，回來時才能再次以平靜的心情書寫下去。」

湯姆等作家成功地描繪出潛艇戰爭中的緊張氣氛與心理隔離，但最初真正吸引我的是指揮官歐肯大無畏的英勇精神。我覺得《紅色風暴》早期的遊戲版本深深缺乏那個要素。現代潛艦交由電腦操控的程度前所未見，而《紅色風暴》的小說場景又是設在具有未來感的第三

次世界大戰。我們無法為了讓遊戲好玩，就把設定回歸到古老的電腦技術。美術人員可以替遊戲的開頭繪製扣人心弦的詳細動畫分鏡，替每趟任務的尾聲畫出轟轟烈烈的大破壞，然而，在大部分的時刻，潛艦的雷達上只有代表你和壞蛋的兩個點，現實狀況就是如此，感覺冷冰冰的，缺乏人味。我再次擔心寫實主義會讓我們綁手綁腳。

幸好，現實情形也有幫得上忙的時刻。賴瑞解釋道，雖然偵測水中物體的技術已有長足的進步，但要判定那個物體究竟**是什麼**依舊很困難。判讀的工作還是和以前一樣，得仰賴同袍口中的「聲納士」（ping jockey）來執行。優秀的聲納士光是聽見推進器在數百萬加侖的海水中發出的聲響，就能判定一艘船的速度、位置與國籍。敵人不光只是一個光點，而是黑暗中氣氛不詳的複雜嗡嗡聲，你得對敵人的聲音瞭若指掌，才有活命的機會。

遊戲音效（game audio，更恰當的名稱是「聲音設計」〔sound design〕）一度被視為只是又一項程式設計必須做的事。正如我利用少少幾個像素就能畫出阿亞圖拉的人像一樣，我可以指示幾個音發出類似旋律的聲音；但無論是繪圖還是音樂，這樣的東西只不過是因為用在電腦上才令人驚嘆。就像看神童解代數一樣：一切跡象都指向極度光明的未來，但客觀上來說，神童目前做到的事實際上並沒什麼特別之處。以我最早的那台雅達利電腦來說，音效連專屬的晶片都沒有，得和電位器（**po**tentiometer，也就是操控桿）與鍵盤功能（**key**board functions）共享空間，也因此這種硬體被暱稱為「POKEY 晶片」。

儘管 POKEY 晶片是因為聲音以外的程序而得到這個暱稱的，你

依舊可以靠它做到很多事。POKEY 晶片提供兩百五十六種聲頻，遠遠超過標準鋼琴八十八個琴鍵所能提供的聲響，雖然大部分的音頻只是夾在標準音符之間的額外音高，因此只有在製作音效的時刻才派得上用場。此外，每種頻率有六種失真破音（distortion），《雅達利大全》（*De Re Atari*）這本程式設計指南也有模糊地（以及某種程度上帶來靈感）請讀者相互參照「蓋革計數器」（Geiger counter）、「瀑布」（waterfall）、「電動刮鬍刀」（electric razor）等音效類別。舉例來說，萬一螢幕上的人物需要一邊刮掉鬍渣，同時還得在尼加拉瀑布測試輻射水平，POKEY 晶片提供了四種獨立的八位元聲道，你可以（也可以說是「不得不」）重新組合成兩個十六位元聲道，避免背景音樂較為複雜時出現音高的問題。

然而，如同所有突破重重限制而很酷的東西，技術在進步就代表聲音設計不會永遠都由程式設計師處理。一年前，也就是開發《大海盜！》的期間，我已經心不甘情不願地向聲音設計說再見，並把這塊交給肯・雷格西（Ken Lagace）接手。他的精彩表現再次證明，我被取代是應該的。肯是單簧管樂手，有數十年的音樂教學經驗。某一天，他跟比爾取得了聯繫，說我們的遊戲需要專業的聲音設計，而且他還真的說服了比爾，替自己創造了工作。肯主張第三方的音效卡已經開始普及，搭配的軟體能夠製作並再現真正的錄音，而不是單音的嗶嗶聲。我是有那麼一點音樂才能啦，但沒有優秀到可以全職負責這塊。我們要是不跟上最新的進展，對手就會超前。如同遊戲的視覺設計，聲音設計也已經正式從一種技術提升到藝術的境界。要和聲音的

部分說再見讓我有點難過，但我還是大手一揮，把職責交了出去。

不過在某種層面上，潛艇聲納可說是比海盜的船歌年代還要原始。推進器不同步的刺耳聲響重點其實是數學，而不是情感。由於我們無法使用真正的潛艦來錄音，音效只能靠直接下指令給康懋達六四的聲音介面裝置 Sound Interface Device（簡稱「SID 晶片」，這件事顯然適合交給我來處理）來做。賴瑞在解釋現代聲納士持續扮演的角色時，我突然想到要如何替乏味的雷達圓點介面加點新東西。遊戲裡每一艘潛艦都可以有自己特有的招牌聲音，由低音與濾波器的聲音交織而成。玩家可以學著像專業人士那樣，靠耳朵來辨識船艦[†]。《紅色風暴》最終成了開山鼻祖，讓聲音也成為遊戲的互動元素，而且有點偷偷回到我的領域，我不必再為肯做的那些驚心動魄的一流配樂感到吃味了。

湯姆說到做到。我們首度去他家的那次會面，幾乎就是《紅色風暴》遊戲上市之前最後一次碰頭，再相逢已經是在消費電子展的年度盛會上了。湯姆加入我們，一起幫忙宣傳。起初他對遊戲並不是特別感興趣，要我猜的話，一開始大概是賴瑞說服他考慮授權，但消費電子展的驚人規模以及整個展場上的敘事視覺展示，似乎令湯姆印象深刻。

老實說，我自己也一樣。當然，經過了四年的時間，我益發有自信，但當年只在手提箱裡放一片《單人航行》就出發、首度參展的那

[†] 成就解鎖：義肢裝備——搜集黑鬍子、假腿、梵谷與一隻耳朵。

種興奮感未曾消失。至少現在我能放心把我們的攤位設計交給行銷部的能手。大會的軟體區持續穩定被遊戲占領，到了一九八八年，會場幾乎開始像是我們的主場。據傳那一年，任天堂的攤位足足有兩萬平方英尺那麼大，雅達利也頭一次沒有展示新的電腦硬體，只介紹遊戲。整個遊戲產業的年銷售額正在逼近十億美元大關，千奇百怪的投資如雨後春筍冒出頭來，例如某款遊戲打的廣告，說自己「具備未來感，介於冰上曲棍球、足球與全然的混沌之間。」另一項產品則提供了一系列以義大利為主題的小遊戲，包括在威尼斯的貢多拉上玩枕頭仗、在維洛納（Verona）攀爬塗油的桿子，但眾家公司的確充滿熱情。這麼多人在玩遊戲，感覺就像什麼東西都有市場。

沒多久，就在大會沒那麼吵雜混亂的時刻，湯姆進入了比較自在的狀態，講起話來終於比較像我們的一員，而不是商業夥伴了。那天我們聊到很晚，暢談藝術的本質與靈感來源，以及我們本人和自身的作品之間不免出現的連結。湯姆透露在那幾個月他開始獲得財務上的報酬，但心情十分低落，因為他被迫習慣成名帶來的種種紛擾。湯姆第一本書的合約問題一直沒能解決，讓他感到特別困擾，他擔心可能會就此失去自己原創角色的相關權利。那場談話令我十分訝異，首先是在他的硬漢外表下，我們其實是志同道合的創作人；另一件令我吃驚的事，則是即便是湯姆這種等級的作家，在商業合作上依舊會被占

便宜。整體而言，我向來對商場上的買賣沒什麼好感，原因純粹是我不想花時間去做那些事，不過我也開始發現潛在危險的存在。

一九八八年年尾的一個早上，我和比爾坐下來檢討公司狀態，並討論接下來要往哪裡走。《大海盜！》的後勢看好，加上我們近期的其他遊戲，我們有一點財務上的喘息空間，是時候決定怎麼運用這份餘裕了。

我認為投資某種員工福利是個不錯的選擇，除了感謝替我們賣命的人，未來也能吸引到新的人才。

我提議：「在度假勝地馬頭鎮（Nags Head）弄一間公司的公寓怎麼樣？」北卡羅萊納州的外灘群島（Outer Banks）是我們當地的熱門度假勝地，馬頭鎮是我個人的最愛。「我們可以讓團隊過去調劑一下身心。或是讓設計師有安靜的空間尋找靈感。空著的時候，甚至可以讓大家帶家人去度假。」

比爾認真點了點頭，嘴角上揚，露出他談判用的笑容。「這樣的話……」他開口。

我知道比爾想說什麼，他已經嘮叨這件事好幾個月了。我笑出聲：「你想要一台飛機。」

「都是為了替公司宣傳。」比爾強調。

「好，」我說：「你得到飛機，我得到公寓。」

我們大概還討論了一些後勤的細節，不過整場對話大概就像剛才描述的那樣。我不想把這件事稱作一場交易，感覺上只是平衡了我們倆的個人興趣，恰巧又符合公司的利益。

然而我愈想愈覺得公司公寓這個點子不太行。使用頻率大概會不如我的預期，同仁實際上能在那裡完成多少工作，充其量也「不好說」。我們必須雇人照顧房子，還得到租屋市場上尋找租客，替公司回收成本。這絕對不會是我和比爾會想給自己找的麻煩。再說了，我們平日動不動就會在公司的茶水間裡玩圖版遊戲，培養團隊精神。說穿了，電腦程式設計師並未以習慣做日光浴而聞名於世。

　　我把我的疑慮告訴比爾。

　　「你說得對，也許這真的不是什麼好點子。」比爾說。接著他聳了個肩，意思是就算我這裡不想弄了，也與他那邊談好的事情無關。「我還是想要一台飛機。」

　　所以比爾得到了一台飛機。

　　比爾挑中的型號是一台從北美航空（North American）退役的T-28B 特洛伊木馬機（T-28B Trojan）。和比爾喜歡掛在嘴邊的一樣，在越戰期間，特洛伊木馬機的確用於反游擊戰，但沒被大肆宣揚、且更常見的用途其實是當作訓練機。總之，不管我們買的那台是否真的有到海外服役，T-28B 是貨真價實的軍用機。比爾千叮嚀萬囑咐，漆上我們公司的標誌時，一定要完整留下機身上大大的空軍標誌。最後機身的中間是一道天空藍的條紋，把上半部的皇室藍與奶油色的機腹分隔開來，我們的公司標誌與口號則是小心翼翼地緊貼在座艙下方。比爾把公司的飛機命名為「Miss MicroProse」（MicroProse 小姐號），寄放在馬丁州立機場，也就是我們二人首度一起駕駛飛機的地方。

　　比爾讓「Miss MicroProse」物盡其用，有機會就派她上場（而且

還能扣稅），她也馬上就貢獻了自己的價值。任何遊戲記者只要有膽搭比爾開的飛機，比爾都會提議載他們一程，許多記者還會事先打包票，說他們之後定會寫出比爾想見到的那種熱血體驗報導。當然，還有搭配的產品廣告：也就是一、兩個月前，我在《紅色風暴》上架後順勢回到飛行模擬類的遊戲。這次的《F-19 隱形戰鬥機》是一款半升級、半續作的遊戲，接續在已經推出的《隱形戰鬥機計劃》（*Project Stealth Fighter*）之後。重要的差異在於，這次的版本是替 IBM 的個人電腦研發的。我們有幾款舊遊戲已經直接移植到這次的新系統上，但並沒有利用到新技術的好處，看起來只不過是康懋達六四的遊戲在大一點的機器上跑。《F-19 隱形戰鬥機》將是 MicroProse 的首度機會，展示我們能以最新、最好的技術做到什麼。能有機會以全新的程式庫探索這個主題讓我相當興奮；此外，F-19 的優勢在於潛行而不是機動性，因此就遊戲本身而言，也具備了可以探索的趣味新元素。

出乎意料的是，在真實生活中，根本沒有所謂的 F-19 戰鬥機。自一九六〇年代起，美國空軍一向都按照數字順序命名噴射機的型號，唯一的例外是出於迷信跳過了「F-13」。然而，F/A-18 在一九七八年問世，接著一九八二年，軍方宣布新型機種叫做「F-20 虎鯊機」（F-20 Tigershark），卻沒解釋為什麼跳過了中間的數字。有一種盛行的說法是的確有 F-19，但那是最高機密的隱形飛機，軍方不能承認這件事。於是，作家把 F-19 寫進軍事驚悚小說裡，玩具公司也開始販售傳說中的塑膠模型機。過不了多久，這架虛構的戰機變得眾所皆知，我們宣布即將推出這款遊戲產品時，有些遊戲迷還以為我們是透過比爾的管

道取得了機密資訊。

接著，在純粹的巧合下，美國國防部**真的**宣布有祕密隱形機這回事，而且無巧不成書，軍方宣布的時間就是我們遊戲上市的那一天，不過名稱並非航空團體裡每個人都以為的那個名字，而是「F-117A」。有的人認為 F-19 戰機還是存在，其他人則猜，換成「117」這個看來隨機的數字，只是為了讓人無法再捕風捉影。在那之後的好幾年，美國空軍的新戰機依舊恪守著原本的數字順序命名法，再也沒有其他 100 系列的機型問世。不過話又說回來，讓那台隱形轟炸機的數字命名法自成一格也不無道理，畢竟 F-117A 的樣貌與任何人猜測的 F-19 外型都大相徑庭，跟我們的遊戲也不像。

比爾簡直樂昏了頭。首先，這是天上掉下來的大好行銷機會，第二個原因則是，似乎每個相關人士都認為，我們的飛機勝過本尊。所謂勝過，顯然不是能避開敵人的雷達，但絕對符合傳統上「炸掉東西很酷」的定義。我認為這次不但能帶給飛行模擬遊戲新的東西，還終於可以把匿蹤功能加到陣容裡。真正的隱形飛機則是因為隱形技術太過高明，導致人類幾乎無事可做。F-117A 只在夜間出任務，外觀又缺乏弧度，意思是說，從機械的角度來看，很難調整方向舵與襟翼，真正的飛官幾乎必須完全仰賴飛機的電腦替他們操控。此外，目標地點事先就計算好了，彈頭也是依據數學由機器發射的。任務結束後，駕駛要做的事只有掉頭回家。這感覺就像打開隱形的遊戲作弊功能，偷偷去繞一圈，一點也不刺激。

此外，美國空軍對 F-117A 能避開敵方衝突的能力信心滿滿，甚

至沒加裝任何機砲；但我們可是連潛艦都能特地加裝機砲的公司，難怪我們的隱形飛機也有很多東西能發射。更棒的是，我們的飛彈還加裝了攝影機，你可以一路跟著飛彈近距離看著目標爆炸。我們沒人誤以為這種軍事功能很快就會真的出現，但這次比爾非常樂意拋棄寫實主義。他自豪得不得了：這一次終於是軍方想錯了，設計飛機就是要像我們這樣才對。

顯然，其他人也這麼認為。《F-19 隱形戰鬥機》除了商業上很成功，史密森尼學會（注：Smithsonian Institution，美國博物館和研究機構的集合組織）甚至決定在美國國家航空太空博物館（National Air and Space Museum）的新展場「超越極限：飛行進入電腦年代」（Beyond the Limits: Flight Enters the Computer Age）擺放電腦，供參觀的民眾玩這款遊戲。大部分的博物館訪客從來沒看過這樣的東西。一直要到了非常近代，「個人」與「電腦」兩個詞彙放在一起變成「個人電腦」，聽起來才不再像是胡言亂語，畢竟當時電腦操作通常僅限於企業用途。《F-19 隱形戰鬥機》把電腦遊戲的概念帶進主流，讓很大一部分的民眾認識這種東西。

比爾載完所有願意坐上他的飛機的記者後，便舉辦了「我和比爾上校一起死裡逃生」（I Cheated Death with Major Bill）大賽，請粉絲寫兩百字的作文，談他們最喜歡的 MicroProse 遊戲。三名優勝得主將

可搭乘「Miss MicroProse」，上一堂充滿特技飛行的航空課。另外還有一百名左右的佳作獎，可獲得各式各樣的飛機模型組與公司 T 恤。這場作文比賽除了有在各大電腦刊物上宣傳，也在《男孩生活》雜誌上刊登了廣告。不過，我確定由於主辦單位要負起責任（好啦，我超級確定就是因為這個原因），我**希望**比爾永遠不會讓小朋友拿到優勝。

幸好，我們有很多成人參賽者可以挑選，其中一位優勝得主是四十幾歲的國防承包商。他人在加州，但還是大老遠跑來把握機會。另一位幸運兒是費城警察局的警監。不過，比爾一下子就選中來自史泰登島（Staten Island）的二十八歲工程系學生喬（Joe）。喬寫下自己的夢想是成為真正的戰鬥機駕駛員，但因為近視的緣故，不可能完成這個夢想，不過《F-19 隱形戰鬥機》給了他第二次接近夢想的機會。比爾自己當初就是低空飛過空軍的視力標準，所以我很確定，他打開那封信的瞬間，就已經決定好優勝人選了。

很妙的是，我本人其實從來沒搭過「Miss MicroProse」。過去這些年來，比爾帶許多員工在天上做了各種特技動作，包括高溜溜球（high yo-yo）、雙滾桶飛行（double barrel roll）、英脈曼機動（Immelmann turn），以及其他所有我們在早期遊戲裡仔細呈現過的動作。但光是以正常速度搭乘比爾駕駛的飛機，我就已經夠不安了，我很清楚自己一點也不適合生死一瞬間的特技飛行。最終新鮮感還是消失了，我們再度轉售「Miss MicroProse」。不過，那是一架結實的小飛機，聯邦飛行器的登記冊顯示，「Miss MicroProse」今日仍在辛辛那提的一間飛行學校服役，所以倘若我真的想要，依舊可以搭乘

《F-19 隱形戰鬥機》螢幕截圖
© 1988 MicroProse, www.microprose.com

「Miss MicroProse」來一場死裡逃生。不過，還是算了吧。

　　一段時間之後，我被叫到茶水間開公司會議。我們的員工人數穩定成長，如今茶水間是唯一能同時容納所有人的地方，我們經常在那裡慶生以及宣布其他事項，因此我沒多想就走過去，以為只是開個平常的普通會議，直到我看見一個五英尺高、罩著一塊布的長型物體。

　　有人講了一小段話開場，接著布被掀開了，是一台《紅男爵》。一九八二年，我和比爾就是因為這款大型電玩結緣。顯然我們的辦公室經理和拉斯維加斯的美高梅大酒店聯絡上了，飯店員工在賭場地下室的儲物間找出當年我們玩的那台機器（或至少那是他們的說法）；我和比爾當初並沒有把自己的名字刻在遊戲機上什麼的，但反正型號夠接近了。

比爾滿臉自豪，我們兩個人坐進機台，擺姿勢拍了幾張照片。無庸置疑，這是一件很酷的紀念品，承載著許多回憶，但這同時也深深提醒著我，我和比爾對於未來的看法將愈來愈不同。比爾把這台老舊的飛機遊戲視為我們這間公司的堡壘象徵，一個我們將永遠回顧的試金石。對比爾來說，《F-19 隱形戰鬥機》不僅僅是好玩地小小回到過去，甚至不是一個已經過時的遊戲類別連戰皆捷的最高頂點。對比爾而言，《F-19 隱形戰鬥機》是起點，以後還會有更美好的高峰，他永遠不會失去對飛行模擬器的熱情。

然而，當我坐在塑膠駕駛座上，配合不同的角度對著這個鏡頭微笑，對著那台相機微笑。我心裡很清楚：這些回憶縱然非常美好，它們屬於過去。我這輩子不會再製作另一款飛行模擬器了。

08

刻意擱置

一九八九年的情況很複雜，十年來，我第一次沒發表任何一款遊戲。此外，我也在那一年第一次準備當爸爸。這兩件事沒什麼關聯，大概只顯示出我的工作愈來愈穩定了。

我們的公司現在一年推出三、四款遊戲，營收大約是一千五百萬美元。我們最近在倫敦設立了辦公室，增加了三十名員工，管理團隊忙著想更多的方法，努力在不會讓目前的研發團隊焦頭爛額的前提下擴張公司。比爾的正式頭銜是總裁，我是資深副總裁，不過實際上我們平起平坐，各管各的領域。有時候我會妥協，製作自己不太感興趣的軍事遊戲；有時候比爾也會妥協，販售他覺得沒必要的海盜遊戲。不過整體而言，我認為我把所有的公司政策都交給比爾去制定了，包括擴張的事。比爾和其他董事決定成立內部品牌「Microplay」，並推出第三方工作室製作的遊戲。從公司成長的角度來看，這個做法很合

理，也能減輕公司內部團隊的壓力，這麼一來，他們就不必接二連三產出大量的暢銷遊戲。此外，我自己也不必再承受製作軍事遊戲的壓力，可以永遠專心做「行動冒險模擬類遊戲」（action-adventure-simulation genre）。至於那個詞彙到底是什麼意思，隨你怎麼定義，說不定就是「席德類遊戲」。

很不幸的是，就品質而言，迅速的第三方擴張不一定是好事。一年還沒過完，Microplay 部門就已經推出了十款跨平台的新遊戲。許多我們開發部的人員都覺得，或許他們那邊的標準可以再高一點，對此我們核心團隊的反抗方式，就是把自己稱為「MPS 實驗室」（MPS Labs）。在那個年代，隨著電腦與科學進展之間的連結愈來愈強，大家很愛自稱「某某實驗室」。近期，「貝爾實驗室」（Bell Labs）更是靠著自家的研究榮獲數項諾貝爾獎，因此我們覺得把自己抬得比Microplay 高一點是件很帥的事。我們設計出新的 LOGO，放在我們推出的遊戲開頭，還有人拍了照片，上面是我穿著實驗袍，把新LOGO 貼在研發部的大門上，附帶一句嚴肅的安全警語：「你正在進入 MPS 實驗室」。我們自尊心爆棚。

不過，並非所有第三方遊戲都品質難料。遊戲和許多產業一樣，有兩種獨立商：一種還在敲發行商的大門，希望有機會能證明自己；另一種則是才華已經獲得充分認可，坐等發行商來敲門。丹‧邦頓（Dan Bunten）便是後者。

我和丹認識的機緣是在一年前我首度參加的電腦遊戲開發者大會上，不過我早就久仰其名。丹一九七八年就在製作遊戲，一九八三

年，他手上已經有《M.U.L.E.》這個被許多人視為史上最優秀的電腦遊戲。《M.U.L.E.》的靈感來自科幻作家羅伯特・海萊因（Robert Heinlein）的著作《時間足夠你愛》（*Time Enough for Love*）。遊戲盒上的說明寫著：「這款遊戲最多可以四個人一起玩，一起在大家逐漸厭惡的騾子機器（mule）所謂的協助下，在遙遠的星球定居。」

我想說一下，至少在四人遊戲這點上我走在丹的前面，因為《叢林福洛德》比一九八二年的《M.U.L.E.》早一年推出，但事實上丹的第一款遊戲《無奸不成商》（*Wheeler Dealers*）早就附贈他自己設計的四人遊戲專屬手把。要是丹想玩某種遊戲，但那種遊戲還不存在（連硬體也沒有）——不打緊，他會想辦法。我能懂他的心情。

當時，丹答應替我們設計的《指揮總部》（*Command HQ*）是最早靠數據機連線的線上對抗遊戲。丹推廣多人遊戲不遺餘力，就算是發行商苦苦哀求，要他開發單人版，他做的好幾個遊戲根本沒有一個人玩的選項。丹認為，電腦能帶給我們的最重要的東西，就是彼此連結。少了人際連結，電腦基本上一點價值也沒有。

丹另一項遠遠走在時代前頭的事是性別議題。他覺得女性設計師的人數應該要再更多一些。如果做不到這點，也應該要有更多設計師去徵求女性的建議——萬一連**這點**也辦不到，那應該要有更多設計師在生活中受到至少一位女性的影響。丹曾在某屆早期的電腦遊戲開發者大會上演講，催促設計師快點結婚生子，「別讓獨自待在電腦前占掉你所有的時間」。一九九二年，丹接受了變性手術，改名為丹妮爾・邦頓・貝瑞（Danielle Bunten Berry）。我要自豪地說，我的設計

師同仁觀念都非常進步，特別是以那個年代來說可謂相當超前。一開始氣氛有點尷尬，但那只是因為我們是一群阿宅，只要有女生在我們就會尷尬。此外就我所知，從來沒有任何人公然對她不禮貌，至少我們公司的人不會。平均來說，我們這個圈子的人從小到大也受過不少排擠，或許我們因此比較明白那有多傷人。

在那個年代，英語中男女代名詞的爭議很大，程度之誇張：只要我提到這位朋友，幾乎一定會有人被激怒。然而，丹妮（Dani，她動手術後，大家這樣叫她）永遠把自己想成脫胎換骨，現正處於人生的第二階段，她永遠不會想要抹煞自己的過去。丹妮通常會把自己變性這件事稱作她的「代名詞變化」，還會開玩笑說自己之所以會變性，不過是為了增加業界的女性設計師人數。有一次，丹妮提到從前的自己：「身為一位程式設計師，我沒有和他一樣好，因為我不願意在電腦前一坐就是好幾個小時……通常我需要的社交遠遠比他還多。」我同時尊重丹與丹妮的回憶，以她偏好的方式談及他們。

總而言之，在變性之前，丹就已經堅定地為遊戲界的平權發聲。到了一九八九年，美國的遊戲產業才勉強算是要開始聆聽這樣的聲音，這方面日本與歐洲市場早已領先我們好幾年。美國的遊戲人士通常會把我們自己的蘿拉・卡芙特（Lara Croft）視為女性英雄的關鍵轉捩點。蘿拉的確功不可沒，但《古墓奇兵》（*Tomb Raider*）一直要到一九九二年才問世。任天堂六年前推出的《銀河戰士》（*Metroid*）就已經設定好薩姆斯・阿蘭（Samus Aran）是女性，而這件事會為人所知，只是因為遊戲進入了美國市場。很多早期的日本遊戲早就在遊戲

開頭的名稱畫面公開承認主角是女性，不像《銀河戰士》把這件事放在遊戲的最後幾秒。

不過，正如丹妮用她溫和的阿肯色州鼻音調侃的那樣，慢慢進步總比毫無進展好。恰巧文字式遊戲（text-based game）已經具備包容精神多年，玩家可以輸入自己想要的姓名。有些冒險類遊戲也再次搶先其他遊戲一步，開始提供男性化或女性化的像素圖選項。美商藝電一九八三年推出的《飛船謀殺案》（*Murder on the Zinderneuf*）中，有六名男偵探、兩名女偵探可選。雅達利著名的《聖鎧》（*Gauntlet*）系列裡共有四位動作冒險家，其中一位是女性。有總比沒有好。

我們其實也討論過《大海盜！》要不要加上女性選項，但整個「追求總督女兒」的部分將得有相對應的美術設計。即便我們就是自己的發行商，一九八七年的尺度也就那麼大而已，女海盜調戲女貴族的橋段絕對不可能出現在放行名單上。畫出總督的紈褲子弟對強悍的女海盜一見傾心應該會很好玩，但要是幫戀愛加戲，其他環節就得砍掉相對應的分量，記憶體實在是不夠用。有人提出的確有海盜以女扮男裝的方式生活，為什麼不乾脆提供這個選項？這麼一來遊戲也不必更動，仍可維持原本都畫成男性的角色。然而，這麼做似乎只會同時惹惱兩方，因此《大海盜！》最後依舊按照原訂的設定推出。

然而不管怎麼說，畢竟我們現在已經快要進入一九九〇年代，我也著手開發新遊戲《機密行動》兩個月了。我們告訴比爾，這款遊戲「就像《大海盜！》一樣，只不過換成間諜」，而且一開始我就知道，這將是一款性別中立的遊戲。我們把這個額外資訊放進遊戲的方法，

就是讓遊戲主角的名字永遠是「麥克斯」‧雷明登（"Max" Remington），但一開始我們就讓玩家選擇，這個「麥克斯」是「麥克馨」（Maxine）還是「麥克西米連」（Maximillian）的簡稱。事實上，麥克斯不是任何名字的縮寫：麥克斯‧雷明登三世（Max Remington III）是我們這個遊戲專案的美術總監，他同意讓我們使用他這個非常適合當間諜的名字（注：Remington 在真實世界與電影裡都曾為間諜的名字）。

間諜之所以能套進《大海盜！》的架構，理由是間諜與海盜都從事著五花八門的活動，例如破解密碼、追蹤線索，偶爾還得綁架一下人質。更棒的是，間諜還可以仰賴自己恰巧最喜歡的技能揪出壞人。要是竊聽夠多通電話，你最終根本不需要潛入建築物就能找到有罪的證據；要是你喜歡，你也可以綁上毒氣手榴彈走出正門。不過，不論你使用哪一種方法，壞蛋的爪牙依舊能回到家人身邊，因為你所有的武器都無法取人性命，就連頂尖間諜手槍裡的橡膠子彈也一樣。就直接的身體傷害而論，《機密行動》已經是我製作過最接近暴力的遊戲，我下定決心，絕不會跨過界線。

我這麼說的意思並不是我贊成任何形式的思想審查。電玩是一種藝術形式，扼殺創意永遠不是好事。我個人十分確定玩遊戲的人思想成熟，頭腦聰明，有能力區分幻想與現實。然而，如果要我談啟發過我的作品，我不認為暴力是必要元素。這個世界往往相當負面，因此只要有機會，我偏好往另一個方向推動。有一說是接觸到暴力令人不愉快的現實，同樣也會激發他人反對暴力，然而一般來說，這需要採

取相隔一層的視角，而不是遊戲天生帶有的第一人稱視角。你很難既號稱自己的產品是沉浸式遊戲，又強調那種體驗其實沒有影響。沒有影響的遊戲不會是好遊戲。光是擺擺手，說我們做的任何東西「只不過是遊戲」已經很糟糕了，這話要是出自設計師自己嘴裡，那就更糟。靠過度血腥來吸引玩家，充其量不過是效果短暫的廉價手法。我們做的每一件事全都得努力保持平衡，除了要瞄準特定受眾，還得考量目的。

設計師布魯斯·雪萊（Bruce Shelley）是我《機密行動》的開發夥伴。布魯斯先前在圖版遊戲公司阿瓦隆山（Avalon Hill）任職。對我們來說，雇用沒有電腦遊戲背景的人是家常便飯，因為這個產業還很年輕，沒有什麼人能拿得出有豐功偉業的履歷。我們的員工進來時，大多是從某種非數位的專長起步，邊做邊學，把自己的專長整合進電腦遊戲的架構裡。然而，即便專業的美術人員、聲音工程師、遊戲測試人員已經開始出現，「設計」（design）這個詞在當時主要依舊還是「程式設計」（programming）的同義詞。對我們來說，找到沒有編碼背景的「設計師」進來團隊，就代表這個人絕對是一把罩。

幸好，面試布魯斯的人顯然慧眼獨具。我通常不會參與雇用流程，因為我給每個人的評價幾乎清一色都是「好啊，他們看起來都是不錯的人才！」，這種看法不是很有幫助。我不知道要是由我來面試，我有沒有辦法一開始就看出布魯斯是個可造之材。布魯斯很安靜，極為低調，參與《F-19隱形戰鬥機》的大型團隊後，他接下各種任務，開始嶄露頭角。我注意到布魯斯是個有洞察力的人，不屈不

撓，碰上問題會堅持下去、直到解決為止。布魯斯喜歡把事情做對，不論你給他看什麼，他永遠都能指出至少一處還能改善的地方。

我們兩個和許多內向者一樣，一開始會先從自己喜歡的東西建立友誼，而不是一見如故。我們會聊電視節目與歷史小說，在茶水間玩桌遊，包括好幾款布魯斯在阿瓦隆山設計的遊戲。《F-19 隱形戰鬥機》推出後，布魯斯被正式派去負責另一款飛行模擬器，但他私下成為我信任的助手，聆聽我的想法，協助我去蕪存菁，想出這次的間諜遊戲究竟該如何設計。

間諜與《大海盜！》的架構不相容之處在於海盜的故事天生具備線性本質。海盜永遠可以選擇拔刀相向，但間諜不會只是滿世界跑，看到一棟大樓就毫無理由前去竊聽，而是要抽絲剝繭，追查線索。你可以用不同的方法蒐集線索，但最終線索全會指向一個邪惡的背後主腦。謎底解開後，怎麼還會有人想玩第二次？

我心想沒問題，我們可以讓電腦自己寫新謎題！

這有點不可能，而「有點不可能」不等於「完全不可能」。克里斯多福・斯特雷奇（Christopher Strachey）是「運算創造力」（computational creativity）的早期提倡者，一九三〇年代，他和圖靈是大學同學，兩人畢業後踏上有點不一樣的道路，但一九五一年，斯特雷奇聽說了圖靈的新型電腦「曼徹斯特一號」（Manchester Mark 1）的

消息，便和圖靈重新取得聯繫。斯特雷奇日後會向電腦協會（Association for Computing Machinery）的全國大會報告，他成功完成了圖靈機器研究，宣布曼徹斯特一號「實際上將能以合理的速度下整場西洋跳棋（Draughts）」。換句話說，斯特雷奇寫出讓電腦玩跳棋的程式。

不久後，改良版的費倫蒂一號（Ferranti Mark 1）問世，斯特雷奇再度朝藝術方向發展，而不是數學運用。首先，斯特雷奇想出辦法調整電腦常見的卡嗒聲與摩擦聲的音高，排列成《天佑女王》（注：*God Save the Queen*，英國國歌）與《咩咩小黑羊》（注：*Baa, Baa, Black Sheep*，旋律類似《一閃一閃亮晶晶》的英語童謠）等旋律，接著在一九五二年，他關注的焦點再度轉移，這回費倫蒂一號真正的任務是寫情書。

斯特雷奇寫出了模板，在基本的信件格式內，電腦會隨機結合幾種不同的句子結構與字詞選擇。成果不太自然但可以理解。電腦偶爾還會生成接近詩詞的句子，例如：「你是我激情的渴望，我深情的思念。」或「我的愛慕深深為你的癡迷嘆息。」雖然以今日的標準來看，大部分的電腦情書並不是特別浪漫，不過當時的詞彙表令人詫異，令人想起一九五〇年代英國表達愛意的隱晦方式。「有好感」與「同情心」被當成「愛」的同義詞，此外，那個年代的暱稱也讓現代人一頭霧水，除了經典的「最親愛的」（dearest），以及至今依舊以「蜂蜜」（honey）來代表「親愛的」，「小鴨鴨」（duck）與「娃娃」（moppet）也有心肝寶貝的意思。

這樣的隨機模板（更精確的說法是「努力讓隨機模板能成為真實創意」的理想）在業界稱為「程序化生成」（procedural generation）。以莎士比亞的劇作《哈姆雷特》（*Hamlet*）為例，如果這次的場景不是設在原本的丹麥，而是換成非洲，主角從人類變成獅子，突然間你就有了完整的《獅子王》（*The Lion King*），有謀殺、有篡位的叔叔，還有惶惶不安的主角。主人翁消聲匿跡一陣子後，返家奪回王位。或是從《羅密歐與茱麗葉》（*Romeo and Juliet*）起步，這次的地點從如詩如畫的義大利維洛納改到紐約市區。世世代代為敵的家族變成互看不順眼的街頭幫派，並且配合現代適合談戀愛的年紀，把每個人的年齡都調高了一些。好了，百老匯音樂劇《西城故事》（*West Side Story*）出爐。你變動的個別元素愈多，就會愈接近嶄新的故事，再也沒有人能認得出來。給電腦一個起點，告訴電腦哪些部分能以哪些方式變動（例如不能把「丹麥」換成「蜜蜂」，只能換成其他地名），就是程序化生成。

值得一提的是，廣受歡迎的兒童遊戲「瘋狂填字」（Mad Libs）問世的時間，和斯特雷奇首度嘗試讓情書公式化的時間幾乎一樣。前文提過的那名手拿著劍刺向天空、宣布要為藝術而戰的鬥士，也就是電腦遊戲開發者大會的創辦人克里斯，他對電腦能自行寫下新故事的概念十分醉心，最後他離開了遊戲產業，全職開發他提出的互動故事系統「Storytron」。我沒打算像他做得那麼深入，但我的確知道，要是缺乏某種程度的程序化生成情節，《機密行動》將胎死腹中。

我努力好幾個月打造出來的原型雖稱不上流產，但有點窒礙難

行。我和布魯斯大約想出了二、三十種犯罪故事的模板，每次都由不同類型的壞人、城市與黑暗組織登場。豐富度已經高到一般的玩家可以接受，但不是我期待的那種重大突破。一段時間後，模式就變得很好辨認。填空型故事的本質就是空格以外的每一樣東西都固定不變，隨機資訊完全不會影響空格後出現的東西。要解決這類的問題，通常只要加進更多資訊就行了（更多模板、更多可替換的元素、更長的選擇清單），然而，就算我們還能再多擠出一些電腦記憶體（但我們擠不出來），結果依舊無法令我滿意。我想要的那種故事就和福爾摩斯探案一樣，開頭就引人入勝，但一直要到最後，謎底才會揭曉。

老實說，我當初就設想這整個遊戲計劃只會是技術上的暖身，日後再來慢慢成熟。一直到今天，我都還希望美夢能夠成真。遊戲如果能在一開始就偷偷放進關鍵證據，等著你推理出背後的意涵，那會有多酷啊！不是那種事先設想好的線索清單，例如老舊的鑰匙孔或骯髒的鞋印什麼的，而是更接近某種整體性的概念理解，靠著知道什麼是正常情況，進而推理出反常的地方。我們得替真實世界設定規則，指出所有理所當然的因果關係，還要把接近無限的規則集加進來，安排好一連串的事件被打破後將發生的後果，以及那些缺口將如何彼此影響……很多很多，反正就像剛才講的那樣，我仍舊在做夢，重點是《機密行動》還達不到這樣的境界。

布魯斯感覺得到我開始對《機密行動》意興闌珊，我也察覺到，其實他也一樣。我們兩個人都知道這是一款還過得去的遊戲，但不是一流的作品，大概永遠不會有那一天。同一時間，我太太琪琪剛懷

孕，那將是我們第一個孩子。我和所有新手父母通常會出現的情形一樣，我的生活重心開始轉變，並重新評估自己的人生。我正在努力為未來奮鬥，相較之下，過去的事整體而言失去了光彩。

然而，我不會輕易認輸。雖然目前執行上有困難，我依舊全心全意相信這個概念很有潛力。以前我也曾經放棄過失敗的原型，但那都是速戰速決、果斷放手，從來沒有像這次一樣，投入了如此多的時間與精力。此外，如今浪費的不再只是我一個人的時間。我獨自創造遊戲時，萬一失敗了，只需要跟自己道歉。然而，布魯斯從一開始就與我並肩作戰，我覺得是我拖著他蹚這次的渾水，我不喜歡這樣。

我想放棄，卻又不知道該如何縮手。

我需要休個假。

09

稍等一下

　　剛才我說我整年沒作品不完全是真的。嚴格來說，一九八九年的時候，依舊出現了掛著我名字的飛行模擬器，名稱是《F-15 獵鷹行動 II》（不是印在遊戲盒封面上的那種掛名，只是放在一般的版權頁位置），但我不認為自己實際上有參與過那款遊戲。就算有，我也完全不記得了。《F-15 獵鷹行動 II》基本上是再次利用《F-19 隱形戰鬥機》的程式碼所做的遊戲，沒什麼新東西。或許當時的情形的確該由我負責，但我選擇待在辦公室裡製作《機密行動》的原型。或許我的確有調整了一下《F-15 獵鷹行動 II》的程式設計，但當時飛行模擬器讓我實在有夠沒勁，沒勁到我封鎖了整段記憶。我也不知道，但我覺得把一款真的想不起來有做過什麼貢獻的遊戲說成是自己的作品，實在不太好。我的履歷上已經有六款飛行模擬遊戲，夠多了，不需要號稱自己有七款。†

---

† 成就解鎖：人生苦短——用不到一頁的篇幅搞定一章。

10

上車時間到

原來我需要的只是在海灘上待兩個星期。那年八月我重返辦公室，臉曬得黝黑，手裡拿著磁碟片。關於《機密行動》的煩惱已經化為遙遠的記憶。

「這是什麼？」布魯斯問。休假期間我居然還在工作，他有點訝異（也有可能見怪不怪）。布魯斯翻看了一下那張沒貼標籤的磁片，問道：「又一個間諜的原型？」

我回答：「不是，這是新玩意。」

我先前並沒有打算在重新上工的時候帶回全然不同的東西，但在接下來的幾年，這成為我相當固定的模式。顯然我最有創意的東西全都是度假時冒出來的。我無法和電腦暫時分開、冷靜一下，畢竟我們之間有著密不可分但健康的關係。我從來沒有完全沉溺在電腦世界裡，足不出戶或忽視家人。我每天大概會腦力激盪，探索點子兩、三

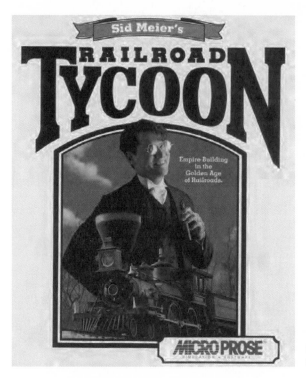

《鐵路大亨》遊戲盒封面
© 1990 MicroProse, www.
microprose.com

個小時，之後就得充電一下。不過對我來說，休閒活動和我的電腦是
同義詞，休假期間怎能不帶著電腦。今日每個人旅行都會攜帶筆電；
當年的我只不過恰巧生活在電腦比較大台的年代。老實說，一九九〇
年帶電腦到海灘上確實有點引人側目，但是把一個大金屬箱和螢幕放
進後車廂，其實並沒有想像中那麼困難。

　重要的區別在於，休假時我能做我想做的事，不會有進度上的問
題或是成功不成功的壓力。假期是個好時機，可以實驗一些狂野的東
西，或是做任何我覺得夠酷的事。這些東西通常與遊戲有關，但有時

候我會用藝術程式塗鴉或製作數位音樂。在這趟旅程中，只要和間諜沒有關係，不管是什麼我都願意嘗試。

「鐵路模型？」布魯斯問。他的語氣和平常一樣，不會過度興奮，也不會一副懷疑的樣子，只是仔細思考。「有趣。」

我小時候曾和我爸一起蓋過模型鐵路（或至少算起了個頭），我們從來沒有完工，不過我覺得整體而言，模型鐵路本來就是要讓你無限延伸下去。雖然沒有完成，那次我們依舊讓模型占據了家裡整個餐廳。首先，我們得打造一個龐大的木頭框架，以便未來在上頭鋪設鐵軌。接著我爸買了幾捆鐵絲網，準備替鐵路風景製作紙漿藝術的骨架。老爸喜歡上色和做勞作的程度顯然勝過火車本身，不過那時我迷上了火車。為了聯繫父子之間的感情，他願意妥協。

麻煩的是，吸引我目光的其實不是比例一：八十七的模型火車。前幾年的夏天，我到瑞士探望爺爺奶奶，發現我爸那邊的大家族有棟房子只離車站半里遠，一旁還有火車鐵軌經過，對此我相當興奮。火車月台具備雙重功能，除了運輸，還充當鎮中心的廣場，四周散落著幾間小店鋪，親戚偶爾會輪流買點心給我吃。不過，就算沒有冰淇淋在等我，沒多久我就開始天天獨自走路去看火車。我其實可以舒舒服服地待在爺爺奶奶家的門廊上，欣賞那些繁複的龐然大物，但我真正想看的其實是車站牆壁上的大時鐘。火車永遠**百分之百**準時抵達，一

班接著一班。我一直在等，看會不會有提前一分鐘抵達或誤點兩分鐘的班次，但從來沒有。火車不曉得為什麼這麼厲害，抵達的時間就是剛剛好。

爺爺給了我厚厚一大本火車時刻表，上頭寫著瑞士各地每一座車站每一列火車的時間。我開始知道哪種火車會走哪條路線，在心裡跟著時刻表上某班列車的行徑路線走上幾天，直到那班列車再度回到我們的迷你小鎮比拉赫（Bülach）。整個火車系統的效率令我驚嘆不已，我心底湧出深層的滿足感，試著想像操作這套系統的人怎麼縝密規劃，相互協調，精確到分秒不差。

我第一次到瑞士是抱著心不甘情不願的心情去的，連續好幾天我都在日記裡哀求宇宙讓我回家。宇宙不理我，於是我寫了一封正式的抱怨信，用掛號寄給人在底特律的爸媽，但我爸媽無動於衷；甚至至少對我爸而言，我的抗議進一步證明，他的確有必要把我送回老家，以傳承歐洲的家族傳統。從一方面來說，我爸是家族裡的異類，他先是娶了外國女子，接著又跑到美國打拚，希望擁有自己的土地。這種事對瑞士人來說極度不尋常。然而另一方面，我認為老爸內心有點想要證明，他兒子是瑞士人的程度不會輸給任何留在家鄉的親戚小孩。

我爸的看法有待商榷。按血統來看，我除了是瑞士人，還有一半是荷蘭人。要是按照出生地，嚴格來講其實我是加拿大人，但文化上來講，我認為我完全是美國人。我和許多第一代移民的孩子一樣，經常要擔任爸媽的嚮導與代表。我跟我媽頂嘴時，最喜歡用的藉口就是「美國人就是這樣！」我成功地用這一套讓她啞口無言，時間到了不

去睡覺、玩具亂丟不好好收拾、不吃青菜，逃過幾乎所有我不想做的事。我向媽媽保證，我不是不乖，我只是做了**美國人會做的事**。

然而，自從我的生活充滿了火車，加上身邊圍繞著許多年紀差不多的堂親表親，我逐漸喜歡上比拉赫的生活。我爸媽在我出生之前就從歐洲移民到美國了，在這趟瑞士之行前，我只聽說我們在海外有親戚。而在我爸成長的老房子裡，至少有十名親人住在裡頭，此外鎮上還有二十幾個親戚住在走路就能到的地方。家族動不動就幾乎全員到齊一起吃飯，或是週末一起狂歡。在密西根州我是獨生子，也沒有叔叔阿姨；但在瑞士，我和人數多達一個班的孩子聚在一起，而且跟在學校不一樣，我因為生性害羞，偶爾會不太受歡迎，但在這裡我立刻就被接納了，因為我是親人。此外，我也好愛這種管理大家族的組織感以及例行生活，每個人按著自己的行程來來去去，我們簡直就是一座迷你火車站。

到了夏天的尾聲，我寫了一封新的信給我爸媽。信上解釋我已經改變心意，還問能不能待久一點。我可以讀地方上的學校，我的瑞士話已經流利到可以在當地讀書（大部分的瑞士人書寫上會使用德語，但口語已經演變成獨特的方言，就像中文有普通話和廣東話）。我確定大人們為了這件事討論了很久，只是沒讓我知道，不過他們最後同意讓我待完第一個學期。

四個月後，我再度寫信給爸媽，問他們我能不能一輩子都住在瑞士。

「不行。」我媽斬釘截鐵拒絕：「我們去接你。」

最初我是一個人坐飛機到蘇黎世的，但我媽怕我不會乖乖搭機返國，便和我爸一起親自過來瑞士押我回家。現在回想起來，我認為我媽大概一開始就不想讓我去瑞士，但我爸堅持那將對我有好處。整體而言，的確很好；只不過我想到我自己的兒子萊恩（Ryan）八歲的時候，我不可能讓他住在海外將近一年，因此我的確也能懂我媽的立場，特別是她飛奔過來擁抱我後，我們發現我忘了英語怎麼說。

還好，大約過了僅僅一個星期，英文的詞彙就回來了。在那段期間，我依舊能用瑞士話和我爸溝通，但我可以想像我媽在背後一定惡狠狠地瞪著她老公，氣他居然讓她的兒子完全忘掉自己的家。「火車」、「車站」、「酷斃了，時刻表整整有兩百頁」成了我的口頭禪，我媽開始對我的新嗜好略有所聞。不知過了多久，老爸決定我們應該來玩模型火車；不過我媽之所以會容忍我們把模型擺得整個家到處都是，一定是希望這麼一來，底特律就能和瑞士競爭。

不過，就像我說的，這招效果不太好。問題出在模型火車的重點比較不是行動，而是組裝的過程。從頭到尾我得不斷塞好迷你的黑色鐵道釘，極度精確的傳統模型組要求一英寸的軌道大約要放進十根鐵道釘。我不知道我爸負責哪個部分，不過釘子全歸我管。我花了無數個小時在那邊塞一個個小小的連結材料。我對火車感興趣之處並不在此，顯然老爸也覺得不好玩，難怪我們從來沒有把模型拼好。一段時間後，媽媽也沒耐性了，擺在外頭的模型悄悄消失，她默默收回了餐廳的掌控權。不過，長大後我還是跟小時候一樣，從來沒有失去對時刻表與路線圖的興趣，這也是為什麼現下布魯斯的手裡拿著我度假時

打造的模型火車模擬遊戲。

　　老實說，那不是遊戲，充其量是一種讓你手指不會痛就能鋪好鐵軌的方法。然而，布魯斯不是普通的火車迷，他知識豐富，對不同型號的火車頭瞭若指掌，還知道各種我不曾深入了解的歷史流變。布魯斯覺得這件事有搞頭。他以前在阿瓦隆山上班時，甚至還設計過一款叫《一八三〇》（1830）的鐵路圖版遊戲，不過遊戲重點在於一般的土地控制，而不是親自安排路線。布魯斯立刻就建議了一些可以加進原型裡的細節，反正只要別逼我想《機密行動》的事，我什麼都好。

　　當時遊戲界正發生革命性的變化，設計師威爾・萊特（Will Wright）推出他的大作《模擬城市》（SimCity），「上帝模擬遊戲」（god game）一詞開始流行。威爾在製作另一款遊戲《救難直升機》（Raid on Bungeling Bay）之際猛然大悟：他喜歡設計遊戲關卡，遠勝過炸掉東西。遊戲設計師會有這種感覺並不是什麼令人訝異的事，不過威爾得出了獲得認可的基本結論。他花了好幾年的時間試圖說服發行商，他蓋城市模擬器真的是遊戲，最後威爾乾脆和合夥人自行成立公司，並於一九八九年二月推出《模擬城市》。他們先是推出了麥金塔（Macintosh）的版本，但移植到其他電腦機型後才算大功告成。同一年稍晚的時候（也就是《機密行動》正在垂死掙扎、我的模型火車原型正在冒出來的時刻），我也有機會在 PC 上玩《模擬城市》。

這是遊戲。重點在於創造，而不是毀滅……這是遊戲。目標是戰勝個人極限，而不是擊敗道德敗壞的對手……這的確是遊戲。

我的鐵路模擬器也是遊戲。

現在回想起來有點奇怪，我居然從沒想到飛機與火車的相似之處。模擬器當然可以是遊戲！既然我的職業生涯是靠著融合遊戲的虛構世界與航空事實打下基礎的，那麼依樣畫葫蘆，混合其他類型的運輸工具也很合理吧。當然，火車永遠不會擊落彼此，但《單人航行》也沒有武器，只有等著被送達的友善郵包。

我沒注意到這個關聯的原因，大概是火車模擬尚屬於未知的領域，飛行模擬類的遊戲則由來已久，市場甚至有點擁擠了，一定要塑造自己的風格才有辦法殺出重圍，還要結合遊戲與科技擬真。然而，火車只有我們在做，我們自行摸索，沒有挑戰者刺激我們的行動。根本沒有框架的時候，你很難跳出框架思考。無論如何，可以說是《模擬城市》正好推了我一把，讓我看到就在眼前的東西，另一種解釋或許是《模擬城市》讓我更加確信，我的直覺真的可行。從那個時候開始，我知道火車不再只是我拿來調劑生活的小小私人遊戲計劃，我們是真的要做鐵路遊戲。

我開始認真製作原型，幾乎每天都給布魯斯看新進度，請他提供意見。不久後，我們加進經濟體系，讓城市之間互通有無。此外還加了山川等地形的挑戰，甚至和《單人航行》一樣，有了遞送郵件的選項。

一九八九年即將進入尾聲之際，我手中沒有任何完成的計劃，不過我和布魯斯勉強讓執行團隊同意我們完成這次的鐵路原型。《模擬

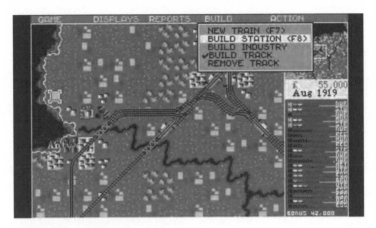

《鐵路大亨》螢幕截圖
© 1990 MicroProse, www.microprose.com

城市》受到市場歡迎這點大概也幫了我們一把,不過我認為執行團隊之所以會同意,主要原因在於我只動用到最少的人力。當然,我可以大力要求,他們最終一定會舉白旗投降:「好吧,席德想幹什麼就幹什麼。」然而,分配領薪水的員工要做哪些事顯然歸執行團隊來管,我可不想回到每件事都得自己來的年頭。我們這邊提出我們的主張,執行團隊同意讓我留著布魯斯,並在製作的尾聲撥了一名美術人員與幾位同仁支援。不過,遊戲裡大部分的圖案都是出自我手,而且我們一下子就把所有的事情都搞定了。

不久後,布魯斯提出了意想不到的遊戲回饋,他抱怨他的橋一直被洪水沖走,不公平。我反駁說《模擬城市》也有五花八門的自然災害,除了龍捲風與地震,還有長得像哥吉拉(Godzilla)的無版權怪獸四處亂跑,踩壞建築物。與那種程度的破壞相比,橋梁偶爾被水沖

走根本是小巫見大巫。再說了，洪水原本就是鐵路公司應該擔心的風險。城市規劃人員要擔心洪水的程度，絕對高過海怪肆虐。

然而，布魯斯要我別忘了自己的遊戲設計原則：確保獲得樂趣的人是玩家。布魯斯平靜地聳了個肩，說：「我的橋莫名其妙被毀掉的時候，我覺得不好玩。」

當然，他說得對。感覺上，玩家應該要欣賞我們替他們製造的難關，畢竟他們玩遊戲完全是為了證明自己有多厲害。然而，那不是事實。玩家玩遊戲是為了獲得樂趣，隨機破壞玩家的東西只會導致他們疑神疑鬼，不知所措。抵擋住來襲的敵人感覺很有意義，但莫名其妙被絆倒後再站起身來，頂多只是鬆了一口氣。麻煩的是，那種落差的另一面，就是設計師會覺得自己威力無窮、聰明絕頂，忍不住再度手癢設計出乎意料的挫折。如同重大的情節轉折點，這類的挫折其實都是一樣的：你信任的夥伴偷走了寶藏；向你求助的少女其實是雙面間諜；崇高的科學家握有祕密武器，打算毀滅全人類；公主其實在另一座城堡等等。或是換句話說，玩家做了設計師要他們做的每一件事，但接著規則突然改變了。命運急轉直下這回事只有發生在別人身上時，才會令人覺得高潮迭起或充滿戲劇張力。如果當事人是你，你只會覺得倒楣透頂。玩家有可能因此被激到而氣不過，跟你槓上繼續玩，或是默默接受這款遊戲本來就是這樣，遊戲體驗的品質也跟著下降。我原本就了解那是線性故事情節常見的設計陷阱，但布魯斯的評語讓我明白，即便是開放世界遊戲裡最迷你的情節轉折點，這個原則也同樣適用。某種程度來說，所有隨機障礙背後的設計心態其實都是

《鐵路大亨》的螢幕截圖
© 1990 MicroProse, www.microprose.com

「想想看，玩家會露出什麼表情」。講白了，意思大致就是：「嘿嘿！這是我設計的！你看我好聰明！」遊戲的重點不該是我們設計師。玩家才是最重要的人，設計師的隱形程度愈高愈好。

我發現遊戲中「遇到挑戰」與「被惡搞」的關鍵差異，在於玩家是否有躲開災難的一線機會。因此我沒有拿掉洪水，而是改成提供不同類型的橋梁。木橋造價便宜，而且搭建後鐵路馬上就能運行。堅固耐用的石橋比較昂貴，建造的時間也比較長，但洪水沖不壞。讓玩家控制自己得忍受多少風險，洪水就不再讓人覺得不公平，反而提供真正的獎勵。玩家想像水線下降後，自己的橋將完整無缺，那樣的美好感受將勝過洪水從未出現。

還有另外一個橋梁的細節讓我有點頭痛。當時辦公室裡的每個人

都已經知道，我這個人不喜歡暴力。大家有點開玩笑地把「在席德‧梅爾的遊戲裡沒人會死」這句話當成座右銘。在我早期的軍事遊戲裡，一些理論上會發生在遊戲人物上的事都被我模糊帶過了：不論是駕駛背著降落傘跳到機外，還是潛艇艦長從逃生艙游進水裡，我們的資源不足以在遊戲裡放進那些動畫，但你無法證明那些遊戲人物**沒有**死裡逃生。《大海盜！》裡的敵人沒有一個淹死，他們永遠只會被俘虜，被抓去做苦工。在我拋下《機密行動》之前，《機密行動》的遊戲原型有明確告知，玩家所使用的武器不會致命。然而，這下子在我製作過與生死最不相干的遊戲中，整車的無辜工作人員卻有可能因為橋被洪水沖走，落入死神手裡。

遊戲不能抽掉失去火車的元素，否則玩家就沒有動機付錢蓋更堅固的橋了。然而，任憑忠實的職員全數喪命，我也會良心不安，因此我請我們的美術人員麥克斯‧雷明登畫出火車即將被洪水吞噬之前的那一刻，駕駛與其他火車相關人員顯然即時成功逃生的畫面。那是一個很小的細節，但遊戲的宇宙設定因此得以保持一致。

對我來說，強力執行我的「沒人會死」原則特別重要，畢竟和先前的《大海盜！》一樣，管理階層已經放話，這款莫名其妙的鐵路小遊戲的遊戲盒上必須放我的名字當作賣點。這次的決定成了轉捩點，未來一系列的遊戲也將放上我的名字塑造品牌，但我當時尚未清楚感受到相關的影響，因為我在過渡期間其實也發表過好幾款沒放我名字的遊戲。老實說，公司高層決定用我的名字，比較是因為對遊戲沒信心，而不是為了授與我任何的個人榮耀。然而，要是做出來的東西沒

讓我百分之百感到自豪，我也不會允許團隊把我的名字放上去。因此，列車長一定得保住性命，這點沒得商量。

《鐵路大亨》上市幾個星期後，我和布魯斯一起搭乘美國國鐵（Amtrak）前往紐約（要是我能送遊戲給安排國鐵時刻表的人員就好了），準備參加某個行銷活動，但我們的心思根本不在接下來的訪談上，我們永遠都在思考接下來可以做什麼。

「這次的遊戲製作過程還挺愉快的。」布魯斯說。

「的確。」我同意。「我們應該再來一遍。」

我以前至少要有已經可行的原型，才會答應和特定的團隊成員合作，但我太喜歡和布魯斯搭檔了，我不想把他讓給其他專案。我們的工作方式和敬業程度很類似，《鐵路大亨》已經證明我們兩個能相互截長補短。

技能彼此互補的人擁有最理想的工作關係。比爾彌補了我商業方面的不足，因此他和我在這方面合作得很愉快。此外，就負責聲音和美術的同仁來說，他們的相關工作能力顯然比我還要強。然而在設計方面，我主要都是自己一個人，或是和技能相同的夥伴合作。舉例來說，我相當擅長不帶情感的自我評估。即便是才華洋溢的人想出來的點子，爛點子依舊占大多數。在創意領域你一定得拋掉自尊，行不通的東西就不要再提了。然而，有時候還是會有遺珠，但布魯斯往往能

在我已經準備放棄的東西中，看見一絲價值。同時，遊戲尚未完成的部分也不會干擾布魯斯的判斷，我可以交給他亂七八糟的原型，圖畫得奇醜，敵人過於強大，冒出第三個會當機的程式錯誤，但布魯斯總有辦法忽略這些不重要的問題，直接看到遊戲的核心。布魯斯是伯樂，要是你真是匹良駒，他絕對看得出來。如果是我們都知道很好處理的問題，布魯斯不會去管那個部分，他會找出真正需要精修的地方。

幸好有布魯斯。

「這次我們來搞點更大的。」

「有什麼會比鐵路史更大？」

「整部人類文明史！」

這句荒謬的事實一說出口，我們一起放聲大笑，但在脫口而出的那個瞬間，我感到我們再也不會因為小裡小氣的目標而滿足。我們可不會拒絕接受有趣的挑戰。我二十八歲時就已經在人生的第一本遊戲手冊上宣布，總有一天我會「寫出最好的戰略遊戲」。如今我已經三十六歲，我想我準備好了。年齡與經驗或許會帶來智慧，但有時候當個年輕人的好處，就是初生之犢不畏虎。

「簡單＋簡單」的真理

11

文明史第一部分

一、兩個星期後，我以自豪丈夫與新手爸爸的雙重身分坐在醫院裡。你等著第一個孩子來到世上時，其他人會試著告訴你那是怎麼一回事，但用說的永遠與親身體會大不相同，所以我就不在此白費功夫了。總而言之就是太奇妙了。此外，儘管客觀上來說，世界上每個皺巴巴的小嬰兒全都長得差不多，但我眼前的這個小傢伙的確是最棒的。

不過，兵荒馬亂的時刻過去之後，醫院其實挺無聊的。總有一天，隨身攜帶數位娛樂將成為社會大眾可以接受的行為，但當時的我知道自己最好還是別做那種事。琪琪和我們的寶貝兒子萊恩都在休息，我決定到病房外走一走，找點東西吃。

大廳牆上的電視正在轉播印第安納波利斯五〇〇賽車（*Indian-apolis 500*），我努力把注意力放在電視上，好讓時間過得快一點。就賽車而言，這場算是有趣的了。原本領先的艾默森・菲蒂帕爾迪

（Emerson Fittipaldi）運氣很差，輪胎出了問題，早早就得進維修站；目前看來，有「荷蘭飛人」（the Flying Dutchman）之稱的艾瑞·盧延迪克（Arie Luyendyk）將會奪冠。我大概有點懷著荷蘭最棒的愛國心，看著盧延迪克在賽道上奔馳。

當然，如同剛剛有人提醒菲蒂帕爾迪的那樣：靈活駕駛是必備的賽車能力，但重點是策略。專業賽車手獲勝的前提是通盤考量，尤其要注意輪胎、燃料與機械零件的資源管理。如同我們一開始在《武裝直升機》做的那樣，已經有少數的競速遊戲開始稱讚玩家的整體表現，有的遊戲甚至提供賽事之間的車輛升級系統，不過還沒有遊戲捕捉到競速體驗的心理層面。如果能想辦法設計出一款遊戲，上演一場腦力大賽，玩家和真正的賽車手一樣，得自己權衡該如何配置設備，那會怎麼樣呢？在賽道上急轉彎時，要顧到這麼多元素可不容易，但也許你可以放棄一點速度，把心思放在策略上。這麼說來，你最後甚至可以擁有回合制的競速遊戲。

戰略型遊戲永遠分為兩類：「即時戰略遊戲」與「回合制戰略遊戲」。如果時鐘一直跑，每個人同時一起玩，此時興奮感會立刻增加，腦筋轉得快所帶來的獎勵將超過準確度，注意力集中時間短的人終於有揚眉吐氣的一天。然而，雖然報酬來得立即又持續，玩遊戲永遠處於高度緊張的狀態，很容易心慌意亂，挫折感也比較重。回合制遊戲則不疾不徐，一開始感受到的興奮頂多是預期心理。相對而言，回合制缺乏緊張感，有可能讓人感到無聊，但最終的獎勵通常來說比較大，因為你投入的時間比較多，遊戲的結果也往往與你個人的選擇

較為有關。

兩種風格要是放錯了地方，可能就會變成一場災難，不過有時候最有趣的遊戲反而來自刻意反傳統的選擇，以即時型的西洋棋賽為例：所有的規則都和一般的西洋棋一樣，但你不需要等對手下完，才換你下。要是你動作夠快，你可以讓主教在棋盤上走對角線吃掉一個棋子，接著在對手還來不及以牙還牙之前，退回安全的位置。不過，你忙著出動主教時，對手有可能會偷襲與擄走你的騎士。你大概還是得制定新的規則，例如：「一次一個人走」與「不能推擠」，以免遊戲陷入一團亂。我不知道這麼做最後是否行得通，不過從這個例子不難看出，改變單一元素就會產生截然不同的遊戲。

要是帶小孩也能改成回合制的戰役就好了（而不是像我現在這種焦頭爛額的即時混戰）。不過我剛才也說了，如果玩的是即時型的遊戲，獎勵也是立即回饋。

當時陪產假還不怎麼流行，但萊恩出生後我請了幾天假，因此理論上我可以製作任何我想做的遊戲——至少趁萊恩睡覺的時候可以。然而，當時我仍在沉迷我的最新計劃。不過兩星期前，我才剛把《文明帝國》第一版可玩的原型交給布魯斯。

那個版本不算精彩，也不是真的很糟，但今日《文明帝國》系列的粉絲應該認不出來。就像《鐵路大亨》一樣，那個版本的時鐘以即時的方式走個不停，但實際上整體而言比較接近《模擬城市》：某幾個區域拿來種田，某幾區挖礦，然後等著看你的帝國崛起。

只可惜，讓玩家「等著看」並不是遊戲值得自豪的特色，那是電

影要做的事。你可以讓玩家停下來想下一步要怎麼做，但接手故事不是我們設計師該做的事（而且我們也不是太擅長，即便我們直覺上永遠都想試試看）。我們就是拚不過電影的影像感，比不上小說的長度，也無法勝過專輯的音響效果；這些事的重要程度如果被擺在「好玩」之前，永遠只會帶來失望。克里斯曾寫道：「我們不用再羨慕好萊塢的時刻到了……席德‧梅爾只會是三流的阿諾‧史瓦辛格，卻會是超棒的席德‧梅爾。」其他的藝術的作品要是表演者有趣，便能成功，但遊戲會成功的前提是玩家有趣。我們的工作是讓你佩服你自己，在這方面我們傲視群雄。

幾年前我也碰過類似的問題。我的戰爭遊戲根本不需要玩家，可以自己對抗自己，而且最終的結局完全可以預測。這次我馬上就覺得這樣不行，然而在我能判斷問題出在哪裡、該如何解決之前，公司高層終於受不了我最近都沒推出作品。

「拜託你把《機密行動》做完。」比爾告訴我：「我們總得賣點遊戲。」

雖然我不喜歡分心，《文明帝國》的確一時之間也無法出現突破，而且如果你願意忍受重複出現的劇情，其實《機密行動》算是差不多快完成了。我和布魯斯因此放下《文明帝國》，盡快完成先前的間諜原型。《機密行動》不算拿不出手的遊戲，只不過我的興致不是

特別高。一直要到遊戲上架後，我才突然想到可以怎麼解決美中不足之處。

《機密行動》主要的遊戲特色和《大海盜！》一樣，是在整體的故事與各種小遊戲之間跳來跳去，例如撬鎖、破解密碼等等。然而，《大海盜！》成功之處在於主要的故事線相對簡單。我試圖增加《機密行動》的敘事複雜度，卻又不肯犧牲任何小遊戲的細節，結果感覺就像兩種遊戲湊在一起。這種做法理論上是一箭雙鵰，實際上卻像是不停切換兩部電影，讓人一頭霧水。玩家花十五分鐘闖進建築物後，只會隱約記得一開始好像有什麼線索讓他們想要進入那裡。我應該簡化小遊戲，更好的做法是乾脆大刀闊斧，砍掉我一直不滿意的程序化生成故事。程序化生成故事和小遊戲各自有美好的地方，硬湊在一起則會兩敗俱傷。兩種好遊戲放在一起不但一加一沒大於二，反而成了四不像。

「一個最好的遊戲勝過兩個優秀的遊戲」這個心得帶給我太大的啟發，我在心中把它稱作「《機密行動》原則」，不過《機密行動》問世時，我今日指導的許多設計師甚至還沒出生，因此我們在討論這個議題時，比較可能使用的詞彙是某款遊戲的「重心」（center of gravity）是什麼，不過意思是一樣的。我永遠都會提醒自己和其他人這件事。我甚至覺得，今日這個原則尤其重要，因為從前至少運算資源有限，我們能做的事本來就有一定的限制；如今世界上最容易做的事就是**再多弄一點**，一不注意，我們就有可能把三、四種遊戲全塞進一款遊戲裡。有時候決定遊戲不要加哪些東西，比決定要放什麼更加

重要。

　　儘管心不甘情不願，但從長期的角度來看，暫時重新回到《機密行動》是件好事，藉此我能多花一點時間思索《文明帝國》的問題所在。後來我想到，就和西洋棋或賽車一樣，我應該試著製作回合制的遊戲。這個決定改變了一切。突然間，玩家從看變成**做**，他們會預期接下來將面臨的光景，而不是慌忙想知道剛才發生了什麼事。他們整顆大腦都會被遊戲深深吸引，而不只是動動指尖而已。

　　其他變動也很快地水到渠成。我發現從零開始有某種魔力。就算一張地圖上什麼東西都沒有，它還是一張地圖，山川和河流會預先決定好玩家能做什麼、不能做什麼。然而，隱藏的地圖有著無限的可能性，拓荒者進入荒地，眼前什麼都沒有，只有前後左右八個格子。玩家可以想像空蕩蕩的後方有著無限的可能性，也許再過去一格就有寶藏，或是有危險的敵人潛伏在附近。不確定性會令人想快點開始認真探索。

　　此外，如果說這款遊戲的重點是個人的抉擇（我現在明白這點了），而不是被動地與時間競賽，那麼第一步就不該是替一座理論上的城市劃分區域，而是**建立**一座城市：向世界宣布這塊地是你的，你打算統治這裡。從象徵意義上來看，一個像簽下願意到異地墾荒的合約，另一個則是胖手胼足將一面旗幟插進土裡。我決定讓玩家從原地，或是從離起始處非常近的地方開始建設自己的第一座城市，而這個破土典禮應該要觸發一段全螢幕的紀念動畫：**西元前四〇〇〇年，羅馬成立**。別管篷車和簡陋的圓頂帳篷了，這是羅馬，偉大文明的首

都，一切將燦爛輝煌。一直到今天，我玩《文明帝國》的時候幾乎永遠都選擇羅馬人。

然而，除了羅馬人還要放什麼人，這個問題就麻煩了。從務實的角度來看，我只能儲存約十四個文明的數據。（如果可以的話，我覺得十六個比較好，因為二進位碼 2^4 的本質會遠比〔2^3+6〕令人滿意，但眾所皆知，電腦對這樣的感受無動於衷）。一九九〇年的地緣政治版圖包含將近兩百個國家，然而這個數字並沒有把已經不存在世上的所有偉大歷史古文明算進去。跳過最默默無聞文明顯然是必經之路，但中階的對手依舊很多：誰能確定對玩家而言，日本武士和維京人哪一個吸引力比較大？

同時，有個至少該放上世界舞台的重要強權由於歷史的包袱令我猶豫不決：德國。這個國家不但偶爾會化身為我們的剋星，不到一年前，我上一個被禁的遊戲《F-15 獵鷹行動》才剛獲准重新上架。我想讓每一個文明都由他們最傳奇的統治者來掌舵，但德國法律禁止任何媒體提及希特勒的名字，不管內容是什麼都一樣。再說了，製作希特勒有可能變成好人的遊戲似乎不太對勁。然而另一方面，乾脆不放德國人感覺就像懦弱怕事與自我審查，而且依據我的了解，就算沒把德國的前元首放進遊戲裡面，德國的 BPjM 依舊會禁售《文明帝國》。然而話又說回來，我們談的可是希特勒，我不想讓任何人用我的遊戲來讚揚他。（值得一提的是，就我自己與其他人的意見而言，沒有人質疑過把毛澤東與史達林放進遊戲裡有什麼問題。究竟哪些東西可以接受，邏輯上不一定說得通。）

到了遊戲開發的尾聲，我還一直猶豫不決到底要不要放德國人，最終我還是把德國放了回去，由腓特烈大帝（Frederick the Great）來領導。要不是因為德國以其他方式占據了歷史課本，我們應該可以聽到更多腓特烈大帝的事蹟：腓特烈大帝是歐洲那個年代在位最久的君王，處於用兵劣勢卻多次贏得戰爭。此外，腓特烈大帝慷慨贊助藝文活動，讓國家享有出版自由，還鼓勵底層民眾成為法官與政府官員。有人靠著幹壞事（而非因為具備傳統的領袖特質）偷走了腓特烈大帝的鎂光燈，這不是腓特烈大帝的錯。反正無論如何，德國人太晚才被放回去遊戲裡，我們第一版的手冊依舊放著先前暫定的土耳其人，我們也不得不在每個遊戲盒裡附上說明，解釋為什麼手冊與內容物不一樣。

　　然而同一時間，其他與爭議無關的大量遊戲元素也等著我處理。有些戰略遊戲把重點擺在軍事戰役與調動軍隊，有的則重視蒐集資源與經濟力量，兩者我都想要。我認為既要能讓玩家帶著軍隊進攻蘊藏寶貴資源的土地，同一時間玩家也得發展科技，以愈來愈先進的方式運用資源。這款遊戲應該要與整個文明史有關，我想讓玩家能和真實世界的領袖一樣運籌帷幄，掌控每一件事。

　　同理，遊戲通常會設定管理城市的規則，然而在現實世界中，有好幾種政治制度可供選擇（甚至換來換去）。歷史呈現了明確的合理進程，從無政府到專制，再到君主政體、共產、共和，最後是民主，不過這條道路很少是穩定的。戰爭爆發或上層人士不諳治理，很容易就會讓人民倒退好幾步，甚至就算前進，往往也會出現轉型期的混亂。

我把剛才所提到的這些元素全都放進遊戲裡。舉例來說，玩家若想從專制走到君主政體，就得先發展君主政體的概念或「技術」（技術本身帶來封建制度，再帶來騎士制度，玩家的軍事組織也會升級成騎士）。接下來，玩家必須策劃革命，忍受一陣子的無政府狀態，才能正式登上王位。不過，政府現代化的同時，受到的限制也會產生變化。我決定讓進階到共產主義後的統治者無法動用戒嚴令之類的選項，也就是說不能讓軍事組織駐紮在你的城市裡，鎮壓不滿的公民。你得讓人民開心，否則你的社會將被迫倒退，天下大亂。

以上確實是簡化版的政治史，不過那是刻意的安排。我們打造軍事遊戲的基礎是航空刊物《簡氏戰鬥機年鑑》（*Jane's Fighting Aircraft*）等技術手冊，《文明帝國》不一樣。《文明帝國》參考的往往是比較偏通史的歷史書籍，有些書甚至是給兒童看的。我希望模擬建造帝國的整體體驗，而非陷入帝國實際上是怎麼做的細枝末節。舉例來說，火藥起初是中國在煉丹過程中研發出來的，但這並不重要，重點在於身為文明的你**可以**在精進冶鐵技術的過程中，在任何的時間點發現這項技術。你是在重寫歷史，而不是重溫歷史。

此外，事實證明，光是「簡化」就已經夠複雜了。我加進遊戲的元素愈多，就得愈留意元素的必要條件之間彼此重疊的本質。天文學（包括更進步的航海技術）源自神祕學（增加你的百姓滿意度），但也需要數學，然而數學不需要神祕學的幫助就能獨立研發投石機，運用在軍事上。我開始把各種文明進展放入複雜的流程圖裡，並把這個概念稱為「科技樹」（tech tree）。沒有任何科技樹的分支能永遠被忽

視，玩家得自行決定對他們而言，究竟是地圖學比較重要，還是冶鐵更加要緊。這有可能取決於他們第一座城鎮比較靠近海岸線，還是座落在礦藏附近。選擇愈多，個人影響結果的程度也就愈高，也更有理由再試一遍，找出帶來成功的選擇。

事實上，我發現成功本身的定義也應該交給每個人來決定。如同《大海盜！》的玩家可以選擇稱霸四海，精進武藝，或是贏得每一位新世界總督女兒的芳心一樣，偉大文明的統治者不一定得靠無情的軍事力量才能平天下。富國可以用財力壓制敵人；以科學見長的國家可以憑藉優越的技術制敵；文藝發達的國家光是充滿令人嚮往的生活風格，就能吸引移民。《文明帝國》的勝利條件需要動用複雜的演算法，計算以上所有元素以及更多更多東西的比重，我等不及要設計程式了。

正當我摩拳擦掌之際，高層團隊卻開始推動一個完全不同的新方向，特別是比爾，他一頭栽進大型電玩的投幣遊戲業務，滿腔熱血想要擴張。我本身對這個遊戲類型有一定程度的懷舊之情，畢竟我和比爾就是因為玩機台的緣分開創了我們的事業。然而對我來說，也僅只懷舊而已。大型電玩已經沒落了好幾年，況且整體機櫃的製造成本是個不小的數字。在家用電腦市場，我們讓玩家自行購買硬體。

此外我指出，即便我們有財力進軍新的遊戲形式，我想製作的遊

戲也不適合快速的正面交鋒挑戰。比爾向我保證，新事業不會取代我們原本的目標，但我知道，公司依舊有很多高層認為《鐵路大亨》和《大海盜！》賣得好不過是僥倖。我開始構思《文明帝國》的時候，他們甚至取消了我和布魯斯已經在規劃的《鐵路大亨》續作。對公司主管心中，戰略遊戲只是他們在忍耐我的任性，而非可行的商業模式。

比爾堅信機台市場即將回春，我不認同這個看法。我們談了幾次之後，事態逐漸明朗：我們顯然無法說服彼此，而這不是什麼能折衷的事。我們無法製作○‧五個機台遊戲。

我不喜歡公司的新方向，但我認為事業決策必須由一個人來掌舵就好，否則會變成多頭馬車，而我依舊不想當領頭的人。我和比爾商量好，最好的選項將是他買下我一半的公司股份，這麼一來他就能自由地主持大局，我也不必承受公司的高風險舉動。表面上一切都沒變，好幾年間除了執行團隊，沒有人知道這個安排。我依舊坐在同一張椅子上，參加相同的會議，與一樣的同仁合作。然而書面上我成了獨立承包人，我只會領到由我個人製作的遊戲費用與權利金。

對每一個當事人來說，這個時間點恰到好處。雖然我再也不能靠投票參與公司專案，但我要研發什麼遊戲，也沒有人能投票決定。我一直擔心公司高層沒能看見《文明帝國》的潛力（後來事實證明我的憂慮是對的），然而，這下子我同樣也能自由掌舵，不必擔心專案被取消。雖然當初創立 MicroProse 的合夥關係結束有點令人難過，但我和比爾都不希望我離開。最後的解決方式似乎最能同時滿足我們兩個人的需求。我和比爾一直是最佳拍檔的原因，其實正是在於我們倆截

然不同，只是長遠來講，我們最後大概免不了分道揚鑣。從創意的層面來看，打從《大海盜！》以來，我和比爾便漸行漸遠，這次的新安排其實並不是一個非常突然的轉變，而是終於承認現實。不過，從我的角度來看，我心中並不感到苦澀；這只是職涯自然而然發生的進展。

布魯斯和我不一樣，他還是得做公司分配給他的正式任務，我們兩個因此養成了集中回饋意見的習慣。我每天晚上下班回家之前，會把磁片留在他的辦公椅上，裡面存著最新的遊戲版本。隔天一大早，布魯斯進公司時會測試新功能，接著等我到了，再坐下來與我分享他的看法。接下來一整天，我回去鑽研遊戲，布魯斯也去做自己負責的工作，到了晚上，整個流程再度重複一遍。

最終，布魯斯把他所有的時間都投入《文明帝國》，辦公室開始傳出風聲，這次的新專案是大事件。大家開始跑去布魯斯的辦公室看這次的遊戲，我不介意讓大家知道，但有很長的一段時間，我只讓布魯斯一個人玩。布魯斯有辦法不去管遊戲還不完美的部分，而且個性不會過度唯唯諾諾，勇於說真話。隨著《機密行動》上市，Micro Prose如今已經三度把我的名字放在遊戲盒上，辦公室裡的人對待我的方式開始不一樣，他們沒有表現得特別明顯，但確實有差別待遇。我覺得很彆扭，不過更糟的是，這對最終的產品並不好。我沒時間整天向大家保證，真的，他們真的可以告訴我遊戲哪些地方他們不愛。當然，布魯斯永遠還是很客氣，但如果他覺得遊戲有哪個地方不對勁，他會直話直說。

我一直無法判斷盡量讓《文明帝國》保持在隔離狀態是否做錯

《機密行動》廣告
© 1991 MicroProse, www.
microprose.com

了。一方面，我確實認為產品在研發過程中有愈多雙眼睛看過愈好，
畢竟想做出一款吸引每一個人的遊戲，不能只博得同溫層的讚賞。然
而另一方面，我和布魯斯太知道彼此在說什麼。如果其他人也加入研
發，整個流程勢必會拖長。布魯斯是遊戲測試者兼設計師，意思就是
說他的意見回饋背後有真正的解決方案。我則是遊戲設計師兼程式設
計師，我不必浪費時間跟自己開一堆會議。

　　在我的整個職業生涯中，不浪費時間或許是最重要的關鍵要素。
每款遊戲（或是不論製作什麼東西）的新版本，其實都是另一次進步

的機會；迭代的速度愈快，最終的產品就愈精確。

　　米開朗基羅有一則著名的故事，據說他在雕刻遠近馳名的《大衛像》（David）時，他「只不過是把任何看起來不像大衛的地方去掉。」沒有證據證明這句話是不是米開朗基羅親口所言，也有其他版本把這句話塞進其他好幾位藝術家的嘴裡。不過，我認為這個故事受歡迎的程度反映出大多數人**想像中**的創意過程是什麼，而非真正的創作實際情況。當然，我無法在此代表其他所有創意人士發言，不過就我而言，我無法一點一點鑿開大理石，我只會用黏土塑形。

　　先從一團黏土開始。這裡加一點。加了之後，看起來變好玩了還是更無聊？再加一點——不行，那樣太過頭，刮掉一點。

　　犯錯是難免的，重點在於要以最快的速度盡量抓出錯誤。理想上，你每天都重新評估作品一遍，甚至一天看好幾次。每次迭代的目的並不是要你讚美自己幹得好，而是有機會找出哪裡弄錯了。

　　我這樣講的意思不是說一定得一小步一小步前進。目標是效率，也就是說要多次迭代，但在每次的迭代中要盡量找出可調整的資訊。「加倍或砍半」向來是我最大的原則。不要浪費時間調整五％，再五％，再來五％……你乾脆加倍，看看有沒有出現想要的效果。萬一效果過頭了，你就知道走對路了，只是得看還需要收回來多少。不過，也有可能加倍還不夠，那麼你已經替自己省下因為一次只加五％而得做的十幾次迭代。在還有不到一個月就要推出《文明帝國》之際，我把地圖縮減為一半的大小。這個遊戲在講整個人類的文明史，當然需要大地圖，但大小不重要，讓玩家不斷感到有進展才重要。地

圖小，遊戲進展就快。等地圖變成兩倍大的時候，你更會感到遊戲像史詩一樣壯麗；然而，要是我害怕自己過分偏離已經做好的版本，我永遠無法在遊戲上市之前即時把地圖調至正確的尺寸。

這就是為什麼我永遠不寫設計文件。有些經理會不理性地要求你一定得弄出文件，連一行程式都還沒動手寫，就要求你用文字敘述與PowerPoint 投影片介紹整個遊戲。然而，我覺得那就像還沒走訪過一個地方，就畫出地圖一樣荒謬：「我決定這裡要有一座山。」十九世紀負責探勘美洲大陸的路易斯（Meriwether Lewis）與克拉克（William Clark）要是帶著設計文件出席，一定會笑掉眾人的大牙。他們兩個沒做這種事，只說「我們會再回報」，然後就出發了。山在哪裡，就在哪裡。你的任務是找出真正的所在地，而不是堅持某個地方應該要有山才對。

有些黏土是我原本認定屬於《文明帝國》的一部分，但後來又被我掐掉：

首先是即時時鐘（real-time clock），這部分實際上比較像是把整坨黏土扔進垃圾桶，重新拿一塊黏土。

接下來，我曾短暫考慮過讓國家有週期性的興衰。然而，雖然那的確是歷史會發生的事，但在遊戲裡，就會像超大型的鐵路橋墩被洪水沖走。喀拉喀托火山（注：Krakatoa，位於印尼的活火山）爆發的那個瞬間，或是碰上黑死病四處橫行，大家只會想從儲存的地方重新載入遊戲。

開枝散葉的科技樹打從一開始就是個相當好的點子，但感覺對了

之前，實際的元素變來變去好幾個月。有一陣子，我們放了由次要技術組成的第二棵科技樹，例如釀啤酒（顯然對你的人民而言會是個快樂的泉源），但實在是太繁雜了，我們不得不斷捨離。

有一陣子我試著把地雷放進武器選項裡，但我無法在不讓處理速度慢成龜速的前提下，使遊戲的 AI 聰明地擺放地雷，並阻止它踩過自己的地雷。於是地雷也出局了。

原本放了宗教領袖，後來拿掉了。

原本有德國人，然後沒有了——後來又放了回去。

重點在於，至少在我想辦法找出來之前，我的遊戲一定會有不好的地方，但我不會因為有可能犯錯就自己綁手綁腳。我不會花好幾個小時思考某個功能是不是好點子，我會直接丟進遊戲裡，找出確切的答案。萬一不太行，那就砍掉。在你探索完荒野前，不會有地圖，也不會第一天就有整體的美術視界。你只能努力不懈，每天進步一小點，盡量以最有效的方式，探索究竟該怎麼做。

12

轉捩點

　　那年的聖誕節，我帶著妻小與父母弟弟妹妹，全家人浩浩蕩蕩造訪維吉尼亞州馬薩納滕（Massanutten）的滑雪度假村。我兒子萊恩當時才七個月大，能從事的滑雪活動相當有限，不過他獲得了嬰兒版的滑雪纜車體驗，開心地被家族成員一個一個接力抱來抱去。看著弟弟妹妹和嬰兒萊恩互動非常有趣，因為他們兩個剛出生時，我大概就是他們現在的年紀。

　　我妹薇琪（Vicky）出生時我高二，我爸媽的愛情顯然再度回春。一年後，在我高中畢業之前，我弟布魯斯（Bruce）也來到了世上。（「布魯斯」這個名字今日相對少見，我同事布魯斯・雪萊是一九四〇年代晚期出生的，那時算是菜市場名，日後布魯斯也一直停留在百大排行榜中。我弟是一九七〇年代早期出生的，又過了幾年後，這個名字才掉出榜外。因此有點妙的冷知識就是頭兩個玩過《文明帝國》的

人都叫布魯斯。）

我弟和我妹出生時，我正處於青春期。我和大多數的青少年一樣，把所有的注意力全放在自己的興趣上；我的興趣雖然多元廣泛，但並不包括嬰兒。他們兩個太小了，不是傳統意義上的手足，我也沒有意願扮演任何親職角色。沒有人看到十五歲的席德·梅爾會說他是「酷叔叔」類型的人。當然，等他們兩個長大、有自己的鮮明個性後，我們的感情愈來愈好，但剛開始的感覺比較像是我爸媽開始了某種奇怪的新嗜好。如果我媽叫我，我會幫忙照顧年紀還小的弟弟妹妹，但整體而言，我覺得是她自己想生，與我無關。

不過，我的小室友們確實挺有趣的，我會遠遠觀察他們，大一時我甚至修過兒童心理學的課。按照正常情況來說，我寧願多修一門數學課，但學校規定要上通識課；我盤算著，布魯斯與薇琪有可能讓我比其他同學更有優勢，畢竟大概沒有人和我一樣近期接觸過年紀這麼小的孩子。如果這堂課需要做任何研究，我可是有兩名現成的受試者。

期末報告果然是自己定題目，我想這科我穩過的。指定閱讀裡有一個部分提到，會說話前的嬰兒手足之間會自創語言，我認為在真實世界裡，這種獨特的溝通模式很值得記錄。我特別擅長分析資料，加上全班只有我有真實生活中的實驗對象，我相當確定，由我來研究兒童發展根本不費吹灰之力。

某個週末，我抱著那樣的心態返家，並悄悄地把一台錄音機放在弟弟妹妹同住的房間裡。我打算錄下他們每天晚上入睡之前對彼此咿咿呀呀說出的神祕字詞。以我所有的大學作業來說，這堂課的報告

既沒什麼壓力也不太重要，因此過了好幾天，我才開始聽帶子錄到了什麼。

基本上，帶子裡一片寂靜無聲。看來除了一些咕噥聲和鼾聲，他們兩個不但沒有偷偷自創語言，還根本什麼話都沒說。這下可好，換題目已經來不及了；我的報告瞬間變成創意寫作練習。我被迫憑空無中生有，掰出有事實依據的趣味描述。然而，從長遠的角度來看，就我的職業生涯而言，這種能力的實用程度大概超越了那堂課教我的其他所有東西。

除了薇琪，我其實還有一個年齡和我差不多的妹妹桃樂絲（Dorothy），但我還小的時候她就離開了人世。我們兩個人的感情很好，我有許多桃樂絲生病前的回憶，但可惜的是，她過世前後的那幾年，我的記憶有點模糊了。

我還記得當時，晚上我媽會去醫院看桃樂絲，留我一個人在家。我也還記得每天晚上我媽會給我一枚二十五分錢的硬幣，讓我到對街買一包洋芋片吃。我一邊看著喜劇老片《我的車媽媽》（*My Mother the Car*），一邊等她回來。我記得大人只給了我一些搪塞的答案，但我明白桃樂絲不會這麼快就跟著媽媽回家。

我不記得桃樂絲的病一共拖了多少年，但我確實記得爸媽飛到瑞士把我從爺爺奶奶家帶走的時候，中途還去了某間德國醫院，據說那間醫院提供一種萬不得已的療法，美國的醫生不願意或無力提供那種治療。

我記得桃樂絲的脖子旁腫了好大一塊。我記得後來有人告訴我，

她得的病叫霍奇金氏淋巴瘤（Hodgkin's lymphoma），今日這個病大致上來說是治得好的。

我還記得自己走路去上學。

我還記得我捧著花，跟著老爸到桃樂絲的墓地。我還記得數十年後，我第一次想到爸媽當年之所以把我送去瑞士，或許至少有一部分是為了隱瞞家裡發生的事，而我在瑞士多待了一段時間，並非百分之百全是我一個人的主意。

旁人大概難以想像那場經歷對我而言並沒有持久的影響，但我成功封閉了絕大多數的相關記憶。我爸媽想必很不好過。現在我自己也有孩子，對於爸媽的心路歷程有了新的認識，但不曉得為什麼，我從來沒有擔心過我們會失去萊恩。

萊恩出生的隔天，我們的醫院病房外突然傳來巨大的聲響，是一陣驚人的金屬碰撞聲。我嚇了一大跳，我太太琪琪和岳父岳母也驚魂未定，嬰兒室裡的小寶貝此起彼落哭了起來，但萊恩沒哭，只是好奇地看了看上方，接著就繼續做他被打斷前嬰兒會做的重要的事。我不確定為什麼萊恩和別的孩子不一樣，不過當時我認為這是個重要的預兆，預示這個小男孩未來將會成為什麼樣的男子漢。萊恩敏銳但冷靜，穩如泰山，有辦法承受任何風暴。從那一刻起，我便像是在心中認定，沒有什麼能夠奪走萊恩。

目前為止，萊恩一直是個夢幻寶寶。有些嬰兒會在大家族的節日聚會上，一有風吹草動就大哭大鬧，但七個月大的小萊恩無論碰上什麼事都處變不驚。

和之前一樣，這次的馬薩納滕度假行，我也帶著電腦，裡頭裝著《文明帝國》的最新版本。我隨手向家人秀了一下遊戲原型，我知道布魯斯會特別有興趣玩玩看。過去的三個高中暑假，他都跑來 MicroProse 當遊戲測試員，借住我們位於巴爾的摩（Baltimore）的空房間。布魯斯的名字出現在《歐洲遠征》、《武裝直升機》、《大海盜！》等幾款遊戲的致謝名單上，但他上大學後實在有夠忙，沒時間到馬里蘭州過夏天，大概連玩遊戲的時間都沒有，他早該來點樂子。

　　布魯斯開始玩《文明帝國》，提出了一些有用的看法，建議這個功能可以怎樣，那個功能可以怎樣。接著我被叫到客廳去。後來終於有人想到，問布魯斯人在哪裡。

　　「喔，」我望了望四周，「他應該還在後面的房間玩《文明帝國》吧。」

　　我瞄一眼手錶，已經過了六個小時。

　　在那一刻之前，我知道《文明帝國》是款很特別的遊戲，但那只是因為我知道自己所有的遊戲都很特別，包括那些某方面不盡人意的遊戲。世上沒有孩子是完美的，但你依舊會愛所有的孩子。即便到了現在，有些遊戲被特別標註是我製作的，有些則幾乎完全被遺忘，然而，每一款遊戲在我心中都有特殊的位子。你不會只因為自己一半的孩子成為名人，就不再邀請另一半的孩子參加感恩節聚餐。

　　不過我弟幾乎一整天都不見人影，只為了玩一款目前勉強堪玩的遊戲，就真的值得注意了。是什麼讓他沉迷其中？那股動力的來源是什麼？《文明帝國》的內容目前還不是很豐富，只是把幾個簡單的體

系放在一起，但布魯斯顯然一遍又一遍攻城掠地，重新安排探索相同的基本元素。

　　我弟與《文明帝國》的互動正好能說明這款遊戲最重要的特色：「簡單＋簡單＝複雜」。農業會在可預測的地點生產糧食。軍事組織只會戰鬥一次，接著甲方或乙方就會立刻宣布勝利。遊戲大部分的時候甚至沒用到數字，全都是以物易物，等值交換，比方說裝滿「盾牌」桶，就能得到一名槍兵；學習製陶技術的次數夠多，就能和鄰國交換青銅器。如同下西洋棋，每項東西的功能都很好懂，但你要從綜合的角度看待每一步，才會浮現真正有趣的道路。

　　「簡單＋簡單」的道理，在《鐵路大亨》的擴張制度與經濟體系中明顯有跡可循。此外，《大海盜！》讓我知道明白平衡的重要性。哪一枚西洋棋棋子比較厲害，城堡還是主教？答案很難講，得視整體的棋局而定。或許在這一回合，外交是最佳的策略，但碰上其他狀況時，戰爭是唯一的出路。和平常一樣，我拒絕號稱某個選擇比較好，因為這是玩家的故事，不是我的。從這個角度來看，《文明帝國》比較不像靈光一閃的天才之作，而是多年的積累所帶來的合理進展。我敢說，要是沒有先前的遊戲打好基礎，《文明帝國》永遠不會問世。

　　我同事布魯斯則不像我手心手背都是肉。他說他一直都知道《文明帝國》很特別，打從試玩第一版的原型就知道了。布魯斯甚至留下

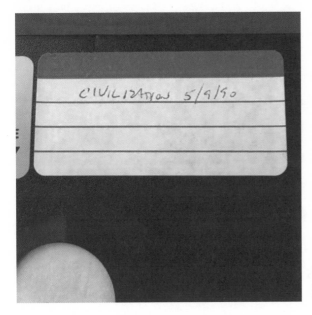

CIVILIZATION 5/9/90

最早的《文明帝國》磁片
照片出處：布魯斯・雪萊。
取得許可後重製

了最初的磁片（他先前沒留下任何《鐵路大亨》的紀念品，讓他有點遺憾），因為他確信《文明帝國》注定將成為「席德又一項傑作」。我想，這就是布魯斯的意見之所以十分寶貴的另一項原因：他向來比我還能預測某款遊戲是否會受歡迎。我總覺得大眾的反應是一種幾乎無從控制的東西，把受歡迎當成目標追求，與夸父追日無異，更別說是把自我價值建立在歡迎度上了。因此我不像別人偶爾大力讚揚的那樣覺得自己有多了不起；不過同樣地，遊戲賣不好我也不會過於難過。只要我對自己製作出來的東西感到自豪，就算成功了。

總之結論是我大膽預言的共同設計師說對了。我終於開放遊戲，讓名字不是布魯斯的人也能玩《文明帝國》後，其他開發人員的反應

相當熱烈。許多人為了享受樂趣，下班後也還在玩《文明帝國》的原型。大家沒事就跑到我的辦公室來，踴躍提供建議。如果說你能建立商隊，改善貿易航線呢？要是你的城市成長時，汙染也是影響因子呢？能不能分配工作給拓荒者，例如擔任稅吏、科學家、表演者之類的？建造世界七大奇觀後，可不可以獲得特殊能力？如果不只有七大奇觀呢？如果有引水道撲滅火災、有穀倉防止飢荒、有城牆能擋住洪水呢？倘若燈塔會提高你的海軍速度，但發展磁力學後，讓燈塔突然過時怎麼樣？我和大夥兒欲罷不能。眾人愈玩，冒出來的點子也愈多，每個點子又帶來數十種我忍不住納入的潛在互動。遊戲裡的每一個元素環環相扣，每當有一個很酷的新建議被提出來，又會朝著四面八方，發展出各種可能性，還得花好幾天（與好幾個晚上，以及週末）修改程式碼。最後我不得不關上辦公室的大門，請布魯斯替我守著，否則我什麼事都不必做了。

然而，即便「門庭若市」，我依舊不認為外頭的世界會和我們內部一樣樂此不疲。我每一次的遊戲計劃都與主流漸行漸遠，媒體偶爾會稱我為「設計師的設計師」，意思是我的遊戲有深度，只有行家能懂。我不確定這樣的評價是否中肯，但有兩件事確實是真的：（一）、我是個設計師，（二）、我製作我自己會想玩的遊戲。我不在乎當時「戰略」這個詞在遊戲產業裡依舊是個髒字眼，那個時候「冒險」與「行動」等沒有威脅性的東西沒問題，但人人都知道，只有怪咖才喜歡玩戰略遊戲。傳統上的看法認為，你可以替死忠受眾製作量身打造的產品，如果能壓低研發成本，依舊有可能獲利。然而，戰略遊戲永

遠賺不了什麼錢。我愛《文明帝國》，我的同事也愛《文明帝國》，但要是除了我們之外，其他每個人都對這款遊戲避之唯恐不及，我一點也不意外。

當然，後來那種事沒有發生。

MicroProse 沒有大力行銷《文明帝國》，所以《文明帝國》和我近期大部分的作品一樣，屬於「慢熱型」的遊戲。有趣的是，看來《文明帝國》主要還是只吸引到遊戲設計師，但這款遊戲引出每個人心中暗藏的遊戲設計師。遊戲上市幾個星期後，首批粉絲信逐漸寄到，內容和我們以往習慣收到的很不一樣。

以前的粉絲信會這樣開頭：「親愛的席德：我玩了你的《大海盜！》，我真的覺得超棒，不過陸戰的部分不怎麼樣。你的頭號粉絲敬上。」

我沒受傷；每個人都有自己的看法。我們收到的信幾乎都會在讚美裡藏著某種批評，且往往直截了當，但《文明帝國》不一樣。

這回，粉絲這麼寫：「親愛的席德：我玩了你的《文明帝國》，我真的覺得超棒。我有點好奇你為什麼選擇讓阿茲特克文明從青銅器起步，他們的陶器顯然比較有名不是嗎？此外，城市在成長時，商隊的移動速度應該要再快一點才合理，如果你能設定讓商隊自動跑，那就更棒了。對了，我發現有一招每次都能打敗電腦，用戰車（注：

chariots，古代由馬匹拉動的雙輪車輛）就可以了，你只要⋯⋯」

簡而言之，我們的廣告標榜著「當王的滋味很美好」（It's good to be King），玩家也同意確實如此。

有的來信長達好幾頁，還附上電話號碼，希望能一起深入詳談。許多人希望能到 MicroProse 上班，親自改良這款遊戲。我並不氣餒，反而認為這些批評全都是正面的，因為這代表我們讓玩家深入思考。他們把這款遊戲當成工具一樣互動，而不是當作體驗。其他遊戲提供娛樂，但不知怎麼的（我依舊不是很確定那個神奇元素是什麼），《文明帝國》帶給人力量。粉絲對結局有足夠的掌控權，他們再也看不見幻想與遊戲本身的界線。一切屬於他們。

接下來的幾個月既超現實又反高潮。《文明帝國》像病毒一樣瘋傳，換句我們當年的話來說：「變得相當、相當熱門」。《文明帝國》榮獲第一個重大獎項的那天晚上，比爾歡天喜地打電話給我，但過不了多久，我們就拿獎拿到手軟。再度錦上添花時，比爾會等到下星期一再提。如果有太多會議要開，乾脆星期二再說。同時，我的知名度大漲，採訪者一遍又一遍問我相同的問題，且大部分的問題我都無法以簡潔的方式回答。我沒辦法用一句話解釋《文明帝國》的靈感從何而來，或為什麼這款遊戲的機制如此令人欲罷不能。我感激不盡，受寵若驚，我永遠不會抱怨這麼大的好運掉到我頭上，但我還不太習慣。也不過四年前，作家湯姆‧克蘭西要我小心成名的陷阱，在黑暗中摸索名人生活之際，我一直努力把湯姆的忠告牢記在心。

我覺得我表現得還可以，久了之後就更知道要說什麼，但我也離

大家想聽我談的經驗愈來愈遠。每天都有新的粉絲發現《文明帝國》，但對我而言，這款遊戲已經逐漸成為過去式，一點一點變成我六個月前製作的遊戲、一年前製作的遊戲、兩年前製作的遊戲。先前我為《文明帝國》使出了全力，老實說，我已經準備好思考別的東西了。

我在辦公室四處「插花」，協助不同的專案，和其他程式設計師談程式碼有問題的地方，要是有人問我，我也會為最新的飛行模擬遊戲提供建議。我蓋章同意重新發行《大海盜！黃金之旅》與《豪華版鐵路大亨》。我東弄西弄，生出一堆半生不熟的遊戲原型。我休息了一段時間。

不過大部分的時候我都在掙扎，看有沒有辦法找到前進的道路，心底也默默擔憂，不曉得這種倦怠的狀態究竟還會持續多久，該不會永久持續下去吧。[†]

---

† 成就解鎖：中年危機——哇，這本書過半了。

13
如果不是巴洛克

「席德下一款遊戲要做什麼？」

生平第一次，這個問題不是我的頂頭上司問的，也不是同事偶爾旁敲側擊，而是遊戲迷與記者（甚至是那些沒報導過遊戲的記者，以及在那一年之前從來沒聽過我的人）全都吵著想知道最新的消息；沒有任何消息傳出，大家就自己提出各種瘋狂的揣測。據傳《文明帝國》的續作場景將設在外太空，也有人說會有南北戰爭的原型，或是我們會推出「某某大亨」的遊戲，簡直是把三百六十行全都猜過一遍。有些寫給《文明帝國》的信還花了心思替傳說中的遊戲提供點子，有些則是單純哀求我們透露一點口風。

所有人之中，最想知道答案的人其實是我自己。

你要怎麼超越評論者口中「比快克古柯鹼還令人上癮」的遊戲，或是「我們見過最完美的模擬遊戲」？在拿過多少次年度最佳遊戲獎

後，你將開始擔心一輩子再也不會有那麼好的成績？

不用想也知道，那個走向太瘋狂了，我不能讓自己陷入迴圈，永遠只想試著勝過上一款遊戲，否則在嘔心瀝血後，我僅剩的一點點理智也將蕩然無存。我發現光是踏出戰略遊戲的領域還不夠，我得製作出沒有任何人有可能拿去與《文明帝國》比較的東西，包括我自己在內。

我通常會從自己的興趣裡頭尋找靈感，但《鐵路大亨》讓我知道，即便是輕鬆的消遣之作，也會一個不小心就變成龐大的專案。當你手中握有搖桿，全世界看起來都像遊戲。每個潛在的專案都籠罩在這種危險的心理拔河之下，最後我只想得出一個我確定永遠不會變成戰略遊戲的主題。

我從很小的時候就對音樂很感興趣；既然我熱愛數學，這點便不足為奇。有大量的文獻提及相關的神經連結，史上許多數學天才至少精通一種樂器。我不會說自己是天才，也不會自稱精通樂器，不過或許可以說，「數學天才」之於「音樂大師」，正如「數學愛好者」之於「地下室樂團鍵盤手」；不過鋼琴很晚才進入我的生命裡，我的第一個樂器是小提琴。

我爸除了在做木工與畫畫時充分發揮了藝術天分，他也非常有音樂天賦。我還記得老爸在家彈過吉他、演奏過小提琴、烏克麗麗、口

琴與直笛。他很有可能還會其他種樂器，只是我們家剛好沒有。這樣的人讓小孩去學音樂似乎很順理成章，但我們家當時沒有車，只能參加搭公車或走路到得了的課外活動。位於底特律市區的老家是棟雙拼式的房子，幾個街區內有超市、藥局、肯德基，還有一間相機專賣店，但沒有音樂教室。

我家搬到那一帶幾年後，我媽碰巧認識了一位保加利亞移民，名叫魯賓‧海拉喬夫（Luben Haladjoff）。海拉喬夫老師平日指導地方上的高中管弦樂團，跟我們住在同一條街上，順著走下去就是了。老師不太收家教學生，但我媽說動了他，我和桃樂絲自此每星期會去老師家上一次小提琴課。我們去學這項老爸也會的樂器純屬巧合，要是海拉喬夫老師是小號手，無庸置疑，我們兄妹倆學的就會是小號。當時我們才五、六歲，海拉喬夫老師幾乎沒有收過那麼小的學生。有一次，他甚至安排我們到他任教高中的正式音樂會擔任演奏嘉賓。很不幸，演奏到一半時發生了一些事，我們和其他的大孩子開始不同調，曲子剩下的部分荒腔走板，自此他再也沒有邀我們去演奏。

一開始，我對學音樂沒有太大的興趣，不過我默默接受了老媽的安排；老媽下定決心要讓我們兄妹倆的生活有點文化，我知道要是這次不接受，遲早又會被塞別的東西。不過漸漸地，我愛上拉小提琴。我們在海拉喬夫老師的學校出糗後，暫時沒有人邀我們到音樂會上演奏，但我和妹妹會在爸媽和他們的朋友面前表演二重奏。幾年後，我加入社區的小型管弦樂團。後來海拉喬夫老師建議我參加青年交響樂團（Youth Orchestra）的徵選，那是底特律交響樂團（Detroit Symphony）培養未來演奏家的計劃。

我準備的曲目是音樂之父巴哈（Johann Sebastian Bach）的《D 小調雙小提琴協奏曲》（Concerto for Two Violins in D Minor），就此展開一生之中最長久的愛戀。那首曲子通常被稱為「雙協奏曲」（Double Concerto），和我以前拉過的東西不太一樣，我對那首曲子美好的旋律深深著迷。我深受吸引的地方主要在於巴哈的音樂似乎既驚喜連連，又順理成章，當中顯然有訣竅，我想了解究竟是怎麼一回事。

大約同一時間，我在家裡找到了一本樂理教科書《和聲學》（Harmony），作者是哈佛的教授華特・皮斯頓（Walter Piston，皮斯頓同時也是著名的作曲家，不過當時我並不曉得）。我家書架的那一區擺著某位家庭友人不要的書。我甚至不確定我爸搶救回那批書籍之前，是否有確認過書名；老爸總認為不論主題是什麼，只要是書，本身就有價值。

皮斯頓的《和聲學》帶給我很大的啟發，突然間我的兩個世界合而為一，書裡一頁又一頁的內容解釋著可以如何從數學的角度理解音樂。當然，我很早就知道節奏是構築整體的一部分，但《和聲學》告訴我，悅耳的和弦組合和數學比率一樣很好計算。書中的概念多以十八、十九世紀的作曲家實例來解說，也有許多巴哈的例子。我很開心，我對巴哈的直覺是對的，巴哈的和聲是所有音樂作品中效果最好的。

然而，小提琴不是一個以和弦為基礎的樂器。你可以靠著小提琴的幾條弦，同時演奏出兩個音的組合，也可以快速拉出一連串的雙音

組合，但若要準確同時拉出三個音，你得施加很大的壓力，聲音也不會太悅耳。皮斯頓所舉的許多範例一次要演奏四個音，甚至更多，因此，為了嘗試演奏我學到的原理，我向學校認識的朋友買下一台沃立舍（Wurlitzer）電鋼琴。兩百美元的樂器對青少年而言是天價，但就像我第一台雅達利電腦一樣，我平日會存錢，以便在重要的時刻派上用場。

在接下來的幾年，我靠著那本《和聲學》教科書以及原有的小提琴音樂知識自學了鋼琴，效果還不錯。我甚至設法把沃立舍電鋼琴塞進密西根大學的宿舍裡，不過牆壁太薄，我不能隨心所欲隨時彈奏。不久後，我研究的東西變成電路板和打孔卡，我的音樂品味也變得完全偏向現代。如同我認真看待寫程式、但把它運用到娛樂用途上一樣，正當我對理解巴哈偉大的痴迷愈來愈強烈之際，我把我的音樂知識導向了複音合成器（polyphonic synthesizer）的美麗新世界。

離大學畢業還有一、兩個月時，我用電鋼琴換了一台 Polymoog。當時從 ABBA 樂團到憂鬱藍調合唱團（The Moody Blues），每個人都在用 Polymoog 類比合成器。Polymoog 提供帶狀音調控制器、三段等化器、自身振盪器，不同的鍵盤區各有獨立的音量控制器。最重要的是，Polymoog 具備「變奏」（variation）的功能，音樂人士可以將八種預設音色手動調整成幾乎是所有想像得到的聲音。除了能製作悅耳的音樂，也能創造出前所未聞的全新音樂形式。學習這套系統讓我日後知道怎麼設計雅達利 POKEY 與康懋達六四 SID 晶片的音頻，但眼下我的用途比較傳統：和同事安迪・安迪與格蘭特・伊朗尼一起瘋狂

搖滾。

我加入這支地下室樂團幾個月後，安迪問我要不要參加他另一個職業的樂團。「脆弱樂團」（Fragile）這個名字是他們取的，除了在夜總會與婚禮上演奏熱門歌曲，有時候也會去猶太教的成人禮表演，甚至會在地方上的兄弟會慈善組織「麋鹿之家」（Moose Lodge）固定演出。我帶著《慶祝》（Celebration）和其他大約二十首收音機熱門歌曲的和弦小抄，在成為職業程式設計師僅幾個月後，嚴格來講也成了職業樂手，不過其中一種工作拿到的錢比另一種多很多。

樂團解散後，有幾年我重拾音樂這個興趣，轉而創作遊戲配樂，直到公司禮貌地從我緊抓不放的手中拔走聲音設計的工作；就像我先前說的，那是應該的，但我仍然感到失落。這次我絞盡腦汁尋找不是遊戲的遊戲時，音樂再度成了我的避風港。

巴哈十分了不起之處在於，他的作品就跟美麗的雪花冰晶模式一樣，既可預測又令人驚豔，他將這兩項特質融合得相當巧妙。巴哈經常運用「轉位對位」（invertible counterpoint）這項技巧，倒轉音符，成為全新但依舊悅耳的樂聲。此外，巴哈還熱愛「謎式卡農」（puzzle canon），寫下輪替的樂句，把中間留空給學生（通常是他自己的孩子），要他們寫出最適合填入的樂句。

巴哈甚至在許多作品中暗藏密碼。他的姓氏 Bach 用位值取代字母後，將得出「14」這個總數（注：2+1+3+8=14），這個數字在他的作品模式中反覆出現。「14」倒過來是「41」，恰巧又是巴哈的姓代表的數字，再加上他的名字頭兩個字母 J 與 S 代表的數字（注：

14+9+18=41，古典拉丁字母中沒有 J，以 I 的 9 代替，S 則是第 18 個字母）。巴哈在代表作《賦格的藝術》（*The Art of the Fugue*）中，也用音符玩他名字裡的字母（在德文的標記法中，字母 B 代表「降 B」，H 是「還原 B」）。此外，巴哈在他著名的《平均率鍵盤曲集》（*The Well-Tempered Clavier*）樂譜上畫上了奇怪的迴圈花樣，今日學者認為那是一種編碼集，指示如何為鋼琴調音，演奏出每一種可能演奏的調，替變奏與轉調開啟新的可能性。

今日我們才得以從剛剛提到的幾個例子與其他許多事情上，看出巴哈天才之處，但他過世時並未備極哀榮。在人生的最後二十七個年頭，他都待在萊比錫（注：Leipzig，德國東部城鎮）的聖多馬教堂（St. Thomas Church）擔任詩班的領唱者，替每星期只有幾百名教區居民參加的教堂禮拜創作音樂。巴哈的原始手寫稿和音樂一樣價值千金，但實際上賣出的價格和那個年代任何教堂領唱者能拿到的錢沒什麼區別，而且很不幸，巴哈的子孫經常缺錢，也守不住傳家寶。

巴哈的遺孀安娜·瑪格達萊娜（Anna Magdalena）在丈夫去世後，依舊有多名年幼的孩子要養，因此巴哈死後，她把手中的樂譜交給聖多馬教堂，交換在領唱者的宿舍多住六個月。教堂正式再版了那批樂譜，大部分的歌曲也得以保留了下來，但教堂留著原稿也沒什麼用，最終那些手稿就被當作廢紙賣掉，拿去市場上包魚包菜。

巴哈的另一批音樂收藏則是交給了成年的兒子卡爾·菲利普·艾曼紐（Carl Philipp Emanuel）。這個兒子當時已經成了最受敬重的演奏家，在那個年代，他的名氣遠遠勝過他的父親。世人一般用他名字

的首字母稱他為 C·P·E·巴哈。C·P·E·巴哈是腓特烈大帝的私人室內樂音樂家，他的作品獲得的讚美不遜於莫札特、貝多芬與海頓。C·P·E·巴哈的財務狀況穩定，有辦法保護自己拿到的父親手稿。此外，他也慧眼獨具，在沒有任何人看見他父親的偉大之處時，好好保存著父親的作品。今日，那些留贈給 C·P·E·巴哈的手稿幾乎全數都成了博物館的收藏。

然而，巴哈還有最後一部分的作品由長子繼承，偏偏這個兒子最不成材。威廉·弗里德曼·巴哈（Wilhelm Friedemann Bach）和弟弟一樣，也是位才華洋溢的音樂家，他的幾位弟子日後都憑著實力成為著名的作曲家。然而，威廉·弗里德曼·巴哈連連和雇主起爭執，據說還有酗酒的問題，永遠負債累累，四處搬家。他賣掉了父親部分的手稿換錢，其他的要麼佚失，要麼不慎毀損，甚至送給學生。沒有人知道他究竟處理掉多少父親的手稿，但巴哈的訃聞有提到聖多馬教堂的五次禮儀節期循環，意思就是巴哈在教堂任職的期間，寫過的清唱套曲可能一共有四百部，留存至今的卻只有兩百部左右。此外，其他記錄還指出巴哈曾寫過好幾首彌撒曲、協奏曲、賦格，以及其他從來沒被找到的音樂作品。

我得知這段歷史時心痛不已。全歐洲最偉大的巴洛克作曲家的數百首音樂作品，就這麼永遠消失了。光是想像第七號《布蘭登堡協奏曲》（*Brandenburg Concerto*）不曉得聽起來怎麼樣，再想到我們永遠聽不到了，我就感到很痛苦。

我覺得有點難解釋為什麼巴哈的音樂昇華了我的靈魂。我聽巴哈

的作品時，我感到他講給我聽的並不是他自己的故事，而是全人類的故事。巴哈以宇宙共通的方式分享人生的喜悅與哀愁，那種音樂語言讓我不需要確切知道他身處的情境，也能體會他的心情。我可以閱讀十八世紀德國的書籍，對裡頭的歷史人物產生一定的同理心，但當中必然存在無法翻譯的文化與社會變遷，有成千上萬我永遠不會真正理解的細節。巴哈並未被那些東西困住，而是直指我們原本就有的共通之處。巴哈穿越三百年，讓我這樣一個把指尖放在鍵盤上、操控電磁電路的人，也能和參加傳統鄉間慶典的貧農一樣，有著同樣深刻的感觸。巴哈把我放進故事裡，就像我想把玩家放進我的遊戲裡一樣；大家一起寫故事。巴哈的音樂完美詮釋了「重點不是藝術家」的概念，重點是我們之間的連結。

我無法讓巴哈復活，但如果我能利用人工智慧，用巴哈當年遵守的那套規則計算合聲、節拍、對位樂句，生成更多像巴哈那樣的音樂，會怎麼樣呢？如果巴哈能在正確答案只有一個的前提下創作謎式卡農，那麼電腦也辦得到。

老實說，這是個危險領域。提出電腦能創造藝術會激怒世人，更別說讓電腦創作與人類第一流的藝術家並駕齊驅的作品了。世人不會把這種事想成是科技在進步，只會當成人類被取代。然而，深藍電腦[†]打敗棋王蓋瑞・卡斯帕洛夫（Garry Kasparov）的那一天，卡斯帕洛夫也沒有就此不再是人類。即便我得以模仿巴哈的風格，巴哈作

[†] 成就解鎖：超級電腦華生的朋友——討論深藍與福爾摩斯。

品的美妙程度也不會減少半分。

　　此外，我認為時間已經證明，堅持「人類很特別」的人沒什麼好擔心的。過去二十五年來，藝術與技術的匯流已經有了長足的進展，但大功告成依舊離我們很遠。我們每解決一個像西洋棋這樣的問題，就會發現另外三個難以捉摸、需要靠人類出馬的問題，例如：幽默、愛，或是用兩條腿跑步不會跌倒。因此，我不認為我們會一個不小心就淘汰掉藝術或人類。這是共襄盛舉，而不是傲慢的舉動。不論我的音樂實驗是否成功（或甚至及格），嘗試本身就是一件非常人類的事。

　　這是我能想得到、和《文明帝國》最沾不上邊的主題。

　　我從賦格著手，因為賦格是巴哈作品中規則較為嚴格的一種音樂形式。賦格有如詩詞中的十四行詩，不管由誰作曲，全都得遵守賦格的規範。這讓我有一個很理想的基準得以判斷自己離目標有多近，先求貼近賦格的整體形式，再求模仿巴哈的風格。

　　我請同事傑夫・布立格（Jeff Briggs）提供建議。傑夫是MicroProse 為《武士之劍》（*Sword of the Samurai*，這款遊戲和《大海盜！》很像，但主角是日本武士）聘請的作曲家，也是我們陣容逐漸壯大的聲音部門的第三位成員，但傑夫也有圖版遊戲設計的背景，好幾個專案他都有軋上一腳，除了負責測試記錄《F-15 獵鷹行動 II》等好幾款遊戲，他還是《大海盜！》與《F-19 隱形戰鬥機》多個移植版

本的專案小組長。《鐵路大亨》與《機密行動》等遊戲的音樂是傑夫的作品，他上一個參與的遊戲是和我一起合作《文明帝國》，他負責作曲，還合撰了由布魯斯開頭、規模相當龐大的「文明百科」（Civilopedia），也就是《文明帝國》的參考工具。

我讀過皮斯頓的教科書，傑夫則是厲害到自己能寫教科書。他協助我分析巴哈的音樂中有哪些明顯的規則、隱藏的規則，以及他打破了哪些規則。我們暢談巴哈為什麼獨特，他在風格上和其他作曲家有什麼不同。傑夫試圖說服我其他作曲家也很有特色，和巴哈一樣才華洋溢，但我不為所動；也許他說得對，但我對其他人的音樂沒興趣。

此外，傑夫也協助我申請這款遊戲的演算法專利。等律師搞定時，專利字數已經膨脹到一萬兩千字。電腦生成音樂的概念絕對不是什麼新的東西，我們的專利引用了十五種類似的主張，以及可以一路回溯到一九五六年的技術書籍，日後也被引用了一百一十七次，最近期的例子是二〇一六年的山葉（Yamaha）。儘管如此，我們的方法夠與眾不同，紀念一下也不錯。我們放入了整整三頁密密麻麻的流程圖，解釋程式的邏輯樹，並列出主要的接受法則，例如：「超過五度的跳進（leap）永遠接著一個下降的級進（注：step，音階裡連續兩個音組成的音程叫做級進，更遠的則稱跳進）。」與「如果第一個音符是十六分音符，禁止同向的級進接跳進。」此外，我還把統計趨勢加進程式裡，減少不協和音，但不完全禁止；換句話說，就跟巴哈一樣，我加了「打破規則的方法與時機」的規則。

我把我的創作命名為《C·P·U·巴哈》，這個名字混合了巴哈

最負責任的兒子與電腦中央處理器的縮寫。旋律的靈感來源或許不是生命靈數或情感，但足以讓一般人接受。有位康乃爾大學（Cornell University）的音樂教授甚至指出，這款遊戲至少偶爾會「有模有樣到令人難以置信」。MicroProse 同意發行這款遊戲，不過原因我並不是百分之百確定，我認為公司高層之所以會放行，主要是因為《文明帝國》讓公司財源滾滾。再說了，之前公司根本也不看好《文明帝國》，所以誰知道呢？搞不好這次我又能讓他們跌破眼鏡。

結果我沒有。

這款遊戲的主題太過冷門，也沒有多少遊戲互動，這兩點絕對有影響，不過這並非《Ｃ・Ｐ・Ｕ・巴哈》賣不好的唯一原因。另一個主要問題在於，我們替這款遊戲挑選的主機是新型的「3DO」。

整體而言，3DO 走得太前面了。一九九〇年代早期，科技樂觀主義處處蔓延，即將到來的下一個千禧年更是讓狂熱的程度又增添了幾分，每個人都深信，一旦進入「二×××年」，我們將生活在科幻小說中的天堂。當時，虛擬實境與網路連結甚至連襁褓期都稱不上，但廣告與新聞介紹向大家保證，那些東西很快就會深入我們的生活。原本只被當成必然趨勢的事物，突然間好像下一秒就會發生。每個人都認為綜合媒體中心將會排在創新名單的首位。音樂、電影、遊戲、電話，以及其他五花八門的功能，將全部由一個單一萬用盒搞定，如果你相信廣告的說詞，那個盒子將強大到無人能擋。

EA 的創辦人崔普・霍金斯（Trip Hawkins）大力支持這個夢想，對他來說，「多工播放器」（multiplayer）是個名詞，而非形容詞，但

EA 的董事會不願意進入硬體市場，於是霍金斯乾脆辭職，靠自己圓夢。據說他替這種機器取的名字「3DO」，指的是英語押韻的三位一體新媒體，包括聲音（audio）＋影片（video）＋3D（3D-o）。3DO 可以滿足你所有的需求，取代你所有的裝置，畫質比你的個人電腦還要好，喇叭也超越你的立體音響。3DO 甚至不接受大家普遍使用的磁片，只能放 CD-ROM，等於是強迫開發者只能選擇利用 3DO 電影院般的效果，或是浪費九九％的磁碟空間。

出於種種原因，3DO 和《C・P・U・巴哈》最終未能在市場上站穩腳步，包括售價昂貴、製造品質不穩定，以及缺乏遊戲開發者的支援等等。如果少了遊戲，即便是全世界最棒的遊戲主機，也什麼都不是。然而，這些都是事後諸葛。在一九九三年的時候，尚未出現任何不祥之兆。雖然眾說紛紜，每個人都同意 3DO 將帶來很大的影響。某位股票分析師告訴《紐約時報》（New York Times），3DO 將「不是大好，就是大壞」；有可能是業界史上最暢銷，也有可能是最失敗的產品。

和平常一樣，我盡量不從金錢的角度來做決定，只考慮怎麼做對玩家來說最好。《C・P・U・巴哈》是音樂產生器，因此不該搭配次等的音效遊戲平台。很不巧，絕大多數的消費型個人電腦音效都不是很理想。市場上的確有高品質的音效卡，但普及程度不高，我不想讓大家用八位元的單音聽我們的音樂，然後以為我們只能做到這樣。

就我們這個以媒體為中心的藝術遊戲計劃而言，所有的證據都顯示，3DO 是最佳的選擇，更遑論 3DO 被大力行銷的程度了。此外，

萬一用戶看我們的迷你動畫看煩了，不想再見到巴哈精準彈奏大鍵琴的畫面，3DO 的演算法能夠搭配節拍，即時生成彩色的抽象視覺效果。我的朋友諾亞・費爾斯登（Noah Falstein）當時在 3DO 公司工作，他很後悔地承認自己曾「說服」我用他家的產品推出遊戲，公司創辦人霍金斯也是。不過，我不記得當時有哪個人向我強行推銷。我之所以選擇 3DO，原因只是 3DO 似乎是最適合《C・P・U・巴哈》的主機形式，而且我心知肚明，即便是在其他平台上推出《C・P・U・巴哈》，銷售量也不會有所不同。我唯一的遺憾就是《C・P・U・巴哈》今日基本上已經沒辦法玩了，實體的主機已成為歷史的遺跡。

　　但我家還有一台 3DO。

14

「續作」年代

　　《文明帝國》讓我身心俱疲好幾年，同一時間，公司裡的其他設計師卻開始摩拳擦掌，躍躍欲試。我們已經創造出一個安全的世界，讓戰略遊戲得以大展身手，然而還有一大堆點子我們尚未有空實踐，或夠聰明到知道該怎麼把點子放進遊戲裡。有些最棒的主意是年輕的設計師布萊恩・雷諾茲（Brian Reynolds）想出來的。當初布萊恩是為了《雷克斯・奈布拉與宇宙性別變變變》（*Rex Nebular and the Cosmic Gender Bender*）的專案被找進公司，這款特別的遊戲顯然是 MicroProse 為了回應成人喜劇冒險遊戲系列《花花公子賴瑞》（*Leisure Suit Larry*）而製。雖然我並未親身參與這款遊戲的研發，辦公室裡俗豔的紅色棒球帽還是滿天飛；當年與今日不同，一九九〇年代初，幾乎所有的贈品都是衣物類，不像今天有五花八門的隨身碟、捏捏樂、隨行杯和可重複使用的環保袋。我也不懂為什麼在過去那個年代，大

MicroProse 的商品廣告
© 1987 MicroProse, www.microprose.
com

家會認定這類的行銷周邊是幸運的象徵,大概是想,既然連遊戲都能
推出了,那就什麼都能推出吧。

　　布萊恩有志製作戰略遊戲對公司的每個人來說都是件幸運的好
事,現在他已經入門了,等不及想證明自己的實力。沒有人要求布萊
恩,他就主動做出他命名為《殖民帝國》(*Colonization*)的遊戲原
型。布萊恩向執行團隊推銷《殖民帝國》,他說那是範圍更明確的深
度版《文明帝國》,背景則是設在一四九二年歐洲人發現美洲。遊戲
的重點比較不是在擴張版圖,而是在玩家社會裡蒐集資源;主要的活

動是接受那個年代的經濟挑戰，測試社會的體質健不健全。舉例來說，任何殖民地開拓者都可以種植菸草，但「菸草達人」（Master Tobacco Planter）的種植速度是他人的兩倍（特別當你開拓的土地鄰近合適的草地時）。同時，另一名殖民地開拓者可以接受訓練，把菸草製成可供出口的雪茄，而「專業農夫」（Expert Farmer）種的東西將足以餵飽他們三人。一旦你的人口夠多、超越其他殖民者，遊戲將會發動某種版本的美國獨立革命，然後結束。你可以反抗先前選擇的宗主國君主（任何國籍都可），確保自己的獨立。

公司高層（至少在某種程度上）發現自己之前誤判了形勢，這回他們願意支持有可能延續《文明帝國》近期銷售數字的戰略遊戲。我猜，大概有人希望我能協助布萊恩完成這個剛起步的計劃，甚至萬一遊戲開發超出他的能力範圍，就由我來接手。然而，布萊恩不需要協助，太好了，因為無論是否有任何人知道，布萊恩都在自由發揮他的創造力，相照之下，我還沒有準備好在《文明帝國》後馬上再製作另一款戰略遊戲。我在《殖民帝國》開發流程的早期曾指導過布萊恩，主要是告訴他某種版本的「怎麼怎麼做，你就能自行解決問題」，接著在收尾時看看成果如何，幫他改善最後幾個細節，但那中間的十八個月，我是巴哈忠實的追隨者。

《殖民帝國》和《Ｃ・Ｐ・Ｕ・巴哈》實際上在同一時間上市，不

過在最後的幾個月，我把我的遊戲交給程式設計師凱瑞・威金森（Kerry Wilkinson），他負責把寫好的個人電腦程式轉換到 3DO 上。《殖民帝國》和《C・P・U・巴哈》都在那一年的 CES 消費電子展登場，但布萊恩的遊戲已經處於幾乎沒有漏洞的完工階段，《C・P・U・巴哈》的轉換則不是很順利，時好時壞。而且上台展示的那一天，遊戲不肯合作，因此我們展示了一台 3DO 的示範道具，但機箱裡藏著個人電腦，也就是說，實際上跑程式的是那台電腦。有人問我們就實話實說，但我們也在心裡默默祈禱，拜託不要問太多次。

在開發《殖民帝國》的尾聲，我開始提供比較具體的指導，但我小心翼翼，絕不變動布萊恩打造的遊戲精神。舉例來說，我開口建議把城市的範圍砍半（我們在最後一刻趕工完成了這件事，就跟我們在製作尾聲更動《文明帝國》的世界地圖一樣），我的理由是縮小城市面積更能強調布萊恩開發的工作專業化機制。然而，我沒有出聲反對把遊戲的結局設定為類美國獨立戰爭這件事，即便那是一個成王敗寇的命題，很有可能毀掉前面無數小時的美好遊戲體驗。一般來說，我絕對不會冒險，不顧玩家感受到那種地步，不過那樣的安排的確沒有背離史實，而且布萊恩認為，那是一場振奮人心的大魔王之戰，而不是到最後一秒才突然豬羊變色。因此我接受了他的設計，優秀的遊戲不會是合議制妥協出來的結果。

對 MicroProse 而言，對我自己未來的職業生涯而言，「我對這款遊戲真正的影響有多大」這個問題如今碰上了十字路口。我不確定公司是否一開始就這麼打算，還是一直拖到我跨越了某種想像中的工作

時數門檻，總之，過了某個時間點後，行銷團隊開始主打《席德‧梅爾的殖民帝國》這個名字。

事實上，我的名字已經出現在《豪華版鐵路大亨》這款我其實沒出什麼力的遊戲上，但《豪華版鐵路大亨》主要只是把我的原始碼拿去做一些門面上的升級，沒有新設計師的貢獻被抹滅。然則，《殖民帝國》並非《豪華版文明帝國》，而是一個與我的世界有鬆散關聯的獨特世界，每一行程式碼都是布萊恩自己寫的，這點我很堅持。我一路上確實提供了許多建議，但要不要接受，取決於布萊恩自己。《殖民帝國》不是席德‧梅爾的遊戲。

然而，從行銷的角度來看，一切都不重要。歷經五款原創遊戲與一款重製遊戲後，我的名字已經成為某種品牌。我的整體遊戲哲學是玩家才是主角，遊戲設計師理應是隱形的，但我的名字最後被印在遊戲盒上。或許我得在這裡澄清一下，沒有人試圖惡意利用我，行銷團隊完全是站在功利主義的立場做事。我無法否認，遊戲的銷量愈好，公司的體質就會愈健全。即便嚴格來說，MicroProse 已經不是我的公司，我依舊很關心 MicroProse 的前途。

最終的決定權在我手裡。雖然公司沒有親自詢問我的意願，但我可以出面制止。我跑去找布萊恩聊聊，想了解他是怎麼想的。出乎意料的是，布萊恩竟高舉雙手贊成把我的名字放上遊戲盒！畢竟不論包裝盒怎麼說，那是布萊恩首度以首席設計師的身分帶領遊戲研發專案。萬一賣不好，他可能不會再有第二次機會。布萊恩和我一樣，不是很在乎榮耀歸到誰的頭上，只想在阻力最小的情況下，讓自己的點

子成真。

布萊恩指出,我幫了他很多忙;他跑來我辦公室問問題的次數多到我們兩個都記不清了。此外我得承認,這款遊戲沒有任何我會更動的地方;結尾或許不符合我個人的品味,但那是個站得住腳的設計選擇,布萊恩處理得毫無瑕疵。《殖民帝國》是很優秀的產品,建立在我也會那麼做的相同原則上。

因此我讓步了。這下子,「席德・梅爾的」的意思不再是「席德・梅爾親自寫程式」,而是「經過席德・梅爾的指導與認可」。我想我心中隱約知道,這種做法勢不可免。如今各種促銷決定我見多了,只要你沒出聲,行銷就會打蛇隨棍上。此外,都已經到了這個時候我才出面制止,等於是公開不認可布萊恩製作的遊戲,這樣一來既不公平,也稱不上實情。目前的局勢對布萊恩有利,對公司有利,對我有利,甚至可以說對消費者也有好處,因為自從《文明帝國》成功以來,市場一窩蜂推出了一大堆戰略遊戲,消費者有權得到一點遊戲的品質保障。

然而,我也知道,我該堅持自己的態度了。我得決定未來哪些事是可以接受的、哪些事則否。首先,若非我真正認可這款遊戲,我永遠都不會放上我的名字。如果負責帶領專案的設計師不希望我這麼做,我永遠不會把自己的名字放上去,也絕對不會讓別人把我的名字賣給出價最高的人。我希望我永遠不會碰上必須為這種事抗爭的那一天,但我下定決心,有必要的話,我一定會誓死反抗。

媒體的確有注意到掛名的事,但憤世嫉俗的評語不多。有媒體主

張，既然我開創了新的遊戲類別，自然應該以我命名，有如我發現了新物種或新型疾病（部分死忠的《文明帝國》玩家覺得這樣的類比非常貼切）。幸好，遊戲作家艾倫‧艾姆里克（Alan Emrich）很快就替這類遊戲提出了更固定的名稱，他用「4X」來代表四種主要的遊戲目標：探索（exploration）、擴張（expansion）、開發（exploitation）、征服（extermination）。我不知道要是我的名字真的變成所有戰略遊戲的廣義同義詞，我會怎麼做，但我很感謝艾倫的創舉。「4X」一詞除了以聰明的方式簡潔點出了戰略遊戲的基本元素，對於在磁碟空間有限的年代當程式設計師的我來說，我忍不住要讚賞這種可以簡化成僅僅兩個字元的描述符。

《殖民帝國》大功告成、進廠壓片（go gold，最終的產品獲得批准，壓製成金色母盤，準備配銷）的隔天，布萊恩就搭機前往英格蘭。他太太拿到約克郡（Yorkshire）的傅爾布萊特獎學金（Fulbright Scholarship），一開學她便前往海外展開學業了，但布萊恩不得不留在美國，一待就是好幾個月無法脫身，忙著跑遊戲的最終測試與許可流程。就我所知，《殖民帝國》的壓盤日也是布萊恩的生日，算是雙喜臨門。這下子布萊恩自由了，他以最快的速度打包閃人。

我們很幸運，布萊恩只是暫時離開；布萊恩也很幸運，我們有一個專案讓他能在接下來的九個月（幾乎是）獨立作業。各位的年紀要是夠大，你大概還記得在一九九四年的時候（萬一太年輕也無妨，反正那是一個可怕的年代），得先向 CompuServe 或 Prodigy 等供應商購買帳號，取得他們精心提供的「電腦資訊服務」才有辦法上網。《大

眾科學》（*Popular Science*）雜誌列出成為 CompuServe 會員後可以享受的眾多誘人服務，包括每個月可以寄六十封電子郵件，以及有辦法和「兩倍的人數」聊平行宇宙。文章標題還說，用戶「永遠用不完」這項無所不包的服務。

　　布萊恩如果直接從大西洋對岸連至我們的美國辦公室，將得付以分計費的國際電話費，因此我們請他先用地方的電話號碼撥接到公司的英國辦事處，接著再用英國辦事處的企業網路，透過電子郵件把遊戲的更新版本寄過來。附加檔案有大小的限制，不過最後做出來的遊戲也一樣。英格蘭的硬體市場和美國不太相容，所以 MicroProse 還得自掏腰包買下康柏（Compaq）最頂級的「可攜式」電腦，讓布萊恩帶到海外。那台電腦的尺寸與重量大約和裝滿磚塊的公事包差不多，布萊恩向海關人員申報價值時，收據上的零售價是八千七百美元，換算成今日的幣值，價格超過一萬四千美元。

　　布萊恩的那款遊戲當然是《文明帝國 II》（*Civilization II*）。管理階層再度假設我會參與，有一陣子我確實有一起開發。布萊恩更新主遊戲之際，我替新型戰鬥系統打造原型。那個系統會在發生衝突的期間，讓玩家掉進分開的複雜戰地場景，勝負已定之後，再讓玩家回到主世界的地圖。然而，我對最後的成效並不滿意，幾個月後我寫信給布萊恩，告訴他這個部分不放了，請他沿用目前的戰鬥系統。我認為這對《文明》系列來說，是個很正確的決定，不只是因為我的倦怠期持續延長，而是當國王本來就是《文明帝國》的核心，讓玩家灰頭土臉當個低階將領則完全是另一回事（更別提這違反了《機密行動》原

則）。有輸有贏的戰鬥並不是優秀遊戲設計唯一的有趣選擇，卻是帶來《文明帝國》的唯一選擇。

布萊恩絕對有更動其他東西，而且為數不少。老實說，他每個星期從英格蘭寄回來的遊戲進度我都沒仔細看，甚至根本開都沒開。如今布萊恩已有製作《殖民帝國》的完整經歷，我信任他的程度更勝以往。我心想，製作流程中的版本，大部分是為了讓美術與聲音人員心裡有個底，可以展開他們的創作，不過我也知道布萊恩回美國時會想聽我的意見，所以他快回來時，我坐下來，打開最新的版本。

我留意到的第一件事是布萊恩加了第六級的「天神」（Deity）難度級別，你可以調整蠻族的侵略指數。很好。接下來，哇，可以選性別。我想著等會兒要留意一下個人化的文本與圖像。

接下來要選擇我的文明。哇，有二十一種選擇。最初的《文明帝國》最多只有十四種。從程式設計的角度來看，由於技術的進步，增加文明再也不是難事，只不過歷史研究的部分一定花了他不少時間，太厲害了。

又出現一個對話框，這次要選擇城市的美學風格，我們終於進入主畫面了。

我心中一沉。不是吧。

《文明帝國 II》建立在時髦的新作業系統 Windows 3.1 上，每一個程式的上方永遠都會顯示著選單選項。「遊戲」（Game）、「王國」（Kingdom）、「觀看」（View）、「命令」（Orders）幾個選單選項全都相當合理。然而，倒數第三個選項是「作弊」（Cheat）。

作弊如今已是遊戲的常態操作，但明目張膽地放在主螢幕上？不好吧。首先，更改遊戲規則再也不算是真正的作弊，只是一種可以接受的玩遊戲方式。然而，愈快、愈容易就能完成的遊戲，就愈不算是遊戲。遊戲和所有的故事一樣，重點是過程。如果你急著想辦法跳到結尾，就代表我們創造的幻想世界還不夠誘人。好看的小說永遠不會一開頭就用標籤注明：「如果你現在就想知道的話，本書的最後一頁在這裡。」真的很想那麼做的玩家會用本能找到作弊的方法，我們不該幫他們。

　　事實上，我們的工作是制止玩家成功。修補程式問題主要不是在修改不能用的程式碼，而是關閉玩家拒絕忽視的設計漏洞。我送出的第一個《文明帝國》更新，起因就是有人發現可以用星羅棋布的迷你城市覆蓋大地，就不必耗費成本修築道路與灌溉渠道。當然，你也可以選擇以正確的方式玩遊戲，但誘惑一直都在。抱怨的聲浪顯示，玩家希望我們讓他們沒有作弊的機會。所以我們把貪汙腐敗的概念加到遊戲裡面：每多出一批新的地方政客，人民的苦難就會增加，因此城市愈少愈好。正常的遊戲玩法基本上不受影響，但這下子亂建大量城市的策略將導致人民十分不快樂，幾乎沒有意願生產糧食。不久後，玩家又發現其他破解遊戲的方法，這次比較複雜，與蒙古人和戰車有關，於是我又得再度更新。這回光是在留言板上解釋作弊攻略，最初的作弊者就得花上一頁半的篇幅，顯然他們充滿創意與決心。我們沒有必要親手奉上作弊的方法。[†]

[†] 成就解鎖：長到無法發推特——讀完十萬字。

然而，布萊恩和平常一樣，悄悄地把我的話當作耳邊風，《文明帝國 II》推出時，「作弊」選單依舊存在。玩家可以直接從敵人的金庫偷錢，按一個鍵就能摧毀文明、改變腳下的領土形狀等等。作弊功能本質上並沒有破壞核心遊戲的任何東西，我只是覺得，就遊戲的重玩價值（replayability）來說，這就像搬石頭砸自己的腳。一旦你知道必勝的玩法，就沒有理由再試一次。我個人會為了提升遊戲趣味，選擇無視這些明擺在眼前的作弊選項，但我不確定玩家有沒有辦法這麼做。我們之所以設計師是有理由的。

　　幾年後，我恰巧站在兒子萊恩背後，看見他興高采烈地在中世紀變出坦克軍團，把長矛兵殺個片甲不留。我才發現作弊或許還是有一定程度的樂趣，至少對他來說，無腦爆兵就是爽。我依舊希望作弊選項至少藏在選單兩、三層深的地方，讓玩家花點力氣才能作弊，不過我終於明白作弊的吸引力了。

　　我必須承認的另一件事，是作弊功能直接啟發了《文明帝國 II》最重要的部分，也就是自製遊戲模組（modification 或 modding）。在遊戲產業最早期的時候，我們遊戲的核心是敞開的，程式直接放在磁片上，任何人都可以動手腳。整體而言程式非常小，小到雜誌通常會刊登程式碼，讀者可以自行手動複製到電腦上玩。然而，日後的編譯程式語言把單獨的命令行捆在一起，玩家再也無法存取。知識豐富的駭客有辦法切割出某一塊程式碼（例如事後複製保護程序），但如今遊戲內容受到保護，他們沒辦法進入程式內部、改變地圖，也不能把主要角色換成自己的照片。

然而，C 和 C^{++} 等現代的電腦語言允許程式自編譯碼中從文字檔案抽取當前數據。基本上，意思就是說，即便程式已經是最終的版本，你還是可以設定，讓某些值具備彈性。有理由這麼做的設計師並不多，但起初布萊恩在製作《殖民帝國》時，就決定要盡量把主要參數開放給知道怎麼做的玩家去弄。你可以弱化敵人、降低建造成本、強迫國王貿易時讓利給你——全都只要在好懂的文字文件上，簡單按幾個鍵就行了。

　　事後回想起來，布萊恩的可編輯文字檔案顯然是作弊選單哲學的先驅，但當時它們只是小小的後門，藏在《殖民帝國》的磁片深處，而不是遊戲本身直接放著引人注目的告示牌。布萊恩在《文明帝國 II》公開放出作弊功能，進一步打開後端，讓玩家得以改變圖形、更換音效、修改規則。基本上，玩家可以在我們的程式碼骨架上，自行打造出全新的遊戲。

　　我無法相信這是個好點子。如同我剛才所言，我們實際打造出來的遊戲很棒，我很樂意放上自己的名字，這次布萊恩也再度贊成這種掛名法。然而，把每一樣東西都交到玩家手上，將讓他們不知所措。我認為玩家大概會沒辦法應付，再把平庸之作怪到我們頭上。此外，萬一玩家真的很厲害，我們所做的事就是在讓自己失業。無論是哪一種結局，遊戲模組都會讓《文明帝國》永遠出不了第三代。

　　我錯了，大錯特錯。遊戲模組社群的力量最終成為《文明帝國》系列能延續的重要原因。打從第一封粉絲信開始，我們的受眾就要求開放他們能修改遊戲，但我總帶著保護的心理——不是為了保護遊

戲，而是要保護玩家，我怕他們會破壞自己的遊戲體驗。玩家的故事很重要，而唯一的確保之道，就是把場景設得也令人感到真實與重要。

我當時未能參透，想像力永遠不會削弱現實；想像力只會強化現實。如同幻想可以讓你領悟到真實世界新的可能性，讓粉絲和我們一起在沙盒裡玩，只會讓他們更貼近我們創造的宇宙，一個他們的幻想有可能成真的園地。從最小的 AI 調整到最瘋狂的趣味性模仿，每一個變動都是在向《文明帝國》致敬，模組讓遊戲常保如新，而不是把遊戲晾在一邊。我以為他們是在拆房子，但事實上他們是在翻新，因為他們太喜歡這裡的居住環境了，想要留下來。幸好布萊恩很有智慧，他懂得送出建材。

光是稱讚遊戲粉絲創意十足，實在無以描述出實情的萬分之一。《文明帝國 II》才上市幾個星期，就出現令人驚嘆的遊戲模組。最簡單的模組只變動了幾個簡單的東西，像是加進我們沒放入的領導者，或是依據自己的喜好，重新命名軍事單位與建築物等等。複雜一點的模組有進度數據組，如同儲存遊戲的概念，玩家可以直接跳到有複雜場景的中間片段。有些模組依據符合史實的財富分配、人口與軍事火力，把真實世界的衝突放到遊戲裡頭，例如〈征服不列顛〉（*The Conquest of Britain*）或〈波斯灣戰爭〉（*Persian Gulf War*）。其他模組則天馬行空，例如〈性別爭霸戰〉（*Battle of the Sexes*，花稍亮麗、繁

榮昌盛的「女子」〔Womyn〕文明對抗張牙舞爪、坐擁過量武器的「大男人」〔Manly Men〕大陸)、〈聖誕老人來了〉(Santa Is Coming，玩家在玩具經濟裡打敗敵對的小矮人工作坊)。有些模組換掉了大量的美術設計，幾乎認不出來是《文明帝國》的遊戲畫面。最優秀的粉絲創作場景日後也和我們的公司版本整合，一起推出官方的《文明帝國 II》資料片。還有創作者憑著製作模組的經歷，在業界找到工作。

模組社群裡的其他人採取了較為實驗性質的做法，想辦法突破遊戲的技術極限，而不是瞄準創意層面。當時很流行設定特大號的地圖，把玩家電腦有辦法記錄的文明統統塞進去；或是盡量全數塞進最小的地圖，接著看著畫面上演群雄割據的大亂鬥。最極致的版本是〈大逃殺〉(Battle Royale)：在精確的世界地圖上，同時有六十一個文明散布在真實世界的位置。很可惜的是，永遠都沒辦法判定誰是贏家，因為過了幾百個回合後，場景會不斷當掉。不過，社群裡的其他人深受吸引，自行請纓替可能的重製撰寫自動腳本與效率工具。這群人的團隊努力一直持續到今天。

同一時間，有一名年輕人光是靠著忽視時鐘，就上了頭條新聞。一般來說，一場《文明帝國 II》大約要玩十個小時，如果重度運用外交，有可能得玩上十五個小時。有經驗的玩家有時可以在二十世紀之交，就讓所有的交戰國臣服腳下，但遊戲通常會在現代進入複雜的民主強權僵局，成就會被記錄下來，當遊戲時間抵達西元二〇五〇年時，分數最高者將會奪冠。

然而，如同《大海盜！》的設計，這款遊戲永遠不會強迫你退

出。無論你是否數字上取勝，只要檯面上還有對手，你想繼續掙扎多久都行。這種固執精神通常會導致你在最後的階段失敗，因為在和平條約為主流做法的世界裡，你一宣戰，其他每一個國家就會出兵討伐你。然而，機緣巧合之下，一場由詹姆士・莫爾（James Moore）在他十四歲開啟的遊戲永遠沒辦法脫離核子武力威脅的年代。維京人、美國人與詹姆士自己的凱爾特文明，三者恰巧形成完美的侵略平衡，持續對彼此展開彈頭攻擊，但沒有任何一方大輸或大贏過。

接下來的幾年，詹姆士曾經移情別戀跑去玩別款遊戲，但他依舊對這個古怪的小小反烏托邦深深著迷。遊戲已經宣布詹姆士名義上獲勝了，他仍然繼續跑模擬，高中畢業後上大學，中途輟學，找到工作，找到更好的工作，最後又回大學讀書。在那段期間，詹姆士持續把遊戲的存檔帶到一個城市又一個城市，放進一台電腦又一台電腦，他每星期會花幾個小時，照顧世界末日過後的世界。即便數世紀的衝突已經害死了九〇％的人口，放射性落塵融化極地冰冠的次數超過二十次（我們的程式把某種程度以上的全球暖化設為抽象結果，也不曾料到引發次數會超過一次以上。在詹姆士的世界裡，經過一千七百年無止境的熱核武器轟炸後，上升的海洋已經覆蓋了所有地面，只剩處處是沼澤的最高山區），詹姆士依舊希望能打破僵局。

或許詹姆士情感上如此離不開，是因為《文明帝國 II》是當初家裡買得起的第一款電腦遊戲，但或許也是因為我們所有人都以類似的方式，著迷反烏托邦的概念。或許《文明帝國》如此令人欲罷不能，是因為這款遊戲點出我們對於自己最深層的恐懼；你很難不在體驗統

治全世界的幻想之中，偶爾猶豫自己是否真的是最佳領導人選。

　　詹姆士哀嚎：「每簽一次停火協議，下一輪維京人就會奇襲我或美國人……大約在一千年前，我被迫放棄民主政體，因為民主會危及我的帝國。」對平民引爆核彈通常是遊戲的必輸之路，因為其他每一個國家會立刻向你宣戰。他指出：「但現在已經是這樣了，對任何人來說，核武再也沒有威嚇作用，包括我自己在內。」

　　二○一二年，詹姆士公開了他當時已經玩了十年的遊戲，他為這場遊戲取了個綽號，叫「永恆之戰」（The Eternal War），請求社群協助。

　　詹姆士提醒網友：「這場軍事僵局沒有出路，你想建造穀倉，好讓自己有東西可吃？抱歉；我必須多製造另一台坦克。或許下次吧。」詹姆士依舊想要獲勝，但他開始對這場虛擬的折磨感到厭倦。他說：「我想要重建世界，但我不確定該怎麼做。」

　　詹姆士把他目前為止存下來的檔案放到網路上，供他人實驗，沒想到他的留言被瘋傳。好幾千名玩家寫信給他，有些人提供建議，有些人則是驚嘆這個遊戲帶來的人性照妖鏡。網友說，詹姆士的遊戲與小說家喬治・歐威爾（George Orwell）†之作《一九八四》（1984）的相似之處令人無法忽視。人類注定要滅亡，《文明帝國》證實了這點。

　　整件事引發的關注多到記者聯繫上我，希望我發表意見。我立刻澄清「遊戲中暗藏著任何社會評論」這個說法。

---

† 成就解鎖：反烏托邦派對——和科幻作家卡德、赫胥黎、海萊因與歐威爾一起共享時光。

我向記者保證：「我們無從測試出這種結果。」絕大多數的遊戲結局最後不是這樣，發生詹姆士這種完美戰爭平衡狀態的可能性，就像是你擲硬幣，結果硬幣立在桌面上，這令人嘖嘖稱奇，也不是完全不可能發生，但絕對不是什麼具有任何深層意義的證據。這件事唯一告訴我們的，就是詹姆士絕對享受到很多樂趣，因為只要他肯輸，他隨時都能自行結束這場戰爭。在真實的世界，早在極地冰帽能夠二次融化之前，詹姆士會被暗殺或是壽終。

雖然詹姆士以有機的方式發展遊戲，他公布資料後，那個遊戲場景宛如一個模組。詹姆士創造出一個令人相當不舒服、卻又引人入勝的故事，還可以和成千上萬的人分享那個體驗。網友全都一起想辦法打破詹姆士提供的混亂局勢。一名玩家最終想出了策略，「僅僅」玩了五十八回合就擊敗了維京人，但大部分的人沒興趣亦步亦趨，按照他的指示玩。大家都想以自己的方式獲勝，創造出屬於自己那高潮迭起、九死一生的故事。

從這個例子，以及玩家打造與分享的其他所有模組中可以見得，《文明帝國》的社群所揭曉的人性，多過區區幾個演算法所能帶來的巧合結果。碰上可以拿掉一切挑戰的機會時，大部分的玩家不會接受，反而選擇永無止境地替自己想出聰明的新挑戰，並聚在一起互相扶持。玩家比我最初料想的還要堅定——這次是我錯了，而我錯得太幸運。我們的粉絲力量與忠誠度即將面臨前所未有的考驗，只是當時我們還不知道。

15

各奔東西

　　《魔法風雲會》不僅僅是一款遊戲，而是席捲整個世代的熱潮，就和今日的《當個創世神》一樣轟動。一九九三年，設計師李察‧加菲（Richard Garfield）推出他的原始卡牌，時間遠早於《寶可夢》（Pokémon）、《遊戲王》（Yu-Gi-Oh!）與其他數百個後起之秀。《魔法風雲會》是第一個交換卡片遊戲，你得和棒球卡一樣購買收藏卡包，但《魔法風雲會》除了收藏卡片，還要用卡片和別人廝殺，就像金拉米（注：gin rummy，一種撲克牌遊戲，有點類似麻將）或戰爭遊戲一樣。

　　當 MicroProse 正在和《魔法風雲會》的發行商威世智（Wizards of the Coast）商談製作數位版本之際，《魔法風雲會》已經幾乎取代 MicroProse 茶水間其他所有的圖版遊戲。我玩得不是很多，大部分的時間我都在測試自己已經在設計的遊戲，不過我看過的示範次數不少，知道規則很複雜，獲勝策略有時候不是很明顯。開發能夠挑戰重

度玩家的 AI 程序會很有趣。此外，既然現在我已經擺脫了對《Ｃ‧Ｐ‧Ｕ‧巴哈》的執念，製作數位版的《魔法風雲會》將是回到「更接近遊戲的遊戲」的理想墊腳石。休息一段時間、不製作純戰略遊戲讓我得以恢復元氣；雖然我依舊需要喘口氣，但我暫時同意接下這個案子。辦公室裡有好幾位更瘋這款遊戲的粉絲不斷說服管理階層，製作電腦版的《魔法風雲會》會是很好的點子。

大致上來說是還不錯。

打從九年前的《紅色風暴》之後，我就再也沒碰過 IP 授權的遊戲了；但由於某幾位新來的高層，最近我們似乎製作了很多這類的遊戲。就像我擔心的那樣，大型電玩的市場失敗了；一九九三年，比爾被迫把 MicroProse 賣給更大的遊戲開發商 Spectrum HoloByte。不久後，大約在《殖民帝國》與《Ｃ‧Ｐ‧Ｕ‧巴哈》上市之際，比爾下台，不再帶領工作室，MicroProse 真的再也不是我們的公司了。

Spectrum HoloByte 的總部遠在加州，總部似乎不太關心我們這個小辦公室發生什麼事。他們當時力捧的是電影《捍衛戰士》（*Top Gun*）的授權遊戲，當時已經有四間公司推出了六款相關遊戲。同時，儘管《文明帝國》打破記錄，締造了相當不尋常的佳績，《文明帝國 II》卻不受重視。公司正式評估，認為《文明 II》僅會售出三萬八千盒；就算布萊恩的遊戲銷量實際上突破了一百萬大關，我們依舊備受冷落，難以取得西岸重要高層的任何支持。那群人看重的是「跟隨主流與市場熱度」，而不是「有趣與精緻」。一定是他們明示要製作授權遊戲，不然就是還留在公司的 MicroProse 主管主動迎合上

意——反正不管怎麼樣，比較謹慎的做法大概是搶在被硬塞任務之前，趁早選擇我們自己喜歡的授權遊戲。

當時《魔法風雲會》被預設成多人玩家遊戲，少數的情況下會提供 AI 對手（Wi-Fi 斷線的時候才會出現，但願不要發生）。不過，當時還是一九九〇年代中期，「Wi-Fi」這個詞根本還沒出現。死忠玩家有時候會用區域網路（LAN）直接互連，但一般的用戶不願意用一大堆線，把自己的電腦與硬碟接到中央位置。大型的大學有寬頻，但其他人依舊以撥接為主。

用撥接上網不一定玩不了線上遊戲。多人純文本的冒險遊戲在十年間吸引了一小群受眾，有些 BBS 也提供簡單的西洋棋或低解析度的射手遊戲。MicroProse 近日推出了多人版本的《文明帝國》，叫做《文明帝國網路版》（速度很慢又漏洞一堆）。

開發《魔法風雲會》的同一時間，有名叫理查・蓋瑞特（Richard Garriott）的年輕人正在替革命性的大型多人遊戲《網路創世紀》（Ultima Online）寫程式。蓋瑞特的遊戲後來和我們的遊戲同一年上市，可見相關技術顯然是存在的。

我們身處的情境與蓋瑞特有兩個面向的差異。首先，蓋瑞特的公司投資了基礎設備，成排的伺服器二十四小時運轉，還有負責維護的全職員工，服務成千上萬《網路創世紀》的活躍用戶。MicroProse 或許是因為賣不掉大型電玩硬體的慘狀餘悸猶存，公司沒有意願提供專有伺服器。《文明帝國網路版》的用戶必須透過區域網路或其他的服務提供者自行想辦法連線，就算連上了，效果往往還不如粉絲寫的開

放原始碼模仿版本。雪上加霜的是，有些民眾買了《文明帝國網路版》，但並不曉得《文明帝國 II》沒幾個月後就會上市，他們覺得自己被騙了，竟然要連續購買兩次產品。想也知道，《文明帝國網路版》並不成功，連帶使得公司高層對線上遊戲信心缺缺。

然而，更重要的是，《網路創世紀》的設計一開始就是替多人玩法量身打造的，他們的設定有辦法讓來自各地的五至五百位用戶一次掉進同一個世界裡；《魔法風雲會》則需要配對服務，讓線上的玩家分組廝殺。此外，《網路創世紀》是即時遊戲，不需要等其他人出牌；而《魔法風雲會》不但是回合制，規則還會頻頻給你選項，問你要不要出某張牌，線上版本永遠都在跳出對話框，問每一位玩家要不要略過。

為了解決多人遊戲有可能沒有多人在線的問題，我們建立了冒險遊戲的框架。這個框架同時還取代了在真實世界中購買實體卡片包。蒐集稀有卡片與累積收藏陣容是重要的樂趣來源，我們提供你一個尋找這類卡片的魔幻領域。整件事相當吸引人，沒多久我們就聽到最熱烈的讚美：下班後，《魔法風雲會》的遊戲音效依舊在走廊上此起彼落。

然而，事情也是在此時急轉直下，所有的授權產品最後都會有這樣的問題。威世智公司整體而言極度支持我們，但對他們來說，最重要的還是這款卡片遊戲要成功。威世智認為，我們在遊戲中使用的某些稀有卡片威力過於強大，與卡片在真實世界裡出現的頻率相比，我們的版本太容易取得稀世珍寶了。威世智告訴我們，為了保持卡片遊戲體驗的完整性，我們必須移除電腦遊戲版本裡的特殊道具。

從威世智的角度來看，這麼做的確是個很正確的舉動，然而此舉

卻會讓我們的玩家失去玩的動力。在地牢裡跑來跑去半天，只能拿到普普通通的獎勵，實在沒什麼樂趣。從社交的角度來看，你知道只有一個朋友找到某張極度稀有的卡片時，你可以接受。你看到了證據，那張超珍貴的卡片確實存在。你興奮地想像，自己有一天也能找到那張卡片。然而，如果是玩電腦的版本，你是唯一的主角，獨自一個人玩本身就會改變稀有程度的意義。如果每五個彼此不認識的玩家，只有一個人可以在電腦上找到某張卡片，其他四個人則有可能永遠都拿不到。

　　我滿沮喪的。《魔法風雲會》是一款很不錯的電腦遊戲，但沒辦法發揮全部的潛能。我不喜歡製作授權遊戲。我不喜歡這些年來冒出來的速度雖然不快、但絕對有漸漸把我們框住的企業架構。很奇怪的是，儘管我們兩方的市場地位如今顛倒了過來，買下我們的 Spectrum HoloByte 判定 MicroProse 的名氣比他們大，所以近日他們乾脆把所有的事業都掛上我們的名字。「MicroProse」這下子推出了更多更多的授權遊戲。

　　我只想製作有趣的遊戲。我和比爾對於什麼東西有趣，或許見解不同，但我們兩個至少永遠都同意，要製作有特色的產品，而且看重創意流程。我猜比爾平日在背後力挺設計團隊的次數大概不只一次，如今他離開了，我們更是得不到高層的支持，勢單力薄。屋漏偏逢連夜雨，布魯斯・雪萊的太太有一個到芝加哥工作的大好機會，布魯斯跟著前往。安迪・安迪則跳槽到 EA，設計出一系列的飛行模擬遊戲。阿諾・亨德里克加入比爾新成立的互動魔力公司（Interactive

Magic），其他好幾位早期 MicroProse 的成員也各奔東西。

輪到我離開了。

幸好，有人認同我的小鎮遊戲設計願景。《文明》和《文明Ⅱ》明明都有亮眼的成績，布萊恩‧雷諾茲不想知道新老闆打算如何對這款遊戲下手。傑夫‧布立格也想寫原創的音樂，對改編熱門電影配樂興致索然。於是我們三人決定自立門戶，成立工作室，用我們想要的方式做事。

離開並不容易，但我們試著盡量把傷害降到最低。我們三人要履行的公司合約都不一樣，因此傑夫在一九九六年五月成立了我們的新公司，布萊恩要到六月才能加入，而我最慢，拖到七月才脫身。即便如此，接下來的好幾個月，我依舊擔任 MicroProse 的兼職顧問，協助推出《魔法風雲會》。我不希望遊戲尚未完成就走人，雙方都很擔心發生這種事。一方面，要是我們積極招募前同事，可能會惹來很大的法律麻煩；另一方面，公司高層也知道，要是我們真的招手，有可能帶走所有人。當然，他們可以告我們，但等曠日費時的官司真的打完，兩家公司早就都不用玩了。真正鬧翻對每個人都沒有好處。

因此我們雙手舉高，以投降的姿勢一個一個慢慢撤退，公司沒有過度為難我們。我每個星期依舊會進 MicroProse 的辦公室幾天，交出最新的程式碼，解釋如何執行。我甚至依稀記得，理論上我們應該假

裝我在休某種假，而不是跑去開新公司。交換條件是我可以帶走這些年來寫的所有代碼庫和程式工具。嚴格來說，那是 MicroProse 的財產，但話又說回來，要是真的打上官司，在一切塵埃落定之前，每個人都別想用了。雙方各取所需，皆大歡喜。兩邊的共識是各自待在自己的市場，畢竟他們不想製作複雜的戰略遊戲，我們也不想做《捍衛戰士》的飛行模擬器。幸好，《魔法風雲會》是別人的 IP，討論要不要把我的名字放在《魔法風雲會》上頭沒什麼意義。《席德‧梅爾之威世智的魔法風雲會》聽起來也太荒謬了吧。

我們三劍客把新公司命名為 Firaxis，源頭是傑夫寫的一首曲子，把「火爆」（fiery）與「axis」（軸心）併在一起。我們原本只是把 Firaxis 當作暫時的名稱，但後來覺得還不錯，就沿用下去。我們的辦公室位於味好美香料公司（McCormick）好幾間廠房的中間，每天上班的時候都能聞到味好美當天早上在乾燥哪種香料，挺有趣的。有一次幾位中國客人來參觀我們的辦公室，沒有人向他們解釋我們被香料廠包圍這件事。我確定他們會自行找出究竟是怎麼一回事，但我喜歡想像他們回家後，還一直深信美國人過著奢侈墮落的生活，沒事就讓外頭的空氣瀰漫著肉桂的芬芳氣味。

在這段期間，我的個人生活也開啟了新的篇章。幾年前，我和妻子琪琪和平分手，最近我在和蘇珊（Susan）約會。蘇珊是我妹薇琪的朋友，她們兩個最初是在華盛頓特區附近的合唱團認識的，但後來薇琪換了個工作，搬到密西根，兩人不常見到面。我在巴爾的摩的房子離華盛頓特區北部大約只有一小時的車程，因此某次我妹和我媽剛好

來找我時，她趁機邀請這位朋友一起過來吃晚飯。我不清楚我妹是否有刻意做媒，我媽又在多少程度上聯手；不過後來我得知，蘇珊顯然在那個晚上就獲得我媽的認可了，主要是因為蘇珊搶著洗碗。我自己則是被蘇珊溫和幽默又和藹可親的個性吸引。

我和蘇珊有許多共通點，不過蘇珊對電腦遊戲不熟。我們剛開始一起吃晚飯時（我們約會的頭一年，我們踩點了很多在巴爾的摩和華盛頓特區之間的餐廳），有一次我提到遊戲迷寫信給我的事，蘇珊不解地皺眉，問道：

「他們怎麼知道要寫信給誰？」

「這個嘛，我的名字就印在盒子上啊。」

蘇珊上下打量了我一會，顯然我並不符合她心目中的名人形象，我一點都不像名字會被印在盒子上的人。「有這種事？」她很懷疑。

「我可以拿給你看。」我向她保證。

飯後，我立刻帶蘇珊到最近的電玩店，架上果然擺著印有「席德・梅爾」大字的《文明帝國》，都三年了，這款遊戲依舊賣得嚇嚇叫。《殖民帝國》也在，大概還有《豪華版鐵路大亨》，可憐的《C・P・U・巴哈》則沒能和兄弟姊妹聚在一起，至少沒被放在與視線平行的展示高度。

好吧。蘇珊笑著承認，還真的有我的名字，厲害。

Firaxis 成立後，蘇珊答應接手公司的行政事務，她是我們認識的人之中，極少數先前與 MicroProse 無關的人。可能有些人會懷疑，我們居然可以整天都和另一半一起工作，但我和蘇珊各自有負責的領

《鐵路大亨》螢幕截圖
© 1990 MicroProse, www.microprose.com

域，兩人都超級忙碌。這樣的生活安排之所以行得通，主要不是因為
我和蘇珊合作無間，而是我們兩個人都獨當一面。一直到現在，我們
已經在同一間辦公室裡共同工作超過二十個年頭（這裡先劇透一下，
我們後來結婚了，婚禮當天我們全身穿著巴洛克時代的服飾，背景音
樂放的是巴哈），所以我認為這場實驗可說是成功了。

　　老實說，我和每一個人合作的最佳方式，大概就是各自行動。我
是一個喜歡人類的內向者：我希望參與團隊合作，但獨自做自己的部
分。世界上可以擅長的事情太多了，每次我遇到在各自的領域相當傑
出的人士，我都會感到很興奮。雙方之間的才能有差距是好事，因為
你們的差別愈大，能帶給彼此的東西就愈多。不過反過來講也一樣，
我知道自己的長處在哪裡，要是我和別人一起分擔相關工作，結果往

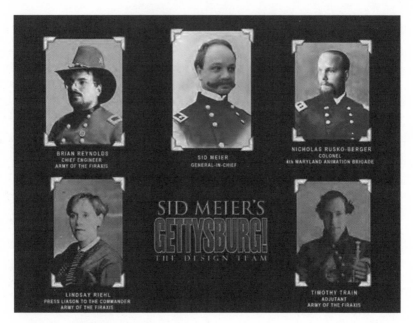

《北與南：蓋茲堡戰役》使用手冊
© 1997 Dave Inscore/Firaxis Games

往會介於缺乏效率與讓人洩氣之間。我希望結合我與他人的特殊專長，創造出單打獨鬥辦不到的東西，而不是做同一件事，然後彼此妥協，直到一加一反而小於二。有很長的一段時間，我在 MicroProse 享有那樣的彈性，但 Firaxis 同時讓我既能自由地端出最好的作品，也能和一群優秀的人才一起精益求精。

從某些方面來說，這種感覺就像砍掉重練，不過 Firaxis 在第一年就快速成長。為了端出最好的產品，我們減少了遊戲的數量，並把更多的人力集中在這幾款遊戲上。《鐵路大亨》的原始團隊實在是小的

可以，我們乾脆以肖像的方式把工作人員列在螢幕畫面上。布魯斯·雪萊穿著司機員的工作服，麥克斯·雷明登拿著鐵路道釘錘，我則是戴著白手套與大禮帽的工業大亨。相照之下，我在 Firaxis 的第一款遊戲《北與南：蓋茲堡戰役》（*Sid Meier's Gettysburg!*）也放上了我們五個人的照片，深褐色的老照片上，堅毅果敢的幾個人身著南北戰爭的服飾。不過，傳統的工作人員名單上多了不少人員。不用說，玩家對於遊戲產業的期待持續攀升，尤其是對於動畫與美術有著更高的要求，因此 Firaxis 目前每個團隊大約會有八十至一百人。不過我們的創意精神依舊不減，在多數的情況下，我依舊能隨心所欲製作遊戲；大展身手的時刻來臨時，我信任的同仁也將各就各位，各司其職。我很放心。

PART

像真實人生一樣做決定

16

有趣的決定

小時候的那個夏天，我顯然不想去瑞士，但我爸媽有好幾個有點相互矛盾、又非讓我成行不可的基本理由，包括拓展視野、給祖父母看孫子、不讓我感染家中的嚴肅氣氛，替妹妹尋找療法等等，至於他們八歲的兒子本人答不答應，似乎不在考慮範圍之內。不過，我爸並沒有無視我的心情，出發前，他給了我一份禮物。

老爸交代：「上了飛機以後才能打開。」

從形狀來猜，那份禮物應該是一本書，但如果真的是書，那就是我見過最重的一本書，大概只有字典能一較高下。老爸帶著我從家裡前往機場，搭機前往紐約，接著坐上接駁電車，抵達瑞士航空（Swissair）的登機口。一路上，我的背包沉甸甸的，就連放下包包後，我依舊感覺得到肩頭的重量。老爸抱了抱我，和我道別，我一個人踏進狹窄的飛機通道，等不及要拆禮物的心情已經蓋過想家。我可

以晚點再哭，在日記裡抒發焦慮，但此刻我一心只想趕快上飛機。

我一坐進位子，就立刻拆開禮物，裡頭是一本《美國歷史遺跡：圖解南北戰爭史》（*The American Heritage Picture History of the Civil War*）。

「南北戰爭的序幕揭曉時，」簡介寫道，「攝影術剛問世二十二年；距離美國在職總統拍下第一張照片僅僅十二年；濕版攝影術的發明也不過是十年前的事。」文中接著介紹「戰鬥藝術家」（combat artists）這種職業，他們負責記錄戰爭，方法除了拍照，還包括「在消逝的暮光下，在槍林彈雨中，在戰地醫院或野外醫院，在戰壕，在甲板上，用凍僵或發燙的手指畫下素描。」

那本書整整提供了六百三十幾頁的豐富素描、照片、繪畫、政治卡通、圖表與地圖，全都來自南北戰爭那段美國史上的紛亂時期。一八五一年的《波士頓公園慶典鐵路》（*Railroad Jubilee on Boston Common*）這幅畫中，意氣風發的美國總統菲爾莫爾（Millard Fillmore）與加拿大總督會面，總督坐在六匹白馬拉的馬車上。此外，書裡放了伊利諾中央鐵路（Illinois Central Railroad）沿線的農田廣告，還描繪了我的家鄉底特律有史以來的第一場選舉。傳奇出版人葛里森（William Lloyd Garrison）也有登場，因為當時的《美國憲法》允許奴隸制，他把《憲法》稱為「死亡契約與地獄協定」，並公開燒毀。書裡還有參議員安德魯‧巴特勒（Andrew Butler）的表弟衝進國會殿堂替表哥出面，拿手杖毆打參議員查爾斯‧索姆奈（Charles Sumner）的場景。林肯的就職典禮照片下方，說明寫著：「神槍手……

守在國會大廈的窗邊,還有一隊列成楔形陣的砲兵」維持秩序。此外,當然還附上了總統先生本人眾多不朽的名言。

「各位心懷不滿的同胞們,內戰這個重大的問題,關鍵並不掌握在**我**的手裡,而是在**你們**的手裡。政府不會對**你們**發動攻擊。只要你們不挑釁,就不會面臨衝突。**你們**沒有跟上帝立約,說要摧毀政府,**我**卻立下了最莊重的誓言,要『保存、保護和保衛』它。」

羞怯怯的男孩套著過大的制服上戰場,還不曉得眼前的命運將會如何。在夏羅之役(Battle of Shiloh)的發生地,一旁有一個淺水潭,兩軍受傷的士兵肩並肩一起喝著乾淨的水。那個年代甚至還有一絲黑色幽默,像是有張趣味照是士兵作勢點燃「假大砲」(Quaker gun)——打仗缺了真正的軍火時,有時士兵們會把樹幹雕刻成大砲的形狀,漆成黑色,擺在遠方嚇唬對手。

書中的照片大都是一八〇〇年代晚期的原始圖片,但有幾張近日委託製作的插圖,描繪出南北戰爭幾場最大型的戰役中步兵的移動路線。其中有一張圖讓我特別感興趣,它詳細描繪出蓋茨堡之役(Battle of Gettysburg)的第二日。遼闊的俯視圖從左至右橫跨了兩頁,上頭標示的名字聽起來就像是奇幻小說裡的地名,例如:史班勒之泉(Spangler's Spring)、李子河(Plum Run)、惡魔洞(Devil's Den)、希克斯突角(Sickles' Salient)等等。數百個栩栩如生的小人,占據地圖上每一個重要的小型衝突位置。仔細一看,有一帶同樣也密密麻麻。柵欄的木板被撞開,馬車東倒西歪,樹枝從樹上被扯下,各種細節令人目不暇給。我向來都把戰爭想像成在空無一物、廣闊無邊的原

野上，雙方陣營全速往敵軍衝去。然而，這張圖有農舍、有小溪、果園，甚至中間還散落著墓地。一小群、一小群的士兵從四面八方衝向對手，在天然的岩堆旁邊跑來跑去，從背後偷襲，奪回先前失去的有利位置。他們躍然紙上，這場戰役有如有生命的有機體。

接下來的好幾年，我不斷回頭翻閱這本書，一遍又一遍研究細節。我家有一個我爸自行組裝的望遠鏡，有一次我發現接目鏡的地方可以拆下來，我就把它當作放大鏡，拿來觀察日常生活中的物品。我像是珠寶商檢查稀有鑽石一樣，眼睛貼著接目鏡，彎身端詳書頁好幾個小時。南北戰爭對我來說是個轉捩點，歷史人物突然之間變成有血有肉的人。其他的戰爭由日期與事實堆砌而成，但這本書裡的戰士是凡人，既脆弱又勇敢，盡忠職守又不完美。《美國歷史遺跡》蒐集的藝術作品以及書中留存的所有信件與第一手的記錄給了我追尋的靈感，南北戰爭戰士的故事離我好近好近，讓我深刻體認到人性。以前我從來沒有這種感覺。

和我很多很多的童年興趣一樣，這項興趣在多年間以各種方式持續下去。我的職業生涯成熟時，蓋茲堡的地圖更是時常縈繞心頭。當年好多衝突都是陰錯陽差而起，任何一場戰役要是調整一下方向，有可能影響戰爭的整體走向；很明顯，這能做成遊戲的主題。我待在MicroProse 的期間，大概製作過二十個不同的南北戰爭原型，全都不

算差，但也全都好像少了點什麼；我能在腦中看見自己究竟想要什麼，但無法在螢幕上重現。把軍事衝突簡化到能數位化處理本來就是我的老本行，而且我不會去抱怨目前還做不到的事。我往往會著眼於技術的進展，不去盯著技術的限制。我對於我們**能夠**做到什麼，幾乎永遠處於興奮的狀態。不過這一次，南北戰爭的主題有我太多的個人感情投射在裡頭，光是差強人意的品質還不夠。我不斷擱置這個點子，直到技術能跟得上我的想法。

到了十五年後的今日，我終於能好好處理那些美麗的插圖。《北與南：蓋茲堡戰役》重建了那場為期三天的戰役中，每一個重要的小型衝突，允許玩家襲擊任一方的軍團，與美國史上最偉大的將軍一決高下。由於在真實戰役中，占上風的一方易轉了好幾次，我們決定讓玩家可以在戰況的每一個階段有輸有贏；事實上，要連戰皆捷幾乎不可能。我們會依據你的軍隊整體狀態打造出分支情境。如同真正的軍事策略家，最厲害的玩家若要得勝，就必須學會精明判斷犧牲與撤退的時機。不過就我而言，真正的重頭戲是技術。除了每一名士兵都得有獨立的 AI，順暢移動，俯視圖也要和我先前的戰略遊戲不一樣，不再是扁平的上到下，而是等軸（isometric），開發者所謂的「2.5D」，也就是實際上是 2D，但採取成角透視，呈現出延展的菱形而不是方形。迷你士兵在栩栩如生的地帶行軍、調換位置、屈膝瞄準，再度填裝彈藥，視角就和我第一次在前往瑞士的飛機上看到的一樣。

不過，在推出 Firaxis 的第一部作品之前，我們得先想好要找誰發行。經銷與行銷如今分了家，自成產業，傑夫、布萊恩與我強烈認為

MicroProse 之所以會衰退，就是部門之間權責不明的緣故。商業與創意都是必要元素，但兩者必須保持距離。

許多發行商向我們招手，其中 EA 的規模最大也最為穩定。我們希望能找一間安全的公司（或是盡量能多安全就多安全），不想碰上這個產業至今都一樣的循環：永遠在破產、收購與財產轉移。EA 除了是 Maxis 遊戲軟體公司及其旗艦遊戲《模擬城市》的發行商，EA 也證明了他們了解我們的遊戲哲學，不會強迫我們製作平台遊戲或第一人稱射擊遊戲。讓《鐵路大亨》的車掌在行駛中的火車彼此射擊這種事，在我們這方聽起來很荒謬，但 SEGA 一度把丹製作的《M.U.L.E.》拒於門外，要他加上「炸彈與槍械」再來談，所以什麼事都有可能發生。

我們喜歡 EA 的另一件事，則是他們的高階主管真的會玩、也喜歡電玩。EA 辦公室對我們的聯絡窗口是賓・戈登（Bing Gordon）。互動藝術與科學學會（注：Academy of Interactive Arts & Sciences，有遊戲界的奧斯卡獎之稱）自成立以來，以非開發者的身分獲獎的美國人一共只有兩位，戈登日後就是其中一位。此外，戈登是在大學擔任遊戲設計名譽講座教授的第一人。EA 成立時，戈登先是負責行銷，接著在早期的年代直接管理好幾個開發團隊，不過他大部分的時間都在四處遊走，為 EA 旗下幾乎每一個專案提供簡潔又出色的建議。戈登除了名列正式的致謝詞，他的大名還在超過六十款遊戲的「特別致謝」欄出現。Firaxis 有一次甚至給了他「EA 教父」的頭銜。

《北與南：蓋茲堡戰役》成功了，續作《安提頓戰役》沒多久也

接著推出。由於我們知道這是個安全的主題，所以趕緊利用這個機會，以不同方式測試我們的受眾界線在哪裡。一九九九年之際，網路終於普及了，EA 願意讓我們嘗試革命性的概念，在我們的官網提供直接面對消費者（direct-to-consume, D2C）的銷售方式。

很可惜，我們走得太前面了。PayPal 幾個月前才剛成立。沃爾瑪超市還要再過一年才會架好網站。亞馬遜則要四年後才會獲利。對多數人來說，造訪 Firaxis.com、而不是去實體商店買東西依舊太奇怪了，尤其是當時的遊戲還無法直接線上下載，也就是說，下了訂單，還要苦等一個星期以上，你的 CD-ROM 才會寄到家裡，這個缺點蓋過了線上購物所有方便的地方。《安提頓戰役》的評價很不錯，但幾乎可以確定的是，要是我們使用傳統的銷售管道，銷量會好很多。

即便如此，我覺得這個系列有再做一個遊戲的空間，這次的藍本是滑鐵盧戰役（Waterloo）。法國大革命吸引我的程度其實不及美國南北戰爭，不過我認為，在騎兵與步兵隊的互動這方面，滑鐵盧戰役有一些值得探索的獨特軍事戰術。到了北軍與南軍的年代（注：一八六一至一八六五年），步槍技術已經讓騎兵過時，馬背上的士兵還來不及拉近距離回擊，子彈早已取走他們的性命。然而，在拿破崙的年代（注：滑鐵盧戰役發生於一八一五年），火器的可靠射程僅有一百碼，重新裝子彈至少需要費時半分鐘，騎兵輕輕鬆鬆就能拉近距離。因此，雖然南北戰爭採用的戰術主要與地形有關（將砲兵移至高地以及利用掩護），奧斯特里茲戰役（注：Austerlitz，拿破崙戰爭中的一場著名戰役，發生地點在波希米亞的奧斯特里茲村）與滑鐵盧戰役開打

時，將領們已預期戰鬥會是近戰，所以士兵所受的訓練是以整齊劃一的隊形行軍戰鬥。

從遊戲的角度來看，以上細節值得注意之處在於砲兵、騎兵與步兵的三方平衡，構成了典型的剪刀石頭布設定。騎兵能擊敗砲兵，因為馬匹變換位置的速度，快過大砲能重新瞄準的速度；砲兵能打敗步兵，因為人移動的速度無法跟馬一樣快；步兵不一定能擊敗騎兵，要是採取特定的隊形，依舊有希望扳回一城。這種三方對峙是遊戲設計的主要支柱，只要你能找到這類均衡的優劣勢，就有潛在的戰略選擇空間。

除此之外，沒錯，滑鐵盧之役也與我的童年歲月有關。當你心中住著一個小孩，就是會發生這種事；好玩的東西會一直冒出來。一九七〇年代時，愛家男人發揮創意的必備科技產品是柯達的 Super 8 家用攝影機（Kodak Super 8mm），我爸當然有一台。Super 8 最有名的功能就是替孩子的生日派對拍下畫面閃爍的簡短影片，也可以一次放一個單格畫面。有一次我為了做學校作業，利用我的圖版遊戲《戰國風雲》提供的地圖和軍隊道具，替拿破崙最後的戰敗製作出富有戲劇性的定格動畫。效果當然比不上羅素‧克洛（Russell Crowe）主演的電影《怒海爭鋒》（*Master and Commander*），不過班上同學依舊印象非常深刻。

我還記得，我用那部攝影機做了另一件有趣的事，就是拍下電視上的美式足球賽片段，接著用慢動作回放，直到我弄清楚各種不同接球員的奔跑模式。我熱愛美式足球，但我爸媽不是球迷，加上一直要

到很久以後，我才獲准一次看三個小時的電視，於是我利用攝影機，趁可以看電視的一小段時間拍下球賽片段，以稍微更有效的方式來分析。

我猜如果我今日成了電影製作人或美式足球員，這些小故事大概會更受重視，其他的往事則會乏人問津。反正呢，我後來甚至沒能製作滑鐵盧遊戲；EA 希望見到新的東西，我們得往前走。然而這一類的回憶（包括那些實際上影響我遊戲職涯的往事）全都有一個共通點：複雜的選擇。四分衛必須選擇有空檔的接球員；格蘭特將軍（注：Ulysses S. Grant，北軍總司令，後來成為第十八任美國總統）必須選擇要衝過哪座山脊；拿破崙必須選擇馬匹、大砲與士兵的正確平衡——每一個選擇都會讓他們走向完全不同的道路。甚至可以說，定義我童年主題的其實不是遊戲，而是遊戲的前身：有趣的選擇。我永遠對各種有趣的選擇深深著迷，而遊戲恰巧是一系列被仔細安排好的有趣選擇。

在整個職業生涯過程中，就這個主題來說，我提出過好幾個不同版本的講法，但一直到最近，我才發現我對遊戲下的定義讓我變成名人。旁人引用我講的那句話時，有時說我用的是「選擇」（choice），而不是「決定」（decision）；有時候我提到的是「有意義」（meaningful），而不是「有趣」（interesting）。我究竟講了哪幾個字，

每個人的說法不同，更遑論首度提及的時間和地點了。很不巧，這方面我也幫不上什麼忙，最有可能的答案是我在一九九三年的電腦遊戲開發者大會上，首度公開講過類似的話，當時我列舉了十二件《文明帝國》教會我的重要的事。沒有人把那場演講的正式題目〈我如何差點毀了《文明帝國》〉（How I Almost Screwed Up *Civilization*）記錄下來，不過《電腦遊戲世界》的雜誌記者摘要了當天的第二個要點：「梅爾偏好樂趣全部屬於玩家的遊戲（提供所有的關鍵資訊，讓玩家得以做出有意義的決定）。」

在《文明帝國》問世前，我沒什麼名氣，所以即便我腦中可能更早就有那樣的概念，大概也沒有人想到要來問我。不過話又說回來，在《F-15 獵鷹行動》一九九〇年版的策略指南前言裡，我曾講過一句很戲劇性的話：「決定、決定、決定，就和真實人生一樣。」總而言之，我究竟是什麼時候發展出完整的相關概念，此事已不可考。

我發現自己因為「一連串有趣的決定」這句話而出名時，我也連帶發現，有部分人士並不同意這個看法，有些人甚至反應相當激烈。我覺得有點怪，就為了一件我從來沒有真正闡述過的事，我同時受到讚揚與中傷，因此，在二〇一二年的電腦遊戲開發者大會上，我用一個小時的新演講，正式提出我對這個主題的所有想法。各位如果想了解這個遊戲理論的細節，可以上網查看，不過總體而言，我對於「決定」與「有趣」的定義，大概比其他人想的還要寬廣。

以熱門遊戲《吉他英雄》（*Guitar Hero*）為例，這款遊戲的玩家利用特製的吉他形狀遊戲控制器，跟上喜愛的搖滾樂節奏。有人反駁我

說的「好遊戲是一連串有趣的決定」時，《吉他英雄》大概是最常被提出來的反證：《吉他英雄》似乎只需要玩家手指靈巧就夠了；但既然這個遊戲如此受歡迎，至少對理性個體而言，這顯然是「一款好遊戲」。也有人說，或許我的意思只是指好的**戰略**遊戲……？然而事實上，《吉他英雄》也內建了許多有趣的決定。

首先，這款遊戲有「巨星能量」（Star Power）的設定，音樂的某些段落會提供額外的獎勵。玩家必須選擇看是要嘗試從頭到尾完成一場完美的演奏，還是放棄分數較少的音符、盡量拿到困難段落的獎勵。累積完巨星能量表後，玩家有機會在曲子後段的部分「花掉」自己的人氣。有的人會在曲子最簡單的部分使用巨星能量，拿下雙倍的分數；有的玩家則靠能量讓名氣上升，撐過音樂最難的片段，不會被聽眾轟下台；有的玩家還會混合利用多種策略。這些全都是有趣的選項，需要玩家謹慎下判斷，而不是單靠肢體的靈活度。此外，玩家一旦進入職業模式（career）後，選項將急速增加。在四人樂團裡，每一把樂器都有獨特的得分能力，玩家可以用五花八門的方式，想盡辦法替團隊爭取勝利。

有趣決定的重點不是你讓玩家選擇哪些東西，而是玩家是否感到自己花的心力深深影響著結果。如果你給玩家 A、B、C 三個選項，結果九成的人都選 A，那麼這就不是一個很平均的選項組合，畢竟有趣的決定沒有明顯的對錯。如果選擇 A、B、C 的人數很平均，但玩家全都在三秒之內就做出了決定，那麼這就算不上是一個非常有意義的決定。有趣的決定最重要、最基本的特色，就是玩家會想：「如果

下次做不一樣的選擇，不曉得會怎麼樣？」當然，他們能找出答案的最佳辦法就是再度玩你的遊戲。不過，要是有更多情境上的增強，玩家甚至會在沒有明確選項的真實世界裡問自己相同的問題。情境對了，遊戲就不只是樂趣的媒介，而是展現自決能力與自信的利器。好遊戲教我們每一件事都有取捨，行動將帶來後果，但幾乎永遠都還會有再試一次的機會。

17

回到未來

在我製作《北與南：蓋茲堡戰役》的同時，布萊恩正著手進行另一款玩家千呼萬喚的遊戲：《阿爾發新文明》。《文明帝國》有一種不靠軍事手段也能獲勝的方式，就是贏得太空競賽，搶在所有人之前，讓殖民者的小船在最近的恆星系統降落。這段巧思刻意與遊戲開頭孤身一人的殖民者前後呼應，我個人認為，這是最令人心滿意足的故事收尾。對於任何熟悉《文明帝國》系列的人來說，《阿爾發新文明》顯然是續作，除了由原班人馬製作，還採取了相同的遊戲機制，接續原本遊戲中斷的地方。我們的粉絲信永遠都在要求我們推出《外太空版的文明帝國！》。

然而，從法律的角度來看，《阿爾發新文明》不是官方《文明帝國》的一分子。MicroProse 依舊擁有這個遊戲系列，Firaxis 不敢在遊戲名稱或宣傳品上使用這幾個字。

《文明帝國》的版權史既冗長又曲折，故事始於一九八〇年的英格蘭。當時有一位名為法蘭西斯・崔遜（Francis Tresham）的設計師透過哈特蘭三葉草公司（Hartland Trefoil）發行了他的文明圖版遊戲，他的主要設計依據是玩家之間的交換與合作。此外，這款遊戲和許多外國遊戲一樣，很快就授權在美國上市，由阿瓦隆山代理（崔遜的第一個作品是名為《一八二九》〔1829〕的鐵路圖版遊戲，是阿瓦隆山的遊戲《一八三〇》的基礎，布魯斯在進 MicroProse 之前曾負責過這款遊戲）。

　　幾年後，我和布魯斯開始開發我們的「人類文明全史」原型，我們私底下叫它「文明」（Civilization），就像先前我們用「南北戰爭那款遊戲」來暫稱《北與南：蓋茲堡戰役》一樣，反正日後還會修改。行銷部門一定會想要叫《政府大亨》，或《席德・梅爾的最新力作：復仇記》什麼的；沒先讓行銷部發表意見，就企圖訂出官方名稱沒有太大的意義。布魯斯以前曾在阿瓦隆山工作，他自然會注意到阿瓦隆山的文明圖版遊戲；MicroProse 的「趣味區」（Fun Zone，別名「茶水間」）搞不好就有那款遊戲，不過在展開我們的計劃之前，我從來沒有玩過。

　　我沒玩過，不代表我這個版本的《文明帝國》不曾有過外在的影響。完全沒那回事。我除了最先從《模擬城市》接觸到「重點在於創造，而不是毀滅」的整體性概念，還有另外兩款遊戲我非常敬重，我明目張膽地把其中的概念挪為己用。第一款遊戲是丹・邦頓一九八四年寫下的《黃金七城》（The Seven Cities of Gold）。那是一款海陸探索

遊戲，顯然在各個方面影響了《大海盜！》，包括選單驅動介面。如今那款遊戲上市也六年了，丹的巧思依舊讓我不得不把它當成藍本。《黃金七城》會隨機替每一回合生成新大陸，碰上原住民時，你可以選擇秉持高風亮節的氣度，也可以做出傷天害理的行為。我以前從來沒見過遊戲有這樣的設定。《文明帝國》因為和歷史有著鬆散的連結，日後被歸類為「寓教於樂」（edutainment）的遊戲，不過事實上，這個詞最早是由霍金斯提出的，而且他指的其實是《黃金七城》。那款傑作令我撥雲見日，豁然開朗，其中有一些元素，我後來製作每一款遊戲幾乎都會用到。

另一個直接影響《文明帝國》的遊戲是華特‧布萊特（Walter Bright）與馬克‧鮑溫（Mark Baldwin）創作的《帝國：世紀戰爭遊戲》（*Empire: Wargame of the Century*）。那款遊戲同樣會隨機生成地圖，隨著你的大軍腳步緩緩開展。不過，《帝國》不同於《黃金七城》與文明圖版遊戲的地方，在於《帝國》擁有大量的軍事元素，時間線從古代一直延伸到現代，且隨著時間的推移，可以使用的單位也有所不同。諷刺的是，一九八五年，布萊特曾經毛遂自薦，投稿《帝國》的早期版本給 MicroProse，但比爾顯然給了他制式的拒絕，說我們只想找「行動導向的即時戰略模擬遊戲」。我猜比爾根本連樣本玩都沒玩過，我知道我也沒玩到，否則我一定會極力促成這樁美事。《帝國》令人上癮，我曾一度請布魯斯列出十個他會改良《帝國》的地方，這款遊戲顯然深深影響著我的思考。（順帶一提，這也是修改正在開發的遊戲的好方法。你一定要抽離一下，從具體的改善機會來審視自己

的作品。）

　　然而，隨著我們的遊戲一路進展，我和布魯斯愈來愈喜歡「文明」這個代號，我們甚至得出了結論：沒有比這更合適的遊戲名稱了。即便阿瓦隆山的產品不算是我們作品的前身，比爾還是去找他們商量，雙方講好共用這個名字，交換條件是給他們一小筆費用，以及在每個遊戲盒裡放相互宣傳的廣告單。

　　《文明帝國》爆紅幾年之後，阿瓦隆山推出了自家圖版遊戲的官方電腦版本，名字是《先進文明》（*Advanced Civilization*）。雖然這下子我們得在相同的遊戲格式、以幾乎一樣的名字互相競爭，但每個人都小心翼翼地區分這兩款產品。《電腦遊戲世界》刊出的評論劈頭就說：「不，這款遊戲不是《文明帝國》。」阿瓦隆山在自家刊物《將軍》（*The General*）裡也說明：「除了主題與遊戲名稱，MicroProse 的版本和我們的圖版遊戲沒有任何共通之處……批評〔席德・梅爾的《文明帝國》〕就是在侮辱聖杯。」不久後，我們推出《文明帝國 II》，沒有人搞不清楚誰是誰的續作。

　　然而兩年後，傑夫、布萊恩和我轉移陣地到 Firaxis，情勢開始混沌不明。阿瓦隆山把名字授權給動視公司（Activision）的《文明帝國：召喚力量》（*Civilization: Call to Power*）。同一時間，這兩間公司還聯手控告 MicroProse 侵權。阿瓦隆山光靠自己負擔不起訴訟費用，動視則是沒有阿瓦隆山的話，就沒有提告的法律資格，於是兩家公司攜手合作，冀望能掌控遊戲史上最成功的名字。

　　MicroProse 的高層同樣也以「贏者全拿」的強勢態度回應，不但

沒有回告，反而直接跨海找上最初的英國圖版遊戲擁有者，並出手把哈特蘭三葉草整間公司買了下來。MicroProse 就此握有阿瓦隆山最初取得的持續授權，接著他們走司法途徑中斷了授權，也連帶終止了與阿瓦隆山的所有合約。

接下來的談判劍拔弩張，動視保住了以目前的名稱完成遊戲的權利，未來也能在不放「文明帝國」這幾個字的前提下，繼續推出《召喚力量》的續作。阿瓦隆山則失去了一切，旗下全都歸 MicroProse 所有，包括《一八三〇》鐵路系列（當時《一八三〇》已經成為相當成功的系列）。阿瓦隆山為了避免自己落入破產的命運，只好把公司賣給玩具製造商孩之寶（Hasbro）。

孩之寶買下阿瓦隆山八天後，也把 MicroProse 買了下來。

我們在 Firaxis 的辦公室，有點目瞪口呆地隔山觀虎鬥。要不是因為商業鬥爭其餘的部分永遠都超無聊，商場上的出招大概也能做成很好玩的遊戲原型。反正不管怎樣都與我們無關，我們也不打算蹚這灘渾水。不管「文明」這個名字花落誰家，反正絕對不是我們的。我們接受事實，看著曾經的心頭肉被公開凌遲。我們唯一能做的就是繼續製作優良的遊戲，深信品質最終還是比品牌重要。

孩之寶試著用到手的名字製作產品，並於一九九九年以 MicroProse 的名義推出了《文明帝國 II：時間的考驗》（*Civilization II: Test of Time*），同一年動視和我們也分別推出了《文明帝國：召喚力量》與《阿爾發新文明》。這次遊戲迷同樣沒搞混。三款遊戲中，只有我們的作品沒有「文明帝國」這幾個字，但大眾普遍認為，《阿爾發新文明》

比其他兩款遊戲更稱得上是正統續作。全名叫《席德·梅爾的阿爾發新文明》沒什麼不好，畢竟沒有任何公司能買下這個名字。

接下來發生了真正出乎意料的事。孩之寶在收購 MicroProse 之際，接收了至少一名《文明帝國》系列誕生時就在的老員工，其中東尼·帕克斯（Tony Parks）如今成了研發資深副總裁，他十分懷念早期的歲月，看到我們離開後《文明帝國》所遭受的待遇，他顯然和我們一樣難過。他們那邊的《時間的考驗》失敗後，東尼不曉得用了什麼辦法說服了孩之寶的高層，說他們戰勝不了輿論：《文明帝國》屬於 Firaxis 那幫人。其他人不管是誰，都賺不到《文明帝國》的錢。在遊戲迷的強烈要求下，孩之寶能採取的上上策就是把名字回頭授權給我們，他們抽成就好。

就這樣，在看似不可能的情況下，我們甚至根本沒開口，就有機會製作席德·梅爾的《文明帝國Ⅲ》。

我的態度或許聽起來難以理解，不過先前九年冒出來的其他所有相關版本，其實並未讓我憤憤不平，我覺得每款遊戲只要有心做出自己的特色就行了。布魯斯離開 MicroProse 後製作的第一款遊戲叫《世紀帝國》（*Age of Empires*），基本上就是即時版的《文明帝國》，而且相當優秀！《王國的興起》（*Rise of Nations*）、《奇蹟時代》（*Age of Wonders*）、《歐陸風雲》（*Europa Universalis*）、《帝國主義》

（*Imperialism*）也全都很不錯。我是從最優秀的例子學到這樣的處事態度的：丹妮‧邦頓‧貝瑞在人生的第二階段告訴過我，她很高興我製作了《大海盜！》，因為我把所有她在製作《黃金七城》時，那些她想做、但在那個年代還辦不到的事全都放進遊戲裡了；如今有人接棒，她就能繼續前進，追求多人遊戲。丹妮明白遊戲設計是一種演變的過程，我們所有人都參與其中，產業成長也會對我們所有人有益。那些點子不是我們最先有的，我們只不過是承先啟後。

關於「偷」點子這件事，我最喜歡的一則軼事要從我的朋友諾亞‧費爾斯登說起。諾亞在接受那份後來沒有好結果的 3DO 職務之前，原本在盧卡斯影業工作。他非常喜歡《大海盜！》裡的鬥劍小遊戲，以至於他後來替《印第安納‧瓊斯：聖戰奇兵》（*Indiana Jones and the Last Crusade*）製作拳擊小遊戲時，想不出其他更理想的處理方式，於是，正如多年後他自己寫下的經過：「我偷了……我的意思是我滿懷愛意向梅爾的介面致敬。」老實說，諾亞的遊戲和我的看起來不是特別像，但他顯然滿懷罪惡感。

《印第安納‧瓊斯》推出後，公司又要諾亞加入過不久將讓冒險類遊戲掀起革命的新專案，一起製作《猴島的祕密》（*The Secret of Monkey Island*）。雖然在《猴島的祕密》遊戲主角小蓋（Guybrush Threepwood）身上發生的趣味衰事和我的遊戲毫無共通之處，但嚴格來說，小蓋是一名海盜，因此當諾亞合作的設計師想把先前《印第安納‧瓊斯》的拳擊程式碼挪用到《猴島》的新型鬥劍小遊戲上時，諾亞嚇得魂飛魄散，不知所措。

「我不認為這是個好點子。」諾亞驚慌失措地告訴同事:「這是一款喜劇遊戲。那麼做⋯⋯不是很好笑。」

諾亞承認,當時那個藉口「相當蹩腳」。然而,如果把海盜角色放回我的鬥劍介面,那將會雷同到太過頭,即便對遊戲這個靠借用而欣欣向榮的產業來說也一樣。諾亞只有兩條路可走:他可以向團隊坦承自己當初幹的好事,另一條路則是想出更好的替代方案。然而,你要如何讓鬥劍好笑?這似乎是個不可能的任務。然而,有時候人被逼急了就會有強大的動力自救,諾亞靈機一動,潛意識的深處冒出了派得上用場的記憶。

一個口音濃厚的聲音說道:「你用博內蒂的防禦劍法(注:Bonetti's Defense,博內蒂是十六世紀的劍術大師,以下對話中出現的幾個人亦以高超劍術出名)來對付我?」背景是刀光劍影的碰撞聲。

「我認為這種劍法和這片岩石地帶很搭。」一個溫文儒雅的聲音回道。

埃尼戈・蒙托亞(注:Inigo Montoya,電影《公主新娘》〔The Princess Bride〕中的人物)進逼。「那是自然,你一定是猜,我會使出卡波・費羅(Capo Ferro)的招數吧。」

「那還用說嗎!」黑衣人喊道:「但我覺得蒂博(Thibault)可以擋住卡波・費羅,你說呢?」

「除非敵人研究過亞基帕(Agrippa)⋯⋯例如我!」

諾亞這麼解釋:「在電影《公主新娘》裡,以及一路回溯到弗林演的許多海盜經典老片中,劍客的肢體靈活度往往遠遠不如他們脣槍舌

戰的能力。」這道靈光讓諾亞建議把決鬥的重點擺在戰鬥者的嘴上功夫，替每一次的你來我往提供口頭的回擊選項。效果一如預期，趣味十足，「嘴砲鬥劍」最後成了《猴島的祕密》最為人津津樂道的特色。

我感到特別諷刺的是諾亞提到了演員弗林，因為當初也是弗林的電影給了我靈感。遊戲或許會偷其他遊戲的東西，但我們製作的每一樣東西，起初也是在偷遊戲以外的東西。我的靈感來源包括歷史、藝術與科學，而那些領域的人也像我偷師他們一樣，偷了彼此的東西。只要研究做得夠多，不管是什麼點子，你永遠能找到更古老的版本，例如偶爾會有人說，《文明帝國 II》中的「後果，什麼後果」（Consequences, shmonsequences）這句話是我們發明的，但實際上第一個說這句話的是一九五七年卡通裡的達菲鴨（Daffy Duck），而達菲鴨的創造者把字首加上「shm-」來表達嘲諷語氣的做法，又是來自世紀之交的意第緒語（注：Yiddish，意第緒語是流亡中歐、東歐的猶太族裔所使用的語言，屬於日耳曼語族）移民。一切都是我們共同的人類文化的一部分，或是容我大膽地說一句，都是人類文明的一部分。

要是我們很幸運，總有一天會有整個新產業來偷學我們。他們將把我們的作品改頭換面到意想不到的程度，我們將和演員弗林日後被像素化有著相同的心情。創意與剽竊的差別在於創意是加法，每一次的添磚加瓦都會帶來先前不存在的可能性。如果我們不分享點子，不協助彼此累積，我們的高度將永遠不足以更上一層樓。

《黃金七城》還教了我另一個整體性的概念：每一條新的故事線的預期心理，至少得和故事本身一樣重要。丹不只是設計了你能看能玩

的遊戲，他還設計出完全只在你腦中發生的遊戲部分。舉例來說，當
電腦花好幾分鐘生成你的世界時，螢幕會跳出聰明的訊息，例如：「侵
蝕峽谷中」與「正在產生壯麗河川」，在不必浪費磁碟空間半個位元
組的情況下，就讓你腦中出現完整、有如電影般的星球形成畫面。丹
教會我，讓玩家自己想像的力量大過給他們看東西。有一陣子我亦步
亦趨學習丹的榜樣，在早期的《文明帝國》原型放進相同類型的訊息。

我的遊戲最終使用了真正的電影畫面取代那些文字，畢竟我能運
用的記憶體比丹充裕了三十二倍。不過，那樣的悠然神往依舊帶來了
《文明帝國》讓玩家欲罷不能、「再來一回合」的著名現象。無論是探
索新領域，與鄰國兵戎相向，發展新鮮技術，還是打造世界奇觀，你
永遠有好多事情要做。贏得眼前這場戰役或許是結束遊戲的絕佳時
機，但再玩兩回合你就能精通化學，所以你會想，那就一併解決好
了。再兩回合後，成吉思汗[†]的大軍浩浩蕩蕩向你逼近，可不能坐以
待斃，你著手調動軍隊。同一時間，你的世界奇觀已經蓋了快一半，
你真的很想弄完，因為**在那之後**……

《文明帝國》很大一部分都是在這種模糊的「在那之後」領域發
生的，也就是在實際的道路之外累積潛在的道路。不好的遊戲把你困

---

† 成就解鎖：惺惺相惜——遇見貝多芬、林肯、拿破崙與成吉思汗。

在過去（「剛才發生了什麼事？」），平庸的遊戲把你留在現在（「這確實很酷」），但真正優秀的遊戲讓你專注在接下來會發生的事上，替難以捉摸的「一下子就能學會，卻要一輩子才能精通」奠定基礎。道理就和西洋棋一樣，你可以教年輕人如何提前計劃一、兩步棋，他們會感受到樂趣。然而，經驗豐富的玩家會全神貫注在相同的棋局上，因為棋局的變數多到足以預測未來的十步、十五步，甚至是二十步棋。靠預測來進行的遊戲，可以配合任何玩家的舒適度延伸或縮小。

不過，一旦你開啟了「再來一回合」，「不玩了」的確會變成最難的選項。《文明帝國》最早的一篇評論說，《文明帝國》是一款「最令人『欲罷不能』的遊戲，一不小心就會熬夜到凌晨四點，永無止境一直玩下去。」一九九二年，《電腦遊戲世界》曾舉辦過寫詩大賽，有四成投稿歌詠的對象都是我的遊戲，包括「瞥離螢幕一眨眼，稚兒已然十八歲。」有一回業界同仁遊戲設計師彼得‧莫利紐茲（Peter Molyneux）告訴記者，他玩《文明帝國》的時候差點膀胱爆掉。《文明帝國》後來的某次行銷還虛構了靠十二個步驟戒掉《文明帝國》的自助團體「戒文明協會」（CivAnon），我在廣告裡客串搞不清楚狀況的工友，不小心透露出新版《文明帝國》的上市日期，害所有的戒遊戲迷破戒。《文明帝國》甚至害我參加我自己的《文明帝國》會議遲到，看來我本人也無法抵擋《文明帝國》的魅力。不過，我從來不太擔心所謂的玩了會萬劫不復，畢竟從「有趣」到「欲罷不能」、再到「成癮」的光譜很長，程度有所不同。

曾經有人問《俄羅斯方塊》（Tetris）的發明者阿列克謝‧帕基特

諾夫（Alexey Pajitnov）那款遊戲的成癮性是否令他感到困擾，他嘲弄地答道：「才不會。就是要玩俄羅斯方塊啊，不然要幹麼？跑去讀一本無聊的書？還是看什麼電影？不會，玩遊戲是好事。」

當然，帕基特諾夫的意思只是「恰巧無聊的一本書」，而不是「世上所有的書都沒意思」。不過事實上，不是所有人都認同書本的價值。我們這一代的人對遊戲的危險性感到焦慮，而在以前的年代，地方上偶爾辦個園遊會就已經是重要娛樂。當時的人認為手不釋卷將帶給孩子真正的危害。

十八世紀的歷史學家約翰・戈特弗里德・霍契（Johann Gottfried Hoche）曾寫道：「沉迷閱讀，是在以有害的方式濫用原本有益的事物，極端邪惡，而且傳染性和費城的黃熱病一樣強。」

再後來，輪到從小上公共圖書館的世代對電影普及的程度驚慌失措。基督教婦女禁酒聯合會（Woman's Christian Temperance Union）的「淨化部門」寫下口吻嚴厲的社論，反對電影這種「成癮性」的活動。奧斯卡獎問世後，世人開始了解電影是一種藝術形式，於是每個人又把極端保守的直覺轉而瞄準電動。

在過去幾年，我感到我們終於揚眉吐氣，那是個好消息；不過我也知道總有一天，我的後代子孫將會嘲弄未來吸引年輕人目光的新事物，指控那樣東西令人成癮。他們將抱怨現在的孩子應該要玩一玩優秀的電動，而不是把時間浪費在那些有害人心的新奇事物上。

沒有任何一種媒體是完美的，也沒有任何類型的媒體將永遠獨占「毒品」這個封號。重要的區別在於你選擇用你的媒介來表達什麼。

不論我們用何種形式表達，想像力是好事，引人入勝的敘事是好事，同理心是好事。成癮是問題，但任何類型的逃避主義都可能發生這種問題，包括休閒活動、藥物、食物，甚至是尋求社會的認可。我們應該就事論事，而不是看到什麼東西受歡迎就加以禁止。我們不該恐懼吸引我們的事物，我們該做的是付起責任，把它們當做工具來駕馭，判斷我們可以利用它們帶來哪些好事。

每當有人讓上班的午休時間從一個小時延長到三個小時，就會有人透過《文明帝國》的經濟策略與政治協商學習到職涯技巧。我敢說，每有一名學生因為熬夜打電動太多個晚上，忙著攻打阿茲特克帝國的蒙特蘇馬（注：Montezuma，阿茲特克帝國最後的君主）而沒去上課，就會有一名學生因為遊戲讓他感到好奇，跑去閱讀關於蒙特蘇馬的書。每有一名感到另一半因為沉迷遊戲而忽略伴侶的「《文明帝國》寡婦」，嗯……我講一個故事，大家就知道了。

幾年前，最初的《文明帝國》上市後，MicroProse 辦公室收到了一名小男孩寫來的信。從信上的文法和筆跡來看，寫信的人大約十歲。當時是粉絲來信的高峰期，我們已經很習慣每天都會有人告訴我們，《文明帝國》如何改變了他們的人生。不過這一次，《文明帝國》是真的拯救了性命。

男孩告訴我們，他的媽媽是《文明帝國》迷，有時候其他家人早已進入夢鄉，她還在熬夜征服世界。有一天半夜，媽咪聞到煙味，放下遊戲，跑到樓上，發現屋裡烈焰沖天。男孩說，因為有《文明帝國》，媽咪即時叫醒了全家人，每個人都安全逃出屋外。

除了「太好了，沒人死掉」這點，這個故事我最喜歡的地方，就是玩遊戲的人是媽咪，而不是爹地。遊戲是給每一個人的，不只是小我的層面如此，大我的層面也一樣。遊戲是給**共同**的每一個人。子非魚，我自己以外的人，我不一定知道他們為什麼受到吸引，不過我對找出答案向來有興趣。我認為在遊戲的領域，「上癮」通常只是在以另一種說法，表達我們對某個藝術品所感受到的強烈連結。我身為藝術家，我的職責是以有建設性的方法培養那樣的連結；如果夠幸運，我還能透過共同的經歷連結彼此。逃避主義要是做得好，同樣也能創造出前所未有的逃避者社群。唯一的另一個選擇可能是蓄意做出力量較為薄弱的東西，故意削弱人與人之間的連結，但那樣太瘋狂了。團結力量大。我們的遊戲愈能引發共鳴，就愈能讓人心有所感，那麼我們所能啟發的知識、同理心與遠大抱負也就愈多。

18

大滅絕

如果真有所謂「展現席德．梅爾精神」的主題，那大概就是恐龍了。恐龍是大家既著迷又熟悉的童年回憶，但相關的科學細節也多到足以讓成人感興趣。要是當作遊戲主題，建立掠食者與獵物之間的敘事衝突並不困難，年代與情緒上的距離又遠到不會讓人覺得血腥暴力，而且演化提供了內建的晉級系統。此外，恐龍還有滴答作響的倒數時鐘，想到巨大的隕石撞擊地球，真是教人要多興奮就有多興奮。恐龍遊戲應該很好做！

然而實情是，怎麼做都不太對勁。

我製作恐龍遊戲的記憶雖然大都集中在二〇〇〇年代，但至少從一九九一年起，我就在構思原型了。這些年來，我大部分的舊電腦都還留著。不久前，大家說服我從儲藏室裡挖出幾台最古老的型號，並打開來看看。很不幸，起初的那幾台和字面上的意思一樣：一啟動第

一台電腦的電源便「火花四射」，且在「光芒萬丈」的短路後，整台機器便一動也不動了。幸好，我們試著開啟的第二台電腦沒有帶來煙火，因為它根本完全無法開機。儘管如此，我們的 Firaxis IT 人員熱愛挑戰，他們找出古老的啟動磁碟後，我們終於可以開始挖掘裡頭的化石。

　　果然，在十幾個資料夾中，有一個恐龍的資料夾。有些資料夾放著我們最後製作出來的遊戲前身，包括間諜遊戲、太空遊戲，以及當然還有南北戰爭。與其說這些版本是直系親屬，不如說它們比較接近不完美的手足。在科技日新月異的過程中，它們是困在琥珀裡的點子。不論換到什麼樣的電腦上，這些數據幾乎全都不能用；但這並不是什麼重大損失，反正幾乎所有的重大修改我都得從頭再來一遍。寫程式算是好辦的部分，就像是你挖到東西後，把它畫下來。真正辛苦的部分是挖掘，記錄是小事。

　　那台已經可以擺進博物館展示的電腦還存放著其他遊戲原型，包括一款解謎遊戲，以及一款美國西部拓荒遊戲。那些遊戲開發到最後都無疾而終，且至少目前還沒有起死回生的跡象。老實說，我從來沒有真正放棄過任何事，反正那些點子就擺著，有時一放就是幾十年，直到我找出行得通的辦法為止。我會用一百種不同的方式這樣試試、那樣試試，一旦找到完美的切入角度，就能立刻水到渠成。在我的整個職業生涯中，唯一必須痛心宣布真的已經滅絕的遊戲，就是恐龍遊戲。

我最早的幾個恐龍遊戲版本採取回合制，我在腦中為這個遊戲取了個暱稱，叫「恐龍文明」（DinoCiv）。你的小恐龍成群在格子上四處遊蕩，而不是種田。牠們蓋巢穴，不蓋城市。有時候你會碰到其他群恐龍，打上一架。如果贏了，外面的恐龍就會加入你，增加你的基因多樣性。有趣的地方就從這裡開始（至少我是這麼想的）：到了繁殖期，你將突然化身為胚胎學專家，有辦法看出你從一群恐龍中挑中、要奉子成婚的兩頭恐龍，將能提供哪些基因。挑一個大頭的恐龍媽媽，一個長尾巴的恐龍爸爸，希望這樣混合起來，生出來的後代將比爸媽再聰明一點，平衡感也更好。優生學夠多代之後，或許有一天，遙遠的子孫將能統治大草原。

　　遊戲難度增加後，顯性基因與隱性基因的模式開始起作用，隨機的突變賭博也會產生影響。這樣的遊戲設計起初似乎很好玩，但終究不過是恐龍版的蛋頭先生（注：Mr. Potato Head，美國歷史悠久的兒童玩具，臉上的五官配件可以任意拆解拼湊）[†]，可以換來換去的部分一下子就了無新意。我加上可以自動育種最佳化的按鈕，但要是你能割捨這個遊戲中理論上會好玩的部分，顯然你沒搞清楚其中的樂趣到底在哪裡。即便是最有趣的部分，這個版本還是打破了「《機密行動》原則」，因為花時間、花心思投入基因系統的玩家將會搞不清楚

---

† 成就解鎖：飛向宇宙，浩瀚無垠！——蒐集小豬存錢筒、玩具士兵、暴龍與蛋頭先生。

主要的故事線到底是什麼。此外，隨機排列恐龍的特徵，將會導致暴龍和劍龍等知名度高的恐龍全都不見了。我們之所以會對恐龍有感情，關鍵在於牠們的外型帶來辨識度，若少了那樣的辨識度，牠們就只是一群蜥蜴而已。

我心想沒關係，原型的用途本來就是找出不好的地方，然後把它拿掉。我就此換了跑道，著手做第二個重要的恐龍遊戲版本，這次我在心中稱它為「恐龍世紀」（DinoAge），原因是好幾款與《文明帝國》競爭的遊戲都只專注一個年代。這一次，玩家將按照一套演化道路，走向大家都認識的恐龍。一共只有幾種重要的選項，例如肉食性或植食性、冷血或溫血等等。這個版本更簡單、更快速，同時也超級無聊；因為不論碰上哪一種遊戲情境，通常都只有一個明顯的正確答案，幾乎有如玩遊戲的是電腦，不是你。一次有太多事情同時進行的時候，簡化可以幫得上忙。然而，如果你挪出寶貴的時間玩回合制遊戲，你會希望所有的有趣決定都掌控在自己的手裡。

好，那如果不要採取回合制呢？《北與南：蓋茲堡戰役》是即時遊戲，效果還不錯。或許你真正想做的事，其實是帶領一群伶盜龍，一邊對抗雷龍這種龐然大物，一邊仔細留意有沒有火山地雷，以及翼手龍提供的空中支援。我再度重寫程式碼，模仿熱門的即時遊戲《星海爭霸》（StarCraft），把這次的新版本取名叫「恐龍爭霸」（DinoCraft）。然而，《星海爭霸》超受歡迎，我的第三版原型卻和前兩個一樣失敗。

失敗的原因純粹是遊戲機制的問題。即時戰略遊戲主要的支柱是

使用各式各樣的武器：有些戰鬥單位速度慢但威力強大，在前線造成巨大的傷害。有的則火力弱但動作靈活，主要在戰鬥的邊緣地帶四處移動，從遠處造成破壞。後者可以是射箭、發射巡弋飛彈、下咒，或是任何符合遊戲主題的事，只要稍微散開來做那件事就行了。要是所有戰鬥單位都勢均力敵，將變成螢幕中央所有人的大混戰，有如一群五歲的孩子搶著踢足球。你得散開你的隊伍，才可能有優秀的策略規劃，方法是在玩家的各種軍事力量中，加進某種遠程武器。

然而，沒有「遠程恐龍」這種東西，頂多只有幾種跳躍力驚人的恐龍，但牠們張嘴咬人時，依舊得把牠們放在打鬥的中央位置。我愈來愈不遵守古生物學的知識，後來乾脆全面放棄，不再努力寫實，發明出嘴巴可以噴射毒液的恐龍。為了向我們在 EA 公司的製作人賓·戈登致敬，我把我的新恐龍命名為「賓戈龍」。遊戲要是真的推出，我大概得換掉這個名字，不過我很聰明，只要我永遠完成不了這個遊戲，就不需要改名了。

如果我只需要杜撰一種恐龍，大概還說得過去。然而，按照剪刀石頭布法則，大約有三分之一的戰鬥者必須是遠程的，也就是說我得多加很多能吐出武器的恐龍，或是大幅減少恐龍的豐富性。此外，真實的恐龍大多是植食性動物，如果遊戲目標是集體演化那還無所謂，但這個版本已經改成以戰鬥為主軸，所有溫和型的恐龍將無事可做，只能呆呆地看著少數幾種肉食性恐龍互咬。所謂的「建立者與戰鬥者比率」（builder-to-fighter ratio）將嚴重失衡。

三號遊戲原型，再見了。

我急得有如熱鍋上的螞蟻。屏息以待的新聞媒體已經在談論這款遊戲；粉絲在討論區熱烈交流我們會放進哪些功能。我甚至給幾名面試人選看過遊戲原型，四處尋求新鮮的意見。我們整個團隊為了這個恐龍遊戲專案，已經工作了至少六個月，而我連這款遊戲將會是什麼類型的遊戲都還沒確定。

　　我無法回答的大哉問是「在這個恐龍宇宙中，誰享有最多樂趣？」你會希望答案就是你的玩家：玩家能呼風喚雨、過著最令人興奮的生活。在文明史上，這題的答案是國王；在西班牙控制的美洲大陸上，答案是海盜船長；在戰爭中，答案是將軍；在運輸產業，答案是企業大亨。然而，每隻恐龍個體並沒有太大的力量。暴龍可以吃掉小傢伙，但無法建立軍隊。演化是派得上用場的機制，但不是個人會獲得的體驗；你若要左右演化，將得退一步扮演恐龍之神。然而，就算你扮演恐龍之神，有哪種神會無微不至地準備每天的飼料，還要操心特定動物之間的打鬥？感覺上好像沒有什麼統一的視野可以把恐龍生活中最有趣的部分全數結合在一起。

　　我帶著遊戲來來回回，向左向右，介於中間的每一個角度我都試過了，全數徒勞無功。唯一剩下的選項是急轉彎，弄出最後的第四版恐龍原型，綽號「恐龍怪獸」（DinoMon），因為和該年橫掃全國的寶可夢怪獸一樣是卡片遊戲。事實上，第四版比較接近「恐龍風雲會」（Dinosaur: The Gathering）而不是寶可夢，但在介紹這個原型為什麼失敗得這麼澈底時，「恐龍風雲會」的確也不是個朗朗上口的名字。

　　說實在，我們的卡片版恐龍遊戲並不差，完美解決了先前提到的

「辨識度」與「演化」的問題，用恐龍卡和突變卡來區別就可以了。舉例來說，你可以從符合科學知識的腔骨龍卡片開始，但接著推出能長角或長羽毛的卡，在某場戰鬥中增強那隻恐龍的力量。那種感覺就像是看著你最喜歡的名人扮演不同的角色。每場戰鬥結束後，卡牌會收回牌庫，使得「下次我要採取不同方式」的心癢情緒將以比一般情形快的速度實現。同時，採取卡片的形式可以利用玩家的想像力，讓玩家在腦中自行想像打轉的沙塵暴或飛濺的泥巴浴，不必把螢幕資源耗費在製作動畫上。就連蒐集的概念似乎也呼應主題。畢竟小朋友能一口氣背出的恐龍名稱愈多，他們在旁人的眼中就愈酷，好像童年的基礎本能原本就是在腦中盡量蒐集五花八門的恐龍一樣。

然而講白了，這款遊戲見不到創新。首先，卡片互動的方式實在太接近《魔法風雲會》了。如果你加上自己的花樣，那麼偷學點子沒關係，但我從來不認為我們這款恐龍遊戲加的新東西多到足以自圓其說，源頭太明顯了。其次，我可以感受到，我自己和團隊都有點坐立難安。我們花了那麼多的時間與心血在這個所謂的席德‧梅爾的經典遊戲上，最後卻決定採取普通的卡片遊戲⋯⋯感覺會令人失望。

然而，放棄也將同樣令人失望。如果投入心血的只有我一個人，在品質不合格時放棄很簡單，但牽涉到他人就會難上加難。別的不說，我們已經砸下那麼多無法回收的成本，EA 會願意讓我們放棄這款遊戲嗎？我的團隊成員有多少人會大失所望，又有多少人會暗自鬆一口氣？新聞報導更是別提了，一定會出現一堆「席德取消遊戲！」的消息。那種文章的數量絕對會超過先前熱烈期盼遊戲上市的報導。

我愈想愈焦慮，於是我去了一趟洛杉磯，參加簡稱為「E3」的第六屆電子娛樂展（Electronic Entertainment Expo）。當時遊戲業正處於一段憂喜參半的時期，電玩的年度銷售額如今已經超過三百五十億美元，PlayStation 2 遊戲機連一台都還沒出廠，美國人就預購了五十萬台。民眾顯然搶著要我們的東西。然而，科倫拜校園事件（注：Columbine，兩名學生攜帶槍枝與炸彈攻擊學校的校園槍擊事件，共造成十幾人死亡，二十幾人受傷）的受害者家屬才剛提告二十五間不同的遊戲廠商，認為這些公司影響了行凶者的行為。美國參議院舉辦了正式公聽會，主題是「互動暴力對孩童產生的影響」（The Impact of Interactive Violence on Children）。同年稍晚的時候，有望當選美國總統的高爾（Al Gore）選擇喬・李伯曼（Joe Lieberman）當副手，部分原因是李伯曼長期推動兩黨共同管制遊戲產業。

　　那年的 E3 氣氛宛如小說《雙城記》（A Tale of Two Cities）。任天堂《薩爾達傳說：穆修拉的假面》（The Legend of Zelda: Majora's Mask）精彩的預告讓粉絲熱淚盈眶，然而同一時間，印第安納波利斯市政府正在考慮立法，要求大型電玩必須放在民眾看不見的地方。E3 與會者在 SEGA 的攤位開心地隨著《歡樂森巴》（Samba de Amigo）的節奏搖晃電子沙鈴，而場外的街頭抗議者對著會議中心憤怒揮拳。這一類對於遊戲的譴責並沒有造成任何實質的傷害，證據是九年後，EA 被抓到他們為了宣傳，雇用假的抗議群眾。不過當時我們還不知道各種的政治紛擾最後會發展成什麼樣子，更別提法律訴訟的結果了，每個人都有點焦慮不安。

我原本就因為恐龍遊戲心情低落，業界的氣氛更是令我覺得雪上加霜。到了週末的尾聲，我和蘇珊忙裡偷閒，跑去參觀好萊塢市區著名的格勞曼中國戲院（Grauman's Chinese Theatre）。那年的天氣很詭異，巴爾的摩熱浪來襲，洛杉磯的天氣遠比家裡舒服。我正要開始放鬆心情，就被人行道上的一大群人擋住去路，所有人伸長脖子，看著警方拉起封鎖線的另一頭。我隱約看到前方有加長型禮車、探照燈，以及似乎是用後腳站立的巨型食肉牛龍。有那麼一瞬間，我以為自己終於崩潰，精神失常了。

　　然而，一頭可怕的冷血巨獸（雖然搞不好是溫血！）就在眼前，卻似乎沒有任何人在意，警方也沒有任何一絲緊張的情緒。警察們背對著奇觀，用來嚇阻群眾的嚴肅目光落在我們身上。不論這到底是在舉行什麼詭異的慶典，看來我們沒辦法過馬路了。我們躲進迪士尼商店，打算從建築物的南側出去，逃離這條擠得水泄不通的街道。

　　「先生，不好意思。」一名穿著花押字 POLO 衫的友善年輕人叫住我們：「現在不能從這裡過。」

　　「太棒了。」我喃喃自語，遷怒這名客氣的年輕人：「他們現在在幹麼？」

　　年輕人笑容可掬，顯然很高興我問了這個問題。「我們今天正在舉辦迪士尼影業的重要動畫新片《恐龍》（Dinosaur）的電影首映會。」

　　「太好了。」我幾乎是誠心說出這句話，因為這至少解釋了為什麼

這裡會憑空冒出和真恐龍一樣大的食肉牛龍模型。「我們只是想去好萊塢大道。」

「你們是哪裡人？」

我經常得和別人在展覽大會上閒聊，所以我分得出來，他們什麼時候是真心想知道，還是只是工作手冊要他們這麼問。「巴爾的摩。」我出於禮貌回答了問題，但我馬上又回到原本的主題，問他：「那我們要怎麼樣才能離開這裡？」

「巴爾的摩人啊？每年這個時候天氣怎麼樣？」

「還不錯。我們得繞路，還是得怎麼走？」

「巴爾的摩金鶯隊（Baltimore Orioles）打得怎麼樣？」

「嗯，好。」我小聲敷衍了幾句。我根本就不清楚巴爾的摩金鶯隊的事，也沒興趣跟他閒聊。

雙方尷尬地沉默了一陣子後，那名員工似乎突然間想起什麼事。「嘿，我剛好有兩張首映會的票，你們有興趣嗎？」

我嘆道：「我們其實想找那間有明星水泥腳印的戲院。你講的首映會什麼時候開始？」我的語氣很明顯，除非五分鐘後就要開場，否則我們不會等。

「電影大約在五分鐘內開場。」他回答。

「喔。」

「現場提供免費的爆米花和汽水。電影放完後，拿著票根還能參加隔壁的派對，有更多免費的食物和飲料，還有機會遇到電影裡的部分明星。此外，還會送你們一件免費的 T 恤！」

好吧，有誰能抗拒免費的 T 恤呢？幾分鐘後，我和蘇珊就坐在酋長劇院（El Capitan Theatre）的上層包廂裡了。在這個我心中正經歷一場恐龍去留危機的時刻，我們觀賞了一部恐龍電影的全球首映會。各種愉快但詭異的事加在一起，我模模糊糊想著，這是不是上天在給我什麼暗示：也許我該把遊戲做成 3D 的。也有可能是上帝想告訴我，重點是好的情節，我應該回到早期的原型，別把重點過度擺在搏鬥上。我最喜歡「恐龍爭霸」的地方是有小小恐龍當大恐龍的跟屁蟲，或許遊戲的確該從世代成長的角度切入。也有可能這一切只是進一步證明，戰略遊戲永遠無法捕捉到恐龍的精髓。

　　不過，我還來不及決定這個奇怪的巧合到底想告訴我什麼事，我又碰上了更詭異的事。首映會後的派對就跟那位年輕小伙子說的一樣美好。派對結束後，我們終於能過街，抵達原本的目的地格勞曼中國戲院。這座一九二七年落成的好萊塢地標不辱其名，很漂亮，不全然是那種很假的人造亞洲風建築。兩個雕梁畫棟的方形塔樓，一左一右夾著自大馬路內縮的中庭，後方是一座三層樓的紅色高塔，由石獅子守著入口。中國戲院幾乎每一樣東西都以龍為主題。如果是在今日蓋這種建築，民眾的反應大概會介於俗氣與覺得被冒犯之間，不過格勞曼中國戲院實際上是早期好萊塢電影黃金年代所遺留的產物，因此我們很幸運，依舊可以喜歡這棟建築物。

　　多年來，從《綠野仙蹤》（*The Wizard of Oz*）一直到《星際大戰》（*Star Wars*），格勞曼中國戲院舉辦過好幾百場賣座強片的首映會，不過主要的觀光景點位於戲院中庭。據傳在施工時，不曉得是哪位知名

女演員還是戲院的共同創辦人不小心一腳踩進還沒乾的水泥。戲院靈機一動，乾脆在入口通道的地板上留下電影明星的手印與腳印，作為永久的紀念。中國戲院開張近一世紀後，至少留下了兩百五十個這樣的水泥印。有些人把這樣的簡樸水泥塊視為好萊塢至高無上的榮譽。許多水泥板上還附贈了幾句人生格言或感謝之辭。有些演員甚至讓經典物品一起上陣，例如喜劇演員格魯喬・馬克思（Groucho Marx）擺了他的標誌雪茄；飾演《哈利波特》主角的丹尼爾・雷德克里夫（Daniel Radcliffe）壓上了電影裡的魔杖。

我和蘇珊踏過門檻，準備一窺好萊塢的電影史，我恰巧低頭看了看腳下。「親愛的席德，」人行道上鋪著的地磚寫著：「衷心祝賀你馬到成功。」

我再度懷疑自己是否神志正常，但地上真的有那些字。一個叫諾瑪・塔爾梅奇（注：Norma Talmadge，美國默片時代的知名女星）的人，在一九二七年五月寫了那幾句話送給我，而且這麼做的還不只她一個。諾瑪的水泥磚左右兩側，加拿大女演員瑪麗・畢克馥（Mary Pickford）與美國傳奇導演塞西爾・戴米爾（Cecil B. DeMille）也各自寫下：「祝福席德」。上方的男星范朋克（Douglas Fairbanks）也祝我好運。在范朋克的對側，女星比比・丹尼路士（Bebe Daniels）甚至稱我為「演藝人員之王」。好萊塢女演員芭芭拉・史坦威（Barbara Stanwyck）也毫不保留表達了愛意，我覺得整個中庭都在替我加油打氣。

我和蘇珊翻閱了歷史導覽手冊後，立刻得知原來打造這間中國戲

院的人和我同名,也叫席德。這位席德・格勞曼(Sid Grauman)是企業家,和地上這幾位早期的好萊塢明星都是很熟的朋友。儘管這只是巧合,我選擇把那些明星的話都當作對我的祝福,反正這世上叫席德的人不多,我確定格勞曼不會那麼小氣。

克拉克・蓋博(Clark Gable)說我是大好人,西部片明星羅伊・羅傑斯(Roy Roger)和他養的馬「扳機」(Trigger)祝我前途無量。男星亨弗萊・鮑嘉(Humphrey Bogart)寫下:「願你在被我取走性命之前,永遠不會死。」約翰・韋恩(John Wayne)則堅持「千言萬語都無法表達」他對我的情感。詹姆斯・史都華(Jimmy Stewart)、鮑伯・霍伯(Bob Hope)、佛雷・亞斯坦(Fred Astaire)、琴吉・羅傑斯(Ginger Rogers)等無數演員一一喊著我的名字。他們的鼓勵我銘記在心。

我把那個週末大部分的時間用在接受無法避免的事實:我得放棄心愛的恐龍遊戲。就算在中國戲院被歷史人物打氣,也無法改變遊戲將胎死腹中的命運。我們一回到巴爾的摩,我就得宣布放棄這次的遊戲,厚著臉皮面對失望的團隊與發行商;最糟糕的是,粉絲也會很難過。一切的一切將令人沮喪,不過在那一刻,我走出格勞曼中國戲院,踏進明媚的加州陽光裡,我突然有了信心,一切都會沒事的。如果產業的創意生命長度比那個中庭裡紀念的任何明星的壽命都還長,那也絕對都會比單一的遊戲專案還要長。時間一直不斷前行,地平線上永遠會有更多超酷的點子與有趣的冒險。

19

人工草皮

我同事傑克・所羅門（Jake Solomon）曾經單刀直入問我：「你有沒有什麼帶點罪惡的快感？」喔，對了，傑克是在台上發問的，底下有好幾百名觀眾。這種場合通常不是什麼剖析自我的理想地點，幸好我不用想就知道答案。

「過量吧。」我苦笑。無論是什麼事，我都能找出其中有趣的部分，壞處就是我永遠都覺得什麼都好玩。在日常生活中，我隨時隨地都會一個不小心找到新嗜好，而且偏偏和工作的時候一樣，我無論做什麼事情都是全心全意，無法半調子喜歡。

舉例來說，我喜歡彈吉他，我知道不少和弦，和朋友一起玩音樂時，有時我會把自己負責的鍵盤交給其他人，暫時假裝自己是搖滾明星。不過，我不會自認是超級天才，硬要親自彈吉他，我只不過是對吉他有興趣，所以大約擁有二十把。

我不是故意要買那麼多把吉他，有幾把是為了方便。我在辦公室擺了兩把，教會也擺了兩把；因為我永遠不會知道，我當下的心情是想彈木吉他，還是電吉他，我可不想每次都要拖著那麼大的東西走來走去。其他吉他則是掛在家中展示，或處於不同的儲存狀態，但真的有一天會彈。我一直是這樣告訴蘇珊的。

　　接著是無線遙控飛機、歷史文物的紀念品，然後是高爾夫球桿……我說了，吉他只是我的嗜好之一。我是技術阿宅，技術阿宅就是要擁有最新款。我收藏了各式各樣的遊戲機。遊戲機至少還能解釋成是為了工作買的，但我通常得刻意努力把囤積的數量控制在病態以下的程度。有一次，我去參觀大導演喬治・盧卡斯（George Lucas）位於天行者農場（Skywalker Ranch）的圖書室，有成千上萬的書，還有一座梯子一路延伸至二樓的高臺，四處仍是浩瀚的書海。我從來沒有住過能裝那麼多書的大房子大概是好事，但倘若我有豪宅，我裝修的第一個房間大概會是迷宮般的巨大藏書閣。

　　我學到阻止自己收藏東西的重要方法就是盡量不去接觸資訊，因為只要翻幾分鐘的雜誌，我就會開始想，**這套**鈦合金的高爾夫球桿可以讓我的成績更上一層樓，**那個**高級的數位吉他音箱會讓我的 PRS Hollowbody 吉他發揮出真正的音色。幾年前，為了身心健康著想，我取消了所有的訂閱，從那時起我的病情有所改善，但到了二〇〇〇年的尾聲，也就是我們取消恐龍遊戲之際，我依舊會按時收到兩、三本不一樣的高爾夫球雜誌。我甚至沒有固定去打球。

　　就是在這些雜誌中的其中一本，藏在一堆球場評比與如何改善上

桿動作的文章中，我得知有一場設計高爾夫球洞的比賽。這種事顯然不是只有鋪設長方形果嶺與設計出一、兩個沙坑那麼簡單。有些球場設計師甚至會因為作品，和職業巡迴賽的選手一樣出名。

有趣。

我的高爾夫原型和《鐵路大亨》一樣，起初其實是模型製作遊戲，而不是競賽型的模擬遊戲。此外，這次的創作契機同樣也是因為碰上另一款遊戲停滯不前，我休了個假，好釐清自己的思緒。當然，今日大家對於原型的期待比從前高出許多，但假期長度沒變，因此一九九〇年令人印象深刻的東西，二〇〇〇年會變成不可能的任務。即便如此，遊戲設計師的祕技就是可以重複利用自己的東西。作家不能抄襲自己寫過的段落；藝術家不能光是替肖像畫增添幾筆細節，就說那是一幅新畫；但我可以把原有的程式碼，在幾個小時之內就重新拼裝成不同的遊戲。《北與南：蓋茲堡戰役》已經有一大片士兵在上頭走來走去的草地，只要把北軍的灰色制服換成菱格花紋背心，我的高爾夫原型就已經完成了一半。

我銷假上班後，給賓・戈登看了新的高爾夫原型。他說：「感覺這可以成為《模擬》宇宙的一員。我們應該讓你們和 Maxis 公司聯絡。」

遊戲設計師威爾・萊特推出了《模擬城市》後，幾年間又透過自家工作室製作了好幾款續作與衍生作品，包括《模擬城市二〇〇〇》

（*SimCity 2000*，一九九三年推出）與《模擬城市三〇〇〇》（*SimCity 3000*，一九九九年推出）。事實上，《文明帝國 II》有一陣子原本打算叫《文明帝國二〇〇〇》（*Civilization 2000*），間接向威爾致敬，但我們後來決定續作就是續作，把名字取得沒那麼續作，意義不大。之後 Maxis 公司也得出相同結論，把下一款遊戲簡單命名為《模擬城市四》（*SimCity 4*）。不過，威爾和我一樣，當時已經把這個系列交給後起之秀處理。等時間到了真正的二〇〇〇年，威爾推出最新力作《模擬市民》（*The Sims*），再度造成轟動。EA 同時身兼我們兩間工作室的發行商，積極推動我們合作推出產品。

因此我們和威爾共同商量了好幾次，最後的產物就是《模擬高爾夫球場》。這款遊戲合理結合了《模擬》與《大亨》風格的元素。遊戲選單是傳統的《模擬》介面，遊戲裡打高爾夫的角色嘰哩咕嚕講著無意義的字串。Maxis 公司說那是「模擬市民語」（Simlish，在歷時數個月的遊戲開發後，我們的模擬市民語也變得相當流利。在辦公室裡，我們用「myshuno!」來引起他人注意）。不過，若要讓《模擬高爾夫球場》裡的客人滿意，你得妥善設計高爾夫球場的環境，而不是操控他們的行為。此外，不論客人有多開心，你依舊得留意你的銀行戶頭裡有多少錢。

遊戲有了基本架構後，現在得回頭研究雜誌上那場比賽的核心問題：什麼是「好」的高爾夫球洞？你要如何營造樂趣美學？如果說，巴哈的美妙之處有辦法分析、或用數學來描述，那麼高爾夫球在心理層面的吸引力一定也能加以捕捉。然而，對我而言，高爾夫和音樂不

一樣，我沒有多年的經驗在果嶺上用我的小白球畫畫，自然無法從自身的經驗中歸納出模式。我必須和貨真價實的高爾夫球人士談一談。

幸好，Firaxis 的共同創始人傑夫有位連襟喬納森（Jonathan）是紐約某高級俱樂部的會員。傑夫拜託喬納森帶朋友來造訪馬里蘭。那位朋友是職業高爾夫選手，他們願意來這麼一趟，大概主要是為了順便到石窟谷球場（Caves Valley）或貝塞斯達（Bethesda）的鄉村俱樂部打球，不過他們人很好，挪出一下午的時間和我們聚餐，討論什麼樣的球場更勝其他球場。

「要很好打才行，」某個人發表意見，「沒有人真心喜歡高難度的球場。」

我提問：「那為什麼不乾脆把果嶺做成巨大漏斗的樣子？這樣不管怎麼打都能進球不是嗎？」

「是啊。」剛才說話的人想了一下。「沒錯，好吧，所以其實是你希望球場要**看起來**很難，但打起來很簡單。」

接下來的一個小時，我們進一步縮小範圍，找出原來他們真正最喜歡的，其實是對他們來說很簡單、但對別人來講很難的球洞。舉例來說，如果喬納森特別擅長切桿，那麼他打球大部分的樂趣就會來自需要運用大量切桿技巧的球洞。打高爾夫球的人和遊戲玩家沒什麼不同，也想在自己的天地裡當巨星。

計分系統逐漸在我腦中成形。我們應該讓每個球洞有四個假想的玩家。一個完全是普通人，其他三人則各自有特別擅長的領域，包括準確度、遠距球、曲球。每打完一個球洞就會進行表現評比（三個各

有所長的玩家加上代表平均值的普通玩家），接著依據差異評估你的球洞設計。如果代表平均值的玩家大約能把球打出去兩百碼，擅長遠距球的人通常可以打到兩百五十碼，那麼你的理想丘陵就應該放在兩百二十五碼的地方。很會打遠距的玩家打的球將飛過丘頂，平均值玩家的球則會往回滾。偏差愈大，得分就愈高。

這套系統值得注意的地方在於基本上不會動用 AI。我們依舊得寫出複雜的評估演算法，但電腦的任務不包括自行產生理想的高爾夫球洞。遊戲裡沒有人會侵占你的土地，也不會有天氣或財務損失等預先計算好的情況扯你後腿。這是我自《單人航行》以來，首度沒有任何對抗元素的遊戲專案；就連《單人航行》都有示範模式，可以在沒有任何輸入的情況下駕駛飛機，儘管主遊戲沒有用到那個功能。

《鐵路大亨》原本也差點以無 AI 的形式推出，但在遊戲開發的尾聲，我們決定還是加點緊張感會比較好，時間大約是在暫定的遊戲名稱從「鐵路的黃金時代」（*The Golden Age of Railroads*）改成更有商戰味道的《鐵路大亨》階段。很可惜，我們寫這部分的程式碼時，遊戲還有不到一個月就要上市了。我沒有時間完整開發，所以沒寫出會分階段愈來愈聰明的 AI，只依據電腦被允許作弊的程度調高遊戲的難度。康內留斯・范德比爾特（Cornelius Vanderbilt）與 J・P 摩根（J. P. Morgan）等強盜男爵（注：robber baron，美國十九世紀下半葉不擇手段的商人）人如其名，他們可以貸款的金額遠高過玩家，也可以在地形不合適的位置建立車站。玩家被上游的洪水直接淹沒時，他們卻顯然能靠脅迫的手段讓河流乖乖就範。不過，我們的遊戲也提供了關掉

競爭的選項，很少會有玩家抱怨這點。一般來說，喜歡火車的人**真的**很喜歡火車，所以一有專門替火車迷製作的遊戲，大部分的火車迷只會很興奮，覺得自己的狂熱被認可了。

老實說，就算我們花時間寫出更精細的演算法，也不會有太大的差別。相較於偷吃步的 AI，高度寫實的 AI 反而更常被指控作弊，因為在某種程度上，所有玩家都對電腦比自己聰明這點感到不安。玩遊戲的部分趣味來自學習 AI 的模式並成功加以預測，然而當電腦的行為不像電腦時，唯一能讓人心安的假設就是電腦一定是存取了不該取得的資訊。AI 不被允許投機，不能出現隨機的行為，也不能走運，即便人類天天都在做這一類的事。AI 不能做那些事的原因不在於我們寫不出那樣的程式，而是經驗告訴我們，玩家會因此感到受挫，乾脆不玩。如果對抗的雙方都是人類，就不會出現這樣的現象，因為玩家會調整預期，接受對手可能會亂來的可能性。電腦則太聰明，不可能脫序，所以電腦如果開始像瘋子，我們會忍不住懷疑電腦知道我們不知道的事。因此，從設計師的角度來看，做出厲害的 AI 通常不會是第一順位。

AI 占《文明帝國》的分量大過大部分的遊戲，但就連《文明帝國》裡的 AI 也無法與真正的 AI 能做到的事相提並論。二〇一一年，麻省理工學院的教授在沒給任何基本指示的前提下，透過機器學習演算法教電腦玩《文明帝國 II》。電腦從隨機亂按開始，依據遊戲提供的動作是否成功的回饋，最終累積了夠多的模式，獲勝率達到四六％。此外，一旦提供文字版的手冊進行字詞聯想（word association，搜尋螢幕上包含相同字詞的段落，根據上下文做出有依據的猜測，得出接下來該做什麼），成功率將上升至七九％。雖然我在職業生涯的早期就曾經夢想過這種事，但真的成真時，老實說有點嚇到我，我還是堅持我們的玩家較為簡單的期待就好。

《模擬高爾夫球場》廣受好評，但幾乎每一位評論者都很詫異，認為這款遊戲和他們想像的差很多。有人形容這款遊戲「溫暖、舒服、柔和——這是一個直接從傑西潘尼百貨（JCPenney）的型錄跳出來的世界。」我猜他們會那樣認為並不是依據任何客觀的可愛指數，而是我的名字給他們的印象。儘管我過去的創作五花八門，遊戲用戶通常會把我歸類為硬派戰略遊戲。不過，就算《模擬高爾夫球場》比我先前的幾款遊戲更為活潑一些，這也會是我製作這款遊戲最好的理由，畢竟新東西永遠比已經做過的東西有趣。

事實上，《模擬高爾夫球場》大功告成之際，我的高爾夫早已讓位給其他興趣。幾年後，因為一場烏龍，我才再次打過真人現場版的高爾夫球。蘇珊參加了一場募款活動，帶回她自以為是天大的好消息。

「我幫你買了一場四人二球賽。」蘇珊得意地宣布。

「什麼？」我問。第一時間我以為我一定是聽錯了。蘇珊在說什麼？什麼叫她買了四人二球賽？

蘇珊解釋：「PGA 冠軍巡迴賽今年會在巴爾的摩舉辦。比賽前一

天將會舉辦職業與業餘選手的配對賽。我跑去競標而且贏了，所以你現在可以帶兩個朋友，和一位巡迴賽的名人選手組隊，一起打一回合的高爾夫球。」

「可是我已經好幾年沒打高爾夫球了。」我抗議。我說那句話的時候，手中放下的很有可能還是一本高爾夫球雜誌。「妳知道現場會有很多人，對吧？」別說了，我將公開出糗；我完全可以想像自己一桿打歪，球飛進群眾裡。「我有可能害死人！」

然而，蘇珊似乎非常開心能送我這份禮物，我不想讓她失望。既然無法開口拒絕，我只好開始每星期去上高爾夫球課，以免到時候丟人現眼，還被指控殺人。我一路練到錦標賽開打，高爾夫已經從原本休眠中的休閒升級為全力以赴的嗜好。然而，人生就是這麼諷刺，就在上場時刻即將到來的前一、兩個星期，我拉傷了肌肉，根本沒辦法打球，最後只好把票送給球友喬納森、喬納森的兒子，以及先前待過MicroProse 的美術師穆瑞 · 泰勒（Murray Taylor）。他們幾個人享受了美好的時光。不過，我等傷一好，就帶著新買的高科技高爾夫球桿組重回果嶺。

雖然我的衣櫥的確永遠沒有放東西的地方，但我認為，略帶強迫症的性格其實也有好處，讓我有辦法集中心思確保工作品質。另一方面，這種性格也是我外界靈感的關鍵來源。我常以意想不到的方式靈機一動，例如那款完全以巴哈音樂為主題的遊戲或許走得太前面，但巴哈的作品還是影響到我其他的遊戲專案，甚至在《模擬高爾夫球場》中隆重登場。《模擬高爾夫球場》的遊戲測試指出，玩家在鋪設

球道時，每鋪好一格方塊，就會有一聲確認音效，而這個音效沒多久就從有用的提示音變成煩人的噪音。因此我把常見的「喀喀聲」換成巴哈著名的清唱劇《耶穌，世人仰望的喜悅》（*Jesu, Joy of Man's Desiring*，你或許對這個曲名很陌生，但你幾乎一定有在至少一、兩場婚禮上聽過。）光是這個小小的音效變動，就讓這款遊戲中最無聊的重複性步驟突然變身為最可愛的環節。認出這首巴哈名曲的遊戲迷會覺得自己太聰明了，這個環節居然會冒出這首曲子，太有意思了吧。此外，玩家還會在心中偷偷想要一直鋪設球道，鋪到整首曲子聽完為止。要不是因為我從小就對音樂感興趣，《模擬高爾夫球場》的精彩度勢必會下降；倘若我根本沒對高爾夫球產生興趣，這款遊戲也壓根兒不會出現。遊戲設計師如果只對遊戲感興趣，將很難端出任何原創的作品。我確定其他領域也一樣。不論你想做好的事是什麼，一定要持續閱讀，學習，到其他領域挖掘好玩的事。你永遠不知道靈感會從何而來。

20
乘風破浪

　　《文明帝國Ⅲ》有如倒下的第一張骨牌。接下來的幾年，幾乎所有還散落在 MicroProse 那邊的遊戲產權一個接著一個回到我們手上。在《文明帝國Ⅲ》後，下一個回家的是《大海盜！》。孩之寶先是把《大海盜！》賣給法國公司英寶格（Infogrames），接著英寶格在雅達利賣出自家的姓名權後，開始自稱雅達利。我確定《大海盜！》能回到我們手裡，就跟孩之寶允許我們製作《文明帝國Ⅲ》一樣，背後的主要動機來自「雅達利」的財務決定。但不管怎麼說，能被視為《大海盜！》的正宗接手人，這種感覺真的很棒。

　　新版的《大海盜！》煥然一新，外貌與氛圍與原版截然不同，時隔十七年，出現變化相當合理，但中間的轉換過程卻出乎意料地困難。相較之下，《文明帝國》是一步一步演變，如果一款老遊戲直接掉進現代，技術與情懷同時都需要大幅更新，我特別無法接受的是熱

門的新 3D 圖形。

我告訴團隊:「3D 是曇花一現,一下子就會退燒了。」3D 只讓我想起笨重的古老飛行模擬器,以及隨之而來寫程式的麻煩。多年來,2D 的成功經驗讓我深信 3D 只是行銷噱頭,更遑論 3D 有多吃資源了,那種美麗的 3D 環境會耗掉非常大量的處理效能,遊戲的其他部分不免會被犧牲。不管世人在頭三十秒有多驚豔,遊戲內容要是不夠充實,玩家就不會一玩再玩。不必了,我兩個維度就夠了。

團隊群起抗議,顯然我是唯一站在 2D 這邊的人,但我立場堅定。這可是《大海盜!》欸,這是我人生好幾個第一次,第一款冒險遊戲、第一次打破公司傳統,也是首度以我的名字命名的遊戲,絕對不能有任何閃失。

所有的專案都會有某種程度上的起起伏伏。到了某個時間點,大部分的專案都會抵達「絕望的低谷」。此時似乎什麼都行不通,沒有人理解你的願景,介面醜爆,遊戲玩起來有夠無聊,你無法想像到底要如何完成這個專案。這種現象通常大約會在專案進行到一半的時候出現,此時遊戲已經龐大到無法在腦中一次完整設想,天天都在開會。每調整一處就會牽一髮動全身。不過,低谷有時候會更早出現。你堅持進行的計劃根本沒有想像中那麼精彩。

我垂頭喪氣,說:「好吧,那就看看弄成 3D 會是什麼樣子,反正就玩玩看。」

我們的辦公室擁有所有最新的 3D 工具,但目前為止,這些工具只在《文明帝國Ⅲ》的開頭影片派上過用場,以及看起來像巨大飛艇

一閃而過的 Firaxis 商標螢幕畫面。我沒有嘗試過太多相關技術，但我也不是那種會站在別人的螢幕前，下令要大家做出什麼的那種人。因此我在辦公室裡度過了長長的美國國慶週末，自學我們最新的 3D 引擎，弄出一場船戰的原型。

小時候我會和老爸一起去卡斯湖（Cass Lake）駕船。密西根州的形狀有如一只連指手套，卡斯湖就位於大拇指關節的地方。雖然湖邊大多是私人土地，北岸屬於道奇四號州立公園（Dodge #4 State Park，神祕的是沒有一到三號公園）的範圍。除了沙灘和幾處釣魚地點，有一片寬廣的公共船隻下水處。從獨木舟到小型快艇，各式各樣的船隻從混凝土斜坡的淺水處緩緩進入湖中。

我家有一艘構造簡單但攜帶方便的船，很輕鬆就能綁在我們剛買的金色旅行車車頂上。老爸訂購了一款叫做「Go」的 DIY 組合包，裡頭附有船殼、桅桿、船帆。只需要幾片夾板，再花點力氣，就能完成甲板，做好防水。當年這種可以自行組裝的小船很常見，不過我家這艘船很特殊，它沒有船舵。我們扛到岸邊時，經常有其他也來享受出航的遊客出聲提醒我們。

「嘿，嗯……你們好，你們的船好像不太對勁。」

老爸會開心地揮揮手，向對方保證：「沒有，沒事沒事。」為了讓大家不要操心，我們父子倆會爬進我們的迷你小船，只利用風力與認

真摸索出來的航行物理學，靈活地駛進公開水域。

我們的船很小，容不太下兩個人，尤其我們還得隨時在船上走來走去，永遠讓索具朝向最理想的方向。於是老爸覺得我擁有足夠的航行技術後，便讓我獨自出航。他則待在岸邊的舷梯上，雙手叉腰，偶爾用最大的音量吼著指導我，直到我的距離遠到聽不見為止。由於我一把船開出去就不想回到岸邊，老爸成功指導我的自豪感很快就只剩下無聊沒事做。沒過多久，老爸就替自己打造了另一艘船，這次完全從零開始。我們平日會並肩航行好幾個小時，來一場短距離的比賽，或是欣賞對岸的美麗豪宅，直到掌握風向成為我的第二天性。

我試著把一點點童年的駕船體驗放進初代的《大海盜！》裡，讓玩家在打鬥時必須和風向搏鬥。如同在陡峭的山峰蜿蜒而上的道路，前進到風裡的方法就是搶風改變航向，讓你的船前前後後急轉彎。我還以為這是每個人都知道的駕船技巧，但許多玩家覺得這個過程違反直覺，認為這個設定是《大海盜！》裡令人較感挫折的部分。然而，使用 3D 後，我就能放進更多細節。你轉彎時船身將會傾斜，跟著船舵以可信的弧度移動，不會像指針一樣在中間旋轉個不停。船帆會隨風飄揚抖動，風勢太強時則會無助地強力拍打。頭一回，在遊戲裡駕船的感覺是如此真實，就算不是水手也能掌握發生了什麼事。

此外，做出動畫，讓一群迷你海盜在敵艦沉沒之前跳船，實在是太好玩了。這些年來，我們數度放寬「沒人會死」的原則，但我希望《大海盜！》還是保有純真感。如果 3D 能協助我們做到，那就用吧。

當然，事後回想起來，即便不弄惡棍在海上游泳逃生的畫面，

《大海盜！》依舊很適合用 3D 處理。《大海盜！》是我製作過故事性最濃烈的遊戲，很適合配上栩栩如生的環境與完整的劇情動畫。初代《大海盜！》的重大突破是螢幕上的華麗靜態影像，而這次的重製可以再度展示最新的繪圖技術。

我終於開竅後，團隊士氣大振，遊戲一氣呵成。不過老實說，一直到了今日，碰上 3D 時我依舊會很小心。3D 自然有 3D 合適的用途，但 3D 也幾乎可說是有能力引發幻覺，讓遊戲設計師以為自己在拍電影。導演史蒂芬・史匹柏（Stephen Spielberg）可沒辦法即時反應你的手腕動作†，也無法配合你的心情改變結局。他與你的互動即便很深刻，也完全是單向的。最不理想的做法就是出於羨慕之情而模仿電影，犧牲了遊戲獨有的雙向互動能力。如果你做得到，弄得精美絕倫當然很好，但只要看看《當個創世神》，就能證明現代遊戲的價值與美景無關。

儘管我們的優先順序很明確，新版《大海盜！》新增的影像招來的麻煩事卻不只一次讓我們傷透腦筋。舉例來說，我們在遊戲開頭的 3D 劇情動畫中介紹了遊戲從頭到尾可以追捕的大魔王蒙塔班侯爵（Marquis Montalban）。為了符合原本的遊戲精神，玩家依舊可以自行選擇要不要走他這條邪惡的故事線，但光是指定蒙塔班侯爵是哪一國的人（為了設定他在動畫中的服飾與口音，不得不設定國籍），想和

---

† 成就解鎖：這該擺進博物館——跟著印第安納・瓊斯、喬治・盧卡斯、電影配樂家約翰・威廉斯（John Williams）與史蒂芬・史匹柏來一場突襲。

西班牙維持交好的玩家就會碰上問題。在盟國的勢力範圍內打擊罪犯不是不可能，我們不會讓這件事過度破壞你們之間的情誼。然而，如果玩家跑去哈瓦那（注：Havana，曾為西班牙殖民地，今為古巴首都）追求總督的女兒，她會立刻被蒙塔班的手下綁架，擄回蒙塔班的母國，也就是會被帶到總督家隔壁的酒吧。這裡出現了情節漏洞，我們只好加了一點幽默的對話彌補過去，但從這個例子依舊看得出，光是一個劇情畫面就能讓故事結構失去彈性，情節的豐富性不增反減。

現代版的《大海盜！》推出後沒多久，我在德國接受媒體採訪，中間有幾個小時的空檔，於是我們決定造訪漢堡的旅遊景點小人國（Miniatur Wunderland），那裡展示著全球規模最龐大的模型火車。我們去的時候，第五個主要展區剛剛完工，整整五百六十輛的火車拉著將近六千節車廂呼嘯而過。另外還有數百台其他種類的交通工具，沿著藏在城市街道下的磁道四處穿梭。模型連接著二十六台電腦，全天候每小時上演各種場景，例如：警車把超速的市民攔到路邊，消防車駛向火苗閃爍、冒出一絲絲真煙的窗戶。太空梭按時升空，尋找迷你外星人。

那趟小人國之旅是一場時機恰到好處的可愛體驗。新版《大海盜！》的消息幾乎一發布出去，遊戲迷就開始要求我們復刻其他經典遊戲，那次忙裡偷閒的漢堡小旅行正好激發了我的靈感，我準備帶給初代的《鐵路大亨》一個全新的面貌。

一如既往，翻新舊版會有所有權的問題。我離開 MicroProse 之後，他們把版權賣給了 PopTop 軟體公司（PopTop Software），PopTop

後來又被 Take-Two 互動公司（Take-Two Interactive）收購。二〇〇四年年底，Take-Two 從英寶格手裡買下《文明帝國》的授權時，我們恰巧正在和 Take-Two 商談，不過為了保密開發《文明帝國IV》的事，買主的名字還要等好幾個月才會公布。短短八年內，Firaxis 已經和四間遊戲發行商打過交道：EA、孩之寶、英寶格與雅達利。雖然嚴格講起來，有的根本只是同一群人換了公司的名字，但總是會有你必須聽令行事的新高層，工作流程照樣會被打斷，舉例來說，我們在孩之寶旗下甚至一款遊戲都還來不及推出，我們就再度更換了公司名稱。如今我們可能改與 Take-Two 合作，這是第五間發行商了，我們非常希望能夠穩定一點。

因此，我們這次不再簽另一張授權合約，而是改簽規模龐大得多的協議。Take-Two 先是向英寶格與其他公司買下所有 MicroProse 剩餘的財產，接著直接買下了我們的工作室。有很多文書作業要跑，但律師向我們保證，這次真的可以破鏡重圓。

這個決定非常突然，但執行起來相對容易。我們一直隱約覺得，Firaxis 終究會在某個時間點把發行商永遠固定下來。如果這個結局勢不可免，當然最好每一樣東西都回到我們的手上，不用再一一協商本來就是我們打造的東西。Take-Two 認為我們的遊戲可以平衡他們的《俠盜獵車手》（*Grand Theft Auto*）等其他系列，而且願意放手讓我們做事，盡量不插手。於是，二〇〇五年一月，Take-Two 發布了重磅級的新聞稿，一口氣揭曉《文明帝國》的授權買主就是他們，《文明帝國IV》也即將推出；隨後，Take-Two 又宣布自己收購了 Firaxis。兩個

月後，《鐵路遊戲！》也加入產品陣容。

有點諷刺的是，如此大費周章後，我們最後還是沒有使用《大亨》的品牌。取得授權依舊是比較謹慎的做法，因為我們的遊戲顯然彼此相關，不過我們決定和整個大亨遊戲類別保持一點距離。PopTop推出的續作還不錯，但過去十五年間，叫什麼什麼「大亨」的遊戲絕對供過於求，大大小小的工作室都出過品質不一的大亨遊戲。玩家可以當養魚大亨、廁所大亨、月球大亨，而且那還只是二〇〇〇年代初的事。今日的玩家可以依憑著商業敏銳度稱霸刮鬍刀、冰雪皇后冰淇淋連鎖店（Dairy Queen），甚至是遊戲開發工作室（眾家遊戲工作室很有可能也在製作自己的大亨遊戲，有如企業版的俄羅斯娃娃）。不是所有的大亨遊戲都上不了檯面，但有些真的慘不忍睹，更何況這個遊戲類別已經出現了很大的演變，我們正在製作的東西不太能歸進這一類。

由於《文明帝國Ⅳ》還有一、兩個月就要上市，我知道，接下來有一陣子《鐵路遊戲！》的設計團隊會只剩下我一個人。我沒坐等遊戲美術有空，直接在自己的電腦上裝好公司的建模軟體，開始學怎麼用。在《大海盜！》的製作期間，我掌握了我們的 3D 物理工具，但我初期的船隻模型是從某個地方順過來的（現在回想起來，很有可能是從《文明帝國Ⅳ》的美術那裡弄來的），但我猜他們那邊沒有任何有用的火車圖形可以給我偷，這回我得自己來。

當然，我並沒有期待遊戲最終的版本還會用我的圖，但我還是畫了，因為設計師一定要什麼都會。了解每一個部門的需求、學習各部

門的必要工具將可改善你的輸出，讓你更能與同事溝通，還能在你該承認自己誤判某個點子時，提供關鍵的視野。不過最重要的一點，是你將能自給自足。

舉例來說，我想在新版的《大海盜！》裡加進舞會大廳的小遊戲，但不是每個人都覺得這個點子有趣。我得示範給大家看，意思就是除了其他各種元素，我還得製作出標示音樂節拍的工具，好讓電腦知道玩家是否抓對節奏。如果我還得靠別人集合各種元素，大概永遠都弄不好。後來依舊有人認為，不要放舞會大廳比較好，不過他們反對的主要理由在於某個程式漏洞讓抓拍子變得很麻煩。直到今日，我依舊認為跳舞是新版《大海盜！》最精彩的創新。

同理，我猜要是沒有已經能示範的原型，發行商也不會願意推出高爾夫球的戰略遊戲，我二〇〇〇年之前製作的所有遊戲大概會全數胎死腹中。點子不重要；執行才重要。以前其他人請教我，要怎麼進入遊戲產業時，我會回答：「裝好 DPaint 和 C++ 編譯器。」近日的回答則大多是「裝好 Photoshop 和 Unity 教學手冊」，不過原則沒變：我無法保證你的才華會因此受到賞識，但如果你從來沒製作過任何東西，那就絕對碰不上伯樂。證明你的點子是好點子的最佳方法，就是去證明。口說無憑，你得拿出行動。把你的屁股黏在程式設計師的椅子上，直到端出能玩的東西。接下來，改扮遊戲美術，直到你做出大致上看得出來是什麼東西的圖像。然後開始當遊戲測試，誠實地告訴自己哪些地方好玩、哪裡不好玩。你不必每一種工作樣樣精通，只要好到足以證明自己的論點就夠了，接著感召其他人加入你的行列。

建造偉大的城市，讓文明欣欣向榮

21

高等教育

《文明帝國》教會我的所有事情中，我從來沒有預料到，其中一項會是我就此能夠理解政治人物的心情。批評領導者的選擇很容易，但你只要建立國家幾個回合，就會開始明白，事情沒有表面上那樣簡單。凡事都有代價，如果說玩《文明帝國》能帶來一絲理解，那麼設計這款遊戲更是能深入體會個中滋味。

這就是為什麼每一版的《文明帝國》都會換新的設計師來帶領的原因。先是有布萊恩的續作，再來傑夫接下第三棒。程式設計師索倫‧詹森（Soren Johnson）替《文明帝國Ⅳ》掌舵，接著是設計師喬恩‧謝弗（Jon Shafer）接下《文明帝國Ⅴ》的重擔。這個系列一直能有推陳出新的點子很好，但換人接棒也是為了休養生息。即便我們有無限的愛，做這款遊戲實在是太燒腦。《文明》系列的前輩設計師就像阿公阿嬤：我們在年輕力壯時做出了重大犧牲，現在得以含飴弄

孫，把換尿布與小孩在歡的苦差事留給新手爸媽。

美術與音效會被每一輪新的技術循環完整取代，然而，除了這兩方面，《文明帝國》的設計師傳統上會遵循所謂「三分之一法則」：保留先前版本的三分之一，更新三分之一，剩下的三分之一則是全新的。近日，「更新」是「縮減規模、讓路給新事物」的同義詞，因為我們不希望把遊戲變得太複雜，害沒玩過的新手難以入門。不過另一方面，我們也不希望千篇一律，讓原本的粉絲興趣缺缺。我們的設計師自己就是老粉絲，因此我們永遠都有加上新功能的強大動力。《文明帝國III》嘗試加上新的間諜系統，《文明IV》新增了重要的宗教與文化機制，《文明V》則重新翻修了圖版，採取「每格一單位」（one unit per tile）的原則，地理布局從四邊形變成六邊形。

在製作這系列第一部遊戲的某個時間點，我其實就已經在思考剛才提及的大部分概念，但當時的技術還跟不上，或是不適合那個年代的受眾。舉例來說，六邊形網格數十年來是圖版遊戲的主流，因為六邊形可以去掉對角線的移動，明顯比正方形好。走對角線在視覺上看似無傷大雅，但從數學上來講，對角線經過的範圍遠多過直線移動，遊戲會因此失去平衡。設計師要麼得想辦法調整不規律的速度，要麼得在玩家身上加上方向限制，而這會令玩家感到莫名煩躁，畢竟沒有人喜歡目標明明近在眼前卻遠在天邊，怎麼樣就是走不過去。很不幸，在一對一的正面交鋒中，數學的考量通常會敗給受歡迎的選項。儘管從設計的角度來看，六邊形更為理想，《文明帝國》首度推出時，還是有人認為六邊形過於堅持技術上的細節，不適合一般的電腦

使用者。為了先讓世人接受戰略遊戲，我們妥協了，採取大家熟悉的四方形。我剛才說了，凡事都有代價。

由於可能會觸犯眾怒，在初代的遊戲裡，我們沒有把奴隸制等其他新元素放進去。在這一點上，我再度學到，不論我們選了什麼都是父子騎驢，公眾人物注定不會有什麼好下場。由於《文明帝國》大受歡迎，引發了專業學者的關注，沒多久我就因為這款遊戲出現「隱喻上的人口走私」，以及整體而言替西方擴張的罪惡塗脂抹粉，被經由同儕審查的學術論文罵到臭頭。然而，到了《文明帝國IV》，我們首度試著處理奴隸制這個議題時，抗議的聲浪更為激烈。不久後，我們重製了《殖民帝國》，再度把奴隸制拿掉，結果引發史上最大的騷動。

被開第一槍後，這一類的哲學分析立刻盯上了我先前製作過的遊戲。某篇論文說那些遊戲「展現了阿圖塞式（注：Althusserian，法國的馬克思主義哲學家）的無意識文化主張」，帶有「隱藏的教育意涵」。《大海盜！》不是在講江湖上的豪俠，而是「不對稱的非法活動，看似在破壞階級現況，但最終還是鞏固了階級現況」。就連《C‧P‧U‧巴哈》都被控揭開了「在可笑技術背後運作的意識形態力量的黑暗面」。

奇怪的是，儘管我的軍事遊戲充滿著「霸權的假設」，這類遊戲反而沒有遭到任何嚴格的審視。我猜這與遊戲自述的目的有關。《F-15獵鷹行動》單純想在軍事上制霸，《文明帝國》則顯然企圖完成宏大的野心。一旦你開始瞄準與政治無關的人性共通主題，你才會開始被那樣的標準評判，最後也不免達不到理想的期待。

我只能說，我們的動機很真誠，或許是這些批評者自己吃飽太閒。我不否認《文明帝國》最早的版本主要採取的是西方視野。當時是個冷戰論述盛行的年代，所有的事物通常會被過分簡化成好人、壞人，然後就沒了。對於一九九〇年代初期的美國人來講，遊戲中的國際多元性根本是全新的概念。至少我們可以說，我們走在多元運動的最前線，至今還有很長的路要走。隨著《文明帝國》逐漸成熟，我們讓南美、亞洲、非洲文化達成遠遠更為理想的平衡。我們非常努力讓每一代的遊戲都比上一代更加包羅萬象。事實上，我們努力到碰上另一頭的極端：出於對攝影與偶像的禁忌，新墨西哥的「全培布羅治理委員會」（注：All Pueblo Council of Governors，培布羅是傳統居住在現今美國西南部的原住民族）反對在《文明帝國 V》放進從前的培布羅領袖波普（Popé）。幸好這件事在遊戲的開發階段就被指出，我們樂於從命，改放肖松尼（注：Northern Shoshone，曾活躍於美國西部與墨西哥北部的部族）部落的波卡特洛酋長（Chief Pocatello）。我們也許偶爾會沒注意到其他的觀點，但只要有人點出來，我們絕對不會不當一回事。

　　至於說我們擁抱文明「進步」模式的指控，這點我無法否認，而且實務上這點無法更動，因為遊戲必須晉級。進步觀的確不是看待世界唯一的方法，但是以我們試圖創造的情境而言，這是唯一合理的做法。同樣地，有人說我們以一定的程度卡通化了歷史人物與事件，這也不是多駭人聽聞的事。所有的遊戲本質上都是簡化的，但我們在簡化的時候努力做到尊重與平衡，永遠把改善玩家的整體體驗當作目

標。如同埃默里大學（Emory University）的歐陽泰博士（Tonio Andrade）所言：「歷史不只牽涉到過去。歷史與反映過去的現在有關。」他在 Podcast《歷史重生》（*History Respawned*）中，與約翰·哈尼博士（John Harney）對談時提到了這句話。那集節目的來賓剖析了各種電玩遊戲帶有的文化與歷史意涵。歐陽泰博士表示，就最新的《文明帝國》版本而言，「裡頭有很多的假設不全然符合現實，但那就是重點所在。身為歷史學家的我們，無論閱讀了多少文本，不論有多麼小心翼翼，我們依舊是在提出模型與假設……而《文明帝國》僅僅是其中一種有形的有趣模型。」

在我們這一行，每一件事情都是在追求樂趣，而學習歷史恰巧往往是有趣的；不過有時候也超級令人沮喪就是了。我們必須提供玩家明確的是非對錯，減少痛苦的困境，原因是遊戲與其他形式的說故事不同，玩家親身代表著主要遊戲人物。事關玩家的自尊，我們必須照顧到他們的感受。在我們的版本裡，成吉思汗快被玩家打敗時不會跪地求饒，因為那會令玩家感到不安，懷疑自己為了求勝而趕盡殺絕是否有意義，這無異於質疑遊戲本身是否值得玩。我們提供的機會通常是下一輪可以由你來扮演成吉思汗。以引人入勝的方式對照兩種都是正面但相反的體驗。這樣做的效果將永遠勝過打擊玩家的自尊，讓他們最後頭也不回地離開。

不過一般而言，我不介意哲學層面的細膩討論，我接受具有建設性的意見。我們的批評者以有理有據的方式協助我們找出盲點，最後總會帶來更加理想的遊戲。即便批評者完全說錯，依舊是好事一樁，因為那提醒了我們，我們永遠無法讓每個人都開心，最重要的是，要對得起自己的良心。舉例來說，不是每個人都欣賞初期的《文明帝國》點出了全球暖化的議題。此外，還曾經有早期的遊戲評論人認為，我們把女性投票權放進遊戲裡「是在替政治正確的高牆增磚添瓦。」因此，我可以很自信滿滿地說，我們不受歡迎只是因為我們走得太前面，至少偶爾是這樣。

我甚至會說，這一類的對話是我們自己培養出來的。最早期的時候，學界很少會評論電玩，他們不理解真正在玩遊戲的那群人。幾乎所有的討論都以某種方式提及年齡，例如一九九七年，有作家發明了「螢幕世代」一詞（screenager）來形容我們的受眾。二〇〇二年，某位人類學家嘲弄《文明帝國》中不靠軍事手段取得的勝利只不過是粉飾太平的樣板，有如給無知少女崇拜的「××男孩」團體。不論年輕族群究竟被視為遊戲產業的負面特徵，還是為產業帶來朝氣，總是有人暗示遊戲是不成熟的人在玩的東西。

似乎沒有任何一個批評者注意到，青少年其實是最不具代表性的遊戲人口。電玩起初是成年的阿宅會從事的活動，與孩子完全無關。一九八〇年，我把《搶救人質》帶回密西根老家的時候，我媽是全家唯一試圖擊敗阿亞圖拉的玩家。我妹薇琪和我弟布魯斯當時年約十歲和八歲，今日這個年紀會被視為玩電動的主要年齡層，但當時沒有任

何人想到要喊他們過來玩。大家認為電腦是成年人的活動，且任何恰巧發生在電腦上的活動，也連帶被視為是成年人的事。

然而，到了一九九四年，迪士尼進入市場，四歲的萊恩坐在我的腿上玩《迪克・崔西探長破案冒險》（*Dick Tracy: The Crime-Solving Adventure*）是再平常不過的事。同一年，美國自律團體「娛樂軟體分級委員會」（Entertainment Software Rating Board，簡稱「ESRB」）問世，成立原因是家長誤以為所有的遊戲都適合小朋友玩。遊戲人口沒有就此完全轉移，但按照 ESRB 最初的分級來看，被標為適合「學前兒童」（Early Childhood）與「每一個人」（Everyone）的遊戲的確比「青少年」（Teen）與「成人級」（Mature）多，數量大約是二比一。這個比例一直穩定維持到二○○○年，而那一年正好是玩電動長大的世代開始離家的時刻。情勢很快就翻轉了過來，二○○三年，兒童遊戲完全失去了領先的地位。

從那時候起，兩方的人數比大約是一比一，和電影與書籍一樣。不過，當時十八、九歲左右的玩家並沒有離遊戲遠去，他們在大學期間還繼續打電動，念碩士也繼續玩，最後大約在二○一○年時，第一批從小到大都在打電動的世代開始取得博士學位，也正好是談「遊戲造成的社會影響」（以及我們能做得更好的具體辦法）的細膩學術辯論真正開始進入主流的時刻。

學者會談論我們、批評我們的原因是他們認識我們。玩家並不是突然神奇地在學者心中獲得可信度，而是玩家長大後**成為**學者。我們製造出監督我們的人，而他們抱怨時，我知道那只證明了他們有多重

視遊戲。

幾年前，我們在巴爾的摩舉辦了一場名為「Firaxicon」的小型遊戲聚會。我真的沒想到會有那麼多家長帶著孩子前來。這些成年人並未表現得像是被迫陪孩子參加活動，而是扮演本地嚮導的角色。母子、父女，甚至還有幾對爺孫，他們全都希望能表達出自己對遊戲的熱愛，把這個傳統傳承下去。他們不覺得玩遊戲有什麼好尷尬的，而是深感自豪。此外，他們親身證明了會打電動的人不是只有把自己關在家裡的青少年。這群人有事業，有人際關係，有家庭。《文明帝國》的後頭有人生！這點足以讓人熱淚盈眶。

近年來，我們打進主流的跡象隨處可見。《文明帝國IV》的主題曲《我們的天父》（*Baba Yetu*）榮獲葛萊美獎。「電玩交響音樂會」（Video Games Live）近日到全球巡演，表演完整改編成管弦版本的遊戲音樂，首演之夜售出一萬一千張門票，日後還陸續舉辦了超過四百場音樂會。有一次，《華爾街日報》（*Wall Street Journal*）的記者打電話給我，想知道我們是如何完美抓住賦稅政策的基本精神，以及亞當·斯密（Adam Smith）的哪些經濟理論帶給我們最多的啟發（答案是沒有，因為我從來沒讀過亞當·斯密的著作，我也不認為《文明帝國》的賦稅制度有記者講得那麼有深度）。二○一六年，美國退休者協會（AARP）的網站刊出文章，讚美電玩帶給年長者的好處。此外，雖然還是有教授不喜歡我們簡化歷史，但也有為數不少的教授為了學術目的，指定學生研究《文明帝國》。我們的遊戲被美國各州的大學正式納入課程，包括威斯康辛州、賓州、肯塔基州、俄勒岡州、

麻州、科羅拉多州、喬治亞州等等。

高中也有我們的蹤影。二○○七年，有加拿大的公司製作了《文明帝國Ⅲ》的模組《加拿大史》（*HistoriCanada*），擴寫了文明百科詞條，並加上精確的地圖、原住民藝術與音樂，免費發放給兩萬所學校，以及另外的八萬名學生，協助師生以第一手的方式體驗加拿大的誕生過程。

遊戲兼具教育功能完全合情合理，不過一直以來，我不是很喜歡「教育軟體」（educational software）這個標籤。我個人比較喜歡講「學習」（learning）。教育是別人告訴你該如何想，學習則是願意接受新的可能性，從個人層面上理解所學之事，從而掌握概念。如果是從教育的角度出發，的確可以斥責我們缺乏歷史的精確性，但若從學習的角度來看，責備這件事等於完全沒有抓到重點。你難道會因為真正的老鼠不會講話，就說《伊索寓言》（*Aesop's fables*）沒意義嗎？我們鼓勵玩家探索知識，並養成自己的信念。我們希望你了解選擇會帶來後果，光是一個外交舉動就有可能影響國家的命運。歷史人物不是非黑即白的典型好人或壞人，不是因為我們這樣告訴你，而是因為你親自面對過那些複雜的兩難局面。

遊戲要是做對了，玩家甚至不會意識到自己其實是在學習。你當然也可以主張，教學要是做對了，學生會在不知不覺中享受到很大的樂趣。哲學家馬素・麥克魯漢（Marshall McLuhan）說過一句名言：「任何試圖區分教育與娛樂的人，他們既不懂教育也不懂娛樂。」然而，對上傳統教學法，科技讓我們握有不可否認的優勢，我們有辦法

觸及更多的學生，提供範圍更寬廣的主題，那些東西不可能一堂課就做到。

一對已婚人士告訴我們，他們依據《文明帝國》的經濟體系管理每個月的家庭收支。科羅拉多大學（University of Colorado）的教授讚美《鐵路大亨》在他小學三年級的時候，讓他理解負債的陷阱，以及破產是怎麼一回事。此外，不只一名《大海盜！》的粉絲告訴我，他們因為對加勒比海的沿岸城鎮如數家珍，地理考試拿到高分（雖然我猜他們的老師要是聽見哪些城鎮比較容易劫掠，可能就沒那麼開心）。電子遊戲網站 Kotaku 的記者提到，因為遊戲的關係，自己從小就擁有超過同齡人的豐富字彙量，包括「塔廟」（ziggurat）、「飛機副翼」（aileron）、「銳劍」（épée）、「多神論」（polytheism）等等，有讀者回覆自己也一樣，又提供了數十個例子。我兒子幾乎完全靠著電腦遊戲攻略學會閱讀。

以上的意思不是在說，我們的遊戲是為孩童設計的，但我也沒說我們的遊戲「不」是為他們設計的。我們認為，真正的好遊戲老少咸宜。以前布魯斯・雪萊會開玩笑，說我們是在圖書館的兒童區做研究，這句話不完全是譬喻。童書會省略掉細節，直接處理重要的主題。此外，童書的簡單插畫也剛好適合那個年代電腦顯示卡的限制。童書式的資訊也提供了扎實的知識基礎，我們的玩家知道接下來會發生什麼事。我們可以在那個基礎之上添加幻想、幽默與劇情，我們也有信心，讓每一個基本元素都將引發快樂的共鳴。大人往往會忘記自己心中還有那樣的歡樂天地。成人的世界確實比較複雜，但小孩並不

笨。某個點子的基本精神如果不足以引發孩童的興趣，那麼我會說，
那個點子其實沒有你想的那麼有趣。

22

數學和你想的不一樣

　　我和同齡人一樣，第一次接觸到的電動是遊戲史上赫赫有名的黑白桌球賽《乓》（Pong）。我的前東家通用儀器所在的那條街上有一間小餐廳，我們幾個同事下班後會去那裡吃晚餐，消磨一下時光。後來餐廳在吧台區裝設了一張奇怪的桌子，桌面的材質是壓克力板，下方裝著螢幕朝上的電視。理論上，你在玩遊戲的時候，可以把酒和下酒菜擺在這張遊戲桌上，但是在電視面板上吃東西好像不太禮貌，因此大部分的晚上，我們會晃過去玩個幾回合，然後又回到一般的木桌邊。我印象最深刻的是那個遊戲台的其中一邊，後來不曉得怎麼了線路有點問題，玩家把旋鈕往右調的時候，螢幕左側會出現細小的白線，所以我們講好，實力較強的那一隊要吃虧一點，坐在桌子故障的那一邊；或許那是我最早平衡遊戲戰力的經驗。

　　大型電玩的硬體術語有時會把轉動式的針盤控制器稱為「旋鈕」

（spinner）。真正的技術阿宅知道，那是電位器或可變電阻器的意思，取決於它們的功能是什麼。不過，一般民眾則因為這個東西最初用在桌球遊戲的關係，稱它們為「球拍」（paddle），搞得後人一頭霧水。

《乓》問世一年後，史上第一個遊戲用的四方搖桿（joystick，很湊巧，英語的「搖桿」一詞來自早期的飛機操控裝置）也在街機遊戲《星際大賽》（*Astro Race*）中首度露面，一下子就大受歡迎。一九七七年，Atari 2600 家庭遊戲機提供了標準化插口，除了雅達利自家的五種遊戲控制器，還支援五花八門的第三方控制器。

市場開始對此做出回應。一九八三年，《創意電腦》（*Creative Computing*）雜誌以一萬五千字的文章評比了各式硬體，比較十六個搖桿品牌與八種特殊「球拍」。此外還介紹了八款轉換器，可以連接沒那麼常見的插口，方便玩家使用各種遊戲設備。有的產品先進地出乎意料，例如 Datasoft 公司的「Le Stick 搖桿」；每當這個獨立的圓筒狀搖桿往任一個方向傾斜超過二十度，就會促發水銀開關組，偵測到動作。這項發明沒有流傳下來的理由很明顯，但撇除有毒金屬的問題不論，Datasoft 絕對值得被記上一筆，畢竟它比日後的動作感測器風潮整整早了四分之一個世紀。

然而，第三方製造商一下子就消失了，遊戲世界開始出現不同的演化方向。一方面，大型電玩的傳統旋鈕、按鈕與搖桿整合在一起，每種遊戲機系統各自有專屬的控制器。另一方面，個人電腦產業的發展方向開始偏向比較有基礎的商業周邊設備，也就是滑鼠與字母數字鍵盤。大型遊戲公司一直努力苦撐，試圖兩邊兼顧，但到了一九八三

年的尾聲，北美的遊戲機市場崩盤；年營收從先前的三十二億美元一路暴跌，一九八五年僅剩一億美元。雅達利首當其衝，成為最大的苦主，日本則直接把整場事件稱為「雅達利震盪」（Atari shock）。由於種種原因，日本市場依舊穩定，然而，美國每一間遊戲機公司的下場全都是破產或大幅轉向改做個人電腦，於是在接下來的二十年間，日本成為家庭遊戲機的霸主。

當然，日本依舊還是有常規的電腦。繼《F-15 獵鷹行動》後，MicroProse 旗下幾乎每一款遊戲都有翻譯成日文，讓玩家在 MSX、FM Towns 與 PC-98 等日系電腦上也能玩。同樣地，家裡有遊戲機的美國玩家也會玩有翻成英文的日本遊戲，例如《超級瑪利歐》（*Super Mario Bros*）和《薩爾達傳說》。然而，兩種格式的文化深植於各自的國家，很少有遊戲能成功跨越。情況有如棒球與板球：這兩種體育活動很像，在全球各自有支持者，但很少有球迷兩種球都看，更沒有職業球員兩種球都打。

機械上的差異某種程度上影響了二分天下的局面，至少從我們的角度來看的確如此。你很難靠遊戲機裡的十字鍵與浮動游標重現電腦滑鼠的細微動作。此外，遊戲機無法和電腦一樣，在螢幕上放很多字，因為玩家通常會坐在離螢幕幾呎遠的地方。我個人不認為這個問題是雙向的（畢竟我們的電腦鍵多過遊戲機的按鈕），但既然我是在產業的電腦那邊工作，我會這樣想也理所應當。很多人主張，某些遊戲機遊戲如果改放在電腦上，玩起來永遠不夠直覺。就當時的處理效能與圖形效能差異來看，那些人或許說得有理。電腦和遊戲機各有優

缺點，我承認，我擁有的遊戲機數量至少和電腦一樣多。

　　然而，電腦和遊戲機這兩種格式互不往來，不完全是控制器的問題，就連介面簡單的遊戲往往也無法打進另一方的市場，例如一九八九年，《沉默艦隊》早已開枝散葉，出了十三種電腦版本，MicroProse才首度嘗試把這款遊戲搬上俗稱「灰機」的任天堂娛樂系統（Nintendo Entertainment System, NES）。即便日系電腦 PC-98 提供了現成的翻譯，我們對西方的遊戲機玩家沒抱太大的希望，也就不費神提供日版遊戲了。萬一真的有日本的遊戲迷恢宏大度，願意接受我們的美國遊戲機遊戲，我們只能祈禱他們剛好也懂英語。

　　我不記得《沉默艦隊》的灰機版是否賺到任何一毛錢，但我猜沒有，因為接下來的幾款遊戲我們還是繼續忽視遊戲機這個平台。就連成功到光在日本就移植到五種電腦機型的《武裝直升機》，也沒有發行過任何語言的遊戲機版本。日後我們又試了好幾次水溫：《大海盜！》相當成功地轉換至灰機，《F-15 獵鷹行動 II》在 SEGA Genesis遊戲機上的表現也還不錯，但超級任天堂版（Super NES）的《鐵路大亨》則是開發到一半就取消；《機密行動》反倒是成為我們第一款移植到 Linux 的個人電腦遊戲。

　　唯一成功到得以四處移植的遊戲只有《文明帝國》，包括超級任天堂、PlayStation，還有 SEGA 土星（SEGA Saturn）。但如何兼顧到所有的文化讓我們有點卻步。為了拉進雙方世界的距離，任天堂要我們做出幾項修改。如今我們已經知道，任天堂極力保護家族品牌的形象，一定會要求我們做出種種調整，例如之前他們把《大海盜！》貿

易制度裡的「菸草」改成「作物」。好，沒問題。這次他們要求，要把《文明帝國》裡的其中一個文明換成日本人，這點也完全可以理解。但接下來的走向就有點莫名其妙。

《文明帝國》的標準開場動畫是漩渦狀的天體運行與火山活動。字幕寫著：「起初，地是空虛混沌，但太陽照耀了沉睡的地球，深入脆弱的地殼，巨大的力量等著被釋放。」

很史詩，不是嗎？但任天堂並不這麼認為。

超級任天堂的版本這樣說：「很久很久以前，人類分為許多部族，在地球上流浪。」

嗯，好吧，我想那樣也不錯。優美的幻想曲配樂，效果不如原始主題曲帶動懸疑氣氛的節拍，但也許他們是在慢慢醞釀。

「然而，在一個繁星熠熠的夜晚，發生了一件非常不尋常的事。」

嗯……是在說第一名開拓者抵達三乘三方格了？

「美麗的女神降臨在日本的年輕領袖德川面前。祂說：『德川啊，我賦予你一個使命。你要建造偉大的城市，讓文明†在地球上欣欣向榮……』」

哇。

其餘的變動無傷大雅，只是額外解釋了土地經過灌溉將生產更多糧食，還有人民喜歡道路。然而，我還是不懂，在地化的團隊為什麼堅持認為這個穿著晚禮服的奇怪金髮女士動畫會讓遊戲更出色。如果

---

† 成就解鎖：預期中的版圖——唸「文明」兩個字一百二十五次。

只是某天神叫你去做，你怎麼能暢快地感受到「當王真好」？我以為先前故意不在遊戲裡放宗教元素已經避開了爭議，他們現在卻要主動加回去。

最終日方怎麼說，我們統統照單全收，主要原因是我們別無選擇。的確，沒有任何遊戲機評論人指出那一小段動畫有哪裡奇怪。如果三十秒的神祕主義包裝能讓這群特定的受眾更享受遊戲其餘的部分，我想是可以接受的。不過這整段經歷確實再度凸顯出遊戲機與個人電腦使用者的文化差異，不只是「按鈕」與「鍵盤」那麼簡單而已。

也難怪，二〇〇七年年中，當我宣布我將設計遊戲機專用的遊戲《文明帝國：變革》（Civilization Revolution）之際，粉絲們紛紛驚恐哀嚎。雖然我們離開 MicroProse 數年後，《文明帝國 II》曾經登上PlayStation，但 Firaxis 每款《文明》系列的遊戲（包括《阿爾發新文明》、《文明帝國 III》、《文明帝國 IV》、即將推出的《殖民帝國》復刻版，以及祕密研發中的《文明帝國 V》）全都是替個人電腦設計的。網路上有人開罵，說就為了一群明顯無知的玩家，我們背叛了粉絲，簡化《文明帝國》系列，跑去迎合顯然較為次等的平台。那一派的網友氣壞了，提出質疑，但他們其實主要是在害怕失去心愛的東西，因此整場網路暴動似乎有點可愛。

此外，從最簡單的粉絲信，一直到一群死忠玩家在等待《文明帝國 III》的期間，寄給我們高達六百頁的列印版「正式建議列表」，網友早已習慣自己的意見被納入考量。我們的遊戲天生就會激發玩家，

讓他們強烈感到《文明帝國》是**他們的**遊戲，因此面對新事物時，我們的粉絲總會毫不猶豫發聲，一定要讓我們聽見他們的心聲（尤其是他們不滿的地方）。然而，事情一旦明朗，他們得知遊戲機版本將只會是另一種《文明帝國》，而不是獨一無二、以後就只會有這種的《文明帝國》，每個人都冷靜了下來。

其中一位評論者承認：「事實上，《文明帝國：變革》是直接配合平台開發，而不是硬把不靈光的個人電腦連接埠放進遊戲機；其他遊戲都失敗時，這個版本的《文明帝國》成功了。」

這正是我們希望達到的效果。我們當初就說了，那是一個晚上便可玩完的《文明帝國》，畢竟不是每個人都有辦法挪出八十個小時玩一場遊戲，沒理由工作與家庭負擔較大的玩家就該被冷落。在這個版本中，城市比較容易建立與擴張，技術發展也較為迅速，更早攻擊對手，更快打完戰役。《文明帝國：變革》事實上是在個人電腦上面開發的，但倘若我們隨隨便便就把它轉移到市場的另一邊，這款遊戲不會成功，因為《文明帝國：變革》不是為個人電腦設計的，正如原始版的《文明帝國》不是為遊戲機設計的一樣。照顧全新的受眾給了我們多年來不曾有過的自由，我們更能自由判定《文明帝國》遊戲「理應」放進／捨去哪些東西。要顧的事情已經夠多了，玩家真的需要整套貿易路線的經濟體系來管理城市嗎？有些玩家絕對喜歡這個部分，有些玩家則被那麼多的細節給難倒。現在兩種玩家都能玩到符合自身需求的《文明帝國》遊戲。

《文明帝國：變革》和其他遊戲不同的另一項功能，在於由於努

力簡化，我們終於打造出穩定又可行的多人遊戲體驗。理論上，《文明帝國網路版》之後的每一個版本都有提供多人模式，通常是單人版釋出後的幾個月推出的資料片，但老實說都不是很好用。不同類型的個人電腦之間、不一樣的編碼方法之間，以及遊戲迷用來互連、不同家的上網服務之間有太多變數，無法提供一致的體驗。一篇早期的評論提到，他們在「大約四十英里的距離內」測試過多名玩家模式，因為在那個年代，線路的長度真的會造成影響。即便玩家真的有辦法互連，遊戲本身的複雜度也會把步調拖到極度緩慢，尤其是在討論外交、只有相關玩家能看見的遊戲時刻。我們之所以提供多人模式，其實只是因為沒做很像是在偷懶，我們根本沒有指望多人模式會帶來最佳的遊戲體驗。

然而，遊戲機的世界不一樣。多人不僅是遊戲機玩家使用的關鍵功能，製造商自己也會要求。SONY 與微軟替 PlayStation 3 與 Xbox 360 下重本投資連線的基礎設備，期待遊戲開發者會加以運用。

我第一次真正嘗試替線上多人功能寫程式（MicroProse 時期的雙人坦克原型不算，因為當時公司不想提供伺服器服務，而且原型也沒有真正成功）是《北與南：蓋茲堡戰役》，效果其實還不錯。那是一款即時遊戲，玩家不必等待對手完成他們的回合，而且由於遊戲裡的軍事衝突符合南北兩方對峙的史實，永遠只有兩名玩家。如同我們的單人遊戲，我們之所以知道《北與南：蓋茲堡戰役》的多人模式效果還不錯，是因為辦公室裡的每個人都在摸魚，一玩就是整個下午。我不是一個好勝心很強的人，我講過最接近垃圾話的言辭，頂多就是提

醒同事我是老闆，應該讓我贏才對。不過，當你聽見辦公大廳裡的同仁愉快地互相挖苦，加油打氣聲不斷時，你就知道挖到寶了。很不幸，先前成功的經驗帶給我不切實際的期待，讓我以為寫《文明帝國》的多人模式也會很簡單。

線上遊戲永遠要考慮兩種情形：延遲與同步。延遲問題比較容易辨認，因為玩家會痛罵，但同步問題更為致命，然而，試圖改善其中一個，通常又會讓另一個出問題。為了讓遊戲維持同步，也就是兩台電腦都承認當下發生的事，兩台電腦必須不斷來來回回傳送資訊。

「我剛才開槍了。」一台電腦說。

「對，你開槍了。」另一台電腦回答：「你擊中了我這邊的目標。」

「對，我擊中了你那邊的目標。」

如果兩台電腦不同步，數據就會立刻引發幼稚的兄弟鬩牆：「我擊中你了！」「才沒有，你沒有打中。」然後遊戲就不用玩了。

如同《北與南：蓋茲堡戰役》的例子，最簡單的解決之道就是把所有的遊戲狀態從一方傳到另一方：「我的士兵在這裡，你的士兵在那裡。我瞄準這裡，你瞄準那裡。我的生命值是多少多少，你的生命值是多少多少。我開了槍。」

「好，我相信你。」

任何的不同之處都會在下一批資料傳送過來的時候被覆寫。士兵

的位置會被校正，或是某個人死於你根本沒看到開火過程的神祕子彈時，螢幕可能會突然跳動一下，但只要事情迅速解決，遊戲對雙方來說都會顯得順暢合理。

然而，即便是簡化版的遊戲，《文明帝國：變革》的數據還是太多了，無法事事都分享。軍隊位置、金融數字、滿意度、食物儲量、停戰協定、地景變化……而且有五個文明，數據量有可能一次要乘以五。這就是為什麼先前每一個《文明帝國》的多人模式都被罵說又拖又不公平：畫面卡住半秒、軍團轉動四十五度等等都是可以原諒的小差錯；但如果整整凍住十秒，軍團瞬間跨州移動，玩家則會無法忍受。

然而，另一種做法的風險也很大。

「我的兵在這裡，你的兵在那裡。」

「對，我們往北前進了一格。」

「我們往東移動一格。」

「我們損失一單位的生命值。」

「我們獲得兩單位的食物。」

「我們往西移動一格。」

「等一下——你們剛才在哪裡？」

只分享圖版變化會比較有效率，也讓遊戲能以可接受的速度運轉。然而，即便是最小的同步錯誤也可能帶來遊戲玩不下去的大災難，因為累積好幾個小時的變化不可能從頭復原。雪上加霜的是，從戰役結果到細膩的影像變化，《文明帝國》決定每一件事都重度仰賴隨機數生成器，因此我花了好幾個月尋找同步錯誤，確保每一個可能

的情境都視需要被分享或隔離。出乎眾人意料，《文明帝國》在線上平板玩家之間也建立起死忠的追隨者；辛苦是值得的，但我依舊很慶幸自己不必再經歷一次相同的事。我希望能藉此告訴大家，有些傑出的程式設計師能想出更優雅的解決方法，但實際上只不過是數據速度改善的程度大到足以讓我們傳送大型遊戲的完整數據塊罷了。

不過，隨機數字值得留意的地方在於它不是真的隨機，或至少不是我們跟你們說的那種隨機。真的給玩家隨機的結果時，玩家失去的東西會遠遠超過他們認為合理的範圍。按照定義來說，大部分的人都是普通人，但我們想要相信自己比較優秀，光是我們會拿起電玩這點，就證明我們不同凡響。很少人能成為國王、大亨、船長，或是其他有頭有臉的大人物，但大家讀了遊戲盒背面的介紹，就會想：「這我沒問題。」幾乎所有形式的娛樂都帶有這種在真實世界不存在、但為了樂趣而出現的主角威能敘事。藍波永遠都會打敗壞人，福爾摩斯永遠都能解開謎題。職業運動是唯一一個我們預期輸家會占多數的領域，但即便如此，表現最差的隊伍通常在隔年選秀時會擁有某種優先權。不論是觀看還是參與，粉絲都渴望**公平**的感覺，想要感到人間有望，然而，隨機是一件極度不公平的事情。

在我一生的遊戲職業生涯中，一直有人反覆提醒我人性這個部分，但一直要到《文明帝國：變革》我才大開眼界，澈底了解人類對待隨機事件的態度有多麼不理性。

有一次，我們認為在螢幕上提供每場戰役的勝率是個好主意。我們會這麼做，部分原因在於統計很有趣，不過主要其實是為了解決一

個在留言板上一直被開玩笑的問題。問題在於，不論是什麼樣的對決，沒有穩贏這種事；機率或許超低，但居於劣勢的那一方永遠有機會反敗為勝，然而這有時候會導致非常荒謬的結果，例如未開發國家的槍兵在戰鬥中打敗了坦克車。我認為理論上這**是**有可能的，如同莫加頓戰役（Battle of Morgarten）中，一千五百名手無寸鐵、只有棍子和石頭的瑞士百姓擊退了人數是兩倍以上、且訓練有素的奧地利騎士；在阿薩耶戰役（Battle of Assaye）中，英國一比五的人數比例打敗了馬拉塔（注：Maratha，印度次大陸上的帝國，最後被英國所滅）的軍隊；李舜臣將軍僅靠著十二艘船，就帶領朝鮮海軍戰勝了一百三十三艘日本戰船；克羅埃西亞人光靠著一千八百人，便在武科瓦爾（注：Vukovar，現位於克羅埃西亞東部，毗鄰賽爾維亞）成功拖住三萬六千名塞爾維亞人將近三個月。

以寡擊眾真的有可能發生。何況穩贏的勝利並不是平衡遊戲的好方法。

不過，我們認為，倘若在戰鬥開始時，給玩家看看獲勝的機率或許會有幫助。玩家將明白這些看似不太可能發生的戰役結果背後有實際的數字在支撐，而不是 AI 在搞鬼。

我們想錯了。玩家不但沒被「居於劣勢的一方也有可能獲勝」的證據說服，這下子他們抗議得更厲害了，因為勝率高的資訊如今也擺在眼前。

「席德，這個遊戲很有問題。你看，我是在跟野蠻人打仗，勝率是三比一——我居然輸了！」

「是啊，」我承認，的確有那樣的可能性，「偶爾還是會輸。」

「不是啊，你不懂。三是大數字，一是小數字，我是贏的機率大的那一個。」

「是沒錯。」我實事求是地解釋，「但你看這裡，這邊這場你獲勝的機率比較小，你是一，對方贏的可能是超大的三，你卻擊敗他了不是嗎。」

「那不一樣啊！我的戰術比較高明，策略也比較強，我還不菸不酒，飲食超健康的好嗎！而且你知道，還有很多必須考量的複雜變數。」

不論以多少不同的方式進行這種對話，我就是無法說服遊戲測試者一場勝率為三比一的戰役，他們大約有四分之一的時候會輸。機率高到某種程度後，玩家會開始認為自己無論如何都會贏。然而，如果相同的戰況，換成他們是居於劣勢的那一方，他們卻認為應該要偶爾讓他們贏一下才合理。

即便玩家的直覺感受不合邏輯，我們還是得好好想想。負責《星艦爭霸戰》雙數集的電影編劇尼可拉斯・梅耶（Nicholas Meyer，如果你是星艦迷，你會知道那幾集比較精彩）曾說過一句話：「觀眾或許蠢，但他們永遠不會錯。」Firaxis 的辦公室也有類似的講法：意見回饋就是事實。如果有人告訴我某款遊戲不好玩，我不可能去爭辯：「沒這回事，你明明就覺得好玩，只是你不知道而已！」玩家覺得不好玩，我的遊戲就不好玩。不管《文明帝國：變革》的玩家究竟是因為機率、技巧還是設計的人有問題，才輸掉自己認為不可能輸的戰

役，他們怪到誰的頭上都不重要，結果就是好玩的程度依舊下降了，我們得解決那個問題。

因此，我們在幕後更動了實際的機率。只要勝率高過三比一的戰役，一律讓玩家贏。這對電腦 AI 來說或許不公平，不過我們從來沒有接獲任何抱怨，而且一旦讓玩家有了優勢，他們便會回報：遊戲好玩多了。

「席德，還有一個問題。」

「喔，怎麼了？」

「我打了一場勝率是二比一的戰役，我輸了，沒關係。我知道我們討論過這件事，但是在那之後，我打了另一場二比一的戰役，然後我又輸了！」

「嗯，拋硬幣時，每一次的結果不會受到先前的結果影響……」

「不對，你在講什麼啦，我不是在跟你討論拋硬幣，我講的是騎手與勇士。」

「對，完全不同的兩件事，我懂。」

「感受」再次戰勝「邏輯」。我們只能接受事實，開始把先前的輸贏結果也納入考量，讓不好的事（或好事）更不可能接連發生太多次。我們為了讓玩家**感到**更隨機，只好讓勝負實際上變得更不隨機。

「現在開心了嗎？還有別的問題嗎？」

「嗯，還有一件事真的超怪的。我打了一場仗，勝率是寫二十比十，你懂嗎？但不知道怎麼搞的，我居然輸了。」

「二十比十……那跟二比一是一樣的。」

「不對，二只比一多一，二十比十多十欸。拜託，你自己算算看就知道了！」

我們只好加上另一項「修正」。

《文明帝國V》問世時，我們決定，提供勝率帶來的爭議太大，沒有必要給自己找麻煩（雖然這個功能在六年後的《文明帝國：變革II》短暫重出江湖，因為《變革II》主要是依據《變革》的程式庫而來）。在那之後，《文明帝國VI》已經換成全新的戰力系統，用數值而不是用勝率來比較軍事單位，而且不以單次的小型衝突定輸贏。當玩家吵著要知道槍兵對上坦克的勝率，光是聆聽他們的心聲還不夠；我們必須憑直覺知道玩家究竟真正要的是什麼，而不是他們說出來的要求。「意見回饋就是事實」這句話只適合用來找出我們的遊戲帶給玩家怎麼樣的感受，接著就必須由我們來接手，找出能真正解決問題的辦法。畢竟，有好多好多複雜的變數要納入考量。

23

社群新世界

　　我的恐龍遊戲失敗本來就夠尷尬了，新興的社群媒體更是帶來雙重打擊。一九九六年，《毀滅戰士》的開發者約翰・卡馬克（John Carmack）決定為了粉絲，把他的 Unix 計劃檔案（.plan，多數程式設計師把這種檔案當作公開的待辦清單使用）改成更接近對話形式的狀態更新。從那時候起，遊戲社群開了許多最早期的「部落格」（weblog）。不久後，網路作者羅伯・馬爾達（Rob Malda）把他的科技部落格「洋芋片與沾醬」（Chips & Dips）更名為「Slashdot」。到了一九九九年尾，我們明確感受到這種新媒體將是連結受眾的強大工具，Firaxis 的開發者部落格就此問世。同一時間我們正好著手開發席德・梅爾的**那款**經典遊戲，我們覺得，一定是上天在暗示我們，這個決定百分之百做對了。

　　世事果然無法盡如人意。我發表的第一篇部落格文章熱情洋溢、

樂觀向上，先從美好的兒時回憶講起，談到小時候在市集上買到蠟做的迷你恐龍，講我是如何堅持把錢投進一台又一台的機器，看著機器灌模。然而，到了第四篇，我的部落格文章只剩幾段話。到了第七篇，我提了一下迪士尼電影《恐龍》的軼事，根本沒談到遊戲本身，再來是六個月的空白，然後就是超級尷尬地直接宣布「不好意思，遊戲沒了」。更討厭的是，由於我記取了教訓，所以我不能透露雖然恐龍遊戲沒了，但即將會有很棒的新作《模擬高爾夫球場》。這次要乖乖等到快要上市再提。

真要說的話，這只是一個小失誤，我們的網站依舊持續由同仁提供豐富的內容。公司各個部門放上不提前劇透的內容，但我後來就不再寫部落格，日後再有類似的園地我也大都沒有參與。有人認為社群媒體代表人類的墮落，我不屬於那一派，我只是覺得社群媒體不適合自己。我受不了隨時隨地都處於公眾的鎂光燈下，偶爾露個面還可以，不過其他人顯然如魚得水。到了二〇一一年，我們認為時候到了，該開始從生產的角度考量社群媒體，不再把社群媒體侷限為與玩家溝通的管道。

不論多人遊戲的程式碼寫得多好，有件事總是難以避免：網路上總會有一些奇奇怪怪的陌生人，做出令人最不舒服的事。如今把語音頻道設為靜音已經成為線上遊戲的必備功能之一，有點讓人難過。多數的服務有所謂「朋友清單」的功能，協助你在組隊時找到具備運動精神的可敬對手，但近年來，最大的遊戲突破是臉書（Facebook），臉書的重心是社交元素，而不是糾正措施。臉書行動裝置的滲透率使

得非同步的遊戲也玩得起來，用戶只要在一天之中有空的時間登入，就能開始玩；大家也能隨時下線，去過自己的生活，中間的時間不會被綁住。對我來說，這種時間拉長的合作遊戲是一個尚未探索過的領域，滿有趣的；於是我著手設計了新版本的《文明帝國》，也就是《文明世界》，配合我們一天二十四小時、每週七天隨時連線、隨時有眾多玩家的現代生活。

可惜的是，有趣不代表一定會成功。《文明世界》有幾個問題，最大的問題就是真人玩家接受考驗時，一般會展現不願意合作的天性。我們有個重要的遊戲機制仰賴玩家自願互贈金幣，但玩家幾乎永遠不做這件事。另一項遊戲機制是當你受困的時候，你可以呼救。我們原本以為這個設計將促進利他主義帶來的正面感受，讓玩家理解社群的重要性；結果大部分的時候，每個人卻都選擇讓朋友受苦。最糟糕的一點是，《文明世界》屬於中央管理的遊戲，意思就是我們無法讓它悄悄被世人遺忘，我們必須正式關閉伺服器，而且這次不是在部落格上發一篇文章那麼簡單，還得敲鑼打鼓正式向媒體宣布。單人遊戲可以暫時擱在一旁，看什麼時候有心情再回去玩，但線上遊戲的參與率一旦下降到某個程度，財務現實就會逼迫你從每個人手上奪走那款遊戲。

不過，即便社交功能是一場空，《文明世界》的行動功能沒有問題。此外，我們現在相當成功地把《文明帝國：變革》移植到 iPad 上。我認為手遊還是有可取之處，例如有可能降低預算、冒更大的風險就是非常好的優點。我已經習慣大製作、大力行銷的遊戲（幾乎算

是情非得已），我也依舊非常享受開發 Firaxis 製作的 AAA 級遊戲（注：亦稱「3A 遊戲」，即投入大量預算的遊戲），不過我最愛的還是獨立開發遊戲的精簡流程。我是少數還記得「也只能這樣做了」的年代的人。雖然我永遠不想要拋棄我們日後獲得的進展，但手遊似乎能讓人在大型工作室提供的安全網之內，重新獲得獨立開發的體驗。

既然我決定要走老派路線，那就該貫徹到底。早在《文明帝國》之前、在《大海盜！》之前，甚至是在潛水艇戰鬥與戰爭遊戲之前，還有那座坐在硬塑膠椅上玩的紅白大型遊戲機台《紅男爵》。

雖然很明顯，比爾比我還要迷飛機，但我對飛機也不是毫無興趣。我小時候搭機前往瑞士時，機上有一位好心的空少隨時關注我的需求，讓我獨自一人橫越大海時不會害怕。他先是安排我獨占一整排的座位，讓我在航程的過夜時段能舒展身體睡覺。日後回想起來，那大概是最好的搭機優惠，但當時我還小。我印象更深刻的是，每當那位空少走來確認我的情況，他都會順手給我一片錫箔紙包著的巧克力，上面的圖案是瑞士航空的飛機。我吃掉第一片巧克力，但我發現每張包裝紙上的飛機圖案都不同後，我就存起來不吃了。那位空少對我很好，到了下飛機時，我已經蒐集了全套的飛機，一共十幾片的樣子。我其實還是可以吃掉巧克力，保留包裝紙就好，但我喜歡完整的蒐集，而且我隱隱約約覺得，這些巧克力總有一天將派上用場；要是

沒有當年那幾張皺巴巴的脆弱錫箔包裝紙，也不會有我日後製作的結實 3D 玩具。我確定後來我還是吃掉了巧克力，但我記得我把它放在爺爺奶奶家至少好幾個月。

有一陣子，我甚至做過一份貨真價實的飛機工作。大三過後的那個夏天，瑞士的叔叔嬸嬸告訴我，老家附近一間叫康特拉韋斯（Contraves）的軍事承包商正在招募電腦程式設計師。叔叔嬸嬸解釋，老闆娘是美國人，老闆也特別欣賞美國人，尤其是我們這種能以流利英文閱讀 IBM 電腦手冊的美國佬。只要我有意願，那份工作就是我的了。公司辦公室位於蘇黎世，從比拉赫通勤大約需要三十分鐘，上班要搭的就是我小時候超愛的那條火車線。叔叔嬸嬸歡迎我住在大宅子裡，要住多久都行。康特拉韋斯的業務重心比較不是飛機，而是攔截飛機的防空系統，不過我依舊很感興趣。再說了，對於一個還在學的學生來說，康特拉韋斯提供的薪水高得驚人。我決定把這份工作當作到國外求學的機會，向密西根大學申請延畢，冬天先去康特拉韋斯上班。說老實話，我主要負責的其實是薪資部門的軟體，但能在履歷中放進大型國際軍事承包商的工作經驗依舊是很酷的一件事。我在那裡待得很愉快。

事實上，我如魚得水、樂不思蜀，打算定居瑞士。我的職業生涯可能就此完全不同。康特拉韋斯願意立刻讓我加入更進階的程式專案，而且我和小時候一樣喜歡比拉赫。然而，倒數計時的時間讓我不得不打道回府。我是瑞士公民，要服瑞士的兵役。二十歲以上的男子必須在軍中服役至少八個月，之後的好幾年還會是後備軍人。在海外

生活的公民可以豁免，但只要回國超過一年，就必須服兵役。我雖然喜歡玩軍事模擬遊戲，但我這個人絕對不適合參與真正的軍事行動。我甚至聽到謠言，外國人（注：Ausländer，此為德語）會被分到特殊的軍團，軍官認為這支隊伍比較弱，犧牲掉也無所謂。就這樣，在瑞士的生活即將屆滿一年，我正式跟瑞士說了再見，回到美國。在美國，軍事交給比爾那樣的人士英勇上陣，我負責在他們安全回到地面時娛樂大家就好。

距離上一次把飛機放到遊戲裡已經二十五年了，我覺得這個主題差不多該強勢回歸，不過這次得按照我的意思來。《王牌巡邏隊》將從頭到尾都是戰略遊戲，意思是戰役與其他環節將採取回合制。玩家將有時間考慮每一個飛行調度。此外，由於飛機的高度與座標一樣重要，一切將全部是在 3D 空間裡出謀劃策。

雖然回合制的飛行正好是個向來深深吸引我的非傳統遊戲選擇，我還深受另一個外界因素影響：遊戲設計師阿爾弗瑞德・李奧納迪（Alfred Leonardi）[†] 一九八〇年推出的《王牌飛行員》（*Ace of Aces*）。《王牌飛行員》的玩法完全仰賴兩本成對的厚重遊戲書，有如圖畫版的《多重結局冒險案例》（注：*Choose Your Own Adventure*，一系列的兒童書籍，讀者讀完一個段落後，可以自行挑選想要的情節走向，翻到對應的頁數），每一頁都有你從駕駛艙看出去的景象圖，以及一系列你可以選擇的動作與對應的頁碼。李奧納迪的遊戲回合步調平均，但同

---

† 成就解鎖：分一杯羹——找出其他三十六位開發者的名字。

時發生。兩名玩家各自選好動作，同時宣布對手應該翻到哪一頁，直到其中一人出現在另一人的十字瞄準線裡。那是個相當聰明的設計，證實了飛機遊戲可以按部就班進行，但依舊令人熱血沸騰。

　　我對《王牌巡邏隊》的成品很是滿意，不過那是我們製作的第一款純手遊，我們必須決定該如何定價，尤其到底要採取傳統做法、事先收全額的遊戲費用，還是該嘗試看看當下流行的新型「DLC」（注：downloadable content，可下載的擴充內容）模式。一開始先提供免費的閹割版，如果玩家還想玩後面的關卡，就得一次又一次付錢。如果你問玩家，他們怎麼看待這種所謂「微交易」（microtransaction）的收費方式，多數人大概都會破口大罵，但營收數字又是完全另一種景象。這種在免費遊戲裡收取小額費用的概念是由納克森遊戲公司（Nexon）率先使用的，他們最初會這麼做的原因是訂戶不足，眼看線上伺服器將得關閉，只好死馬當活馬醫。遊戲免費後，會員數果然飆升，但更重要的是，隨之而來的微交易遠遠超過先前的訂閱銷售，不僅挽救了遊戲，納克森的公司總營收還在一年內成長了一六％。寶石方塊遊戲《Candy Crush》（*Candy Crush Saga*）的用戶中，不曾為遊戲掏出一毛錢的玩家高達七〇％，高過大部分可以免費玩的 APP，但《Candy Crush》依舊一天就進帳數百萬美元。玩家口口聲聲表態討厭這種模式，但資產負債表倒是很誠實。

我的確認為先有免費的試玩、再讓玩家選擇要不要購買完整的遊戲，算是一樁公平的買賣。早在近日微支付掀起浪潮之前，投幣式的大型電玩其實就是相同的概念。然而，不可諱言，許多遊戲只是表面上免費，請君入甕，尤其它們又瞄準年幼的孩子，或是模糊了升級與必要內容之間的界線。首先你一定要有值得掏錢的產品，而且也要尊重玩家，誠實告知他們的錢將換到什麼東西。

在《文明世界》與《王牌巡邏隊》的開發期間，我們實驗過不同形式的商業模式，但很難在「玩家體驗」、「合理報酬」，以及同時支持以上兩件事的「遊戲設計」之間找到三者兼顧的甜蜜點。如果玩家一次買斷遊戲，你可以逐漸提升難度，以規律的步調添加新的複雜元素。然而，如果你知道玩家將被迫在兩條岔路之前徘徊，一條路是前進到第二個任務後付費，另一條路是乾脆不玩，你會很想早點放出更多的困難元素，證明這個遊戲真的值得玩下去。然而，要是你提前讓玩家看到困難的設定，你將失去速度跟不上的玩家。他們會被嚇到，心想這款遊戲一開始就這麼難，後面還得了。遊戲的難度絕對有可能拿捏地剛剛好，但《王牌巡邏隊》最初的定價引發了興趣缺缺的反應後，我們決定還是不要繼續拖長學習曲線，直接以典型的先付費模式推出續作《太平洋領空》，結果皆大歡喜。

當我學著適應手遊特有的眉眉角角時，我兒子萊恩正忙著在我的母校密西根大學取得電腦科學學位。萊恩也打算進入遊戲設計這一行，這或許有點順理成章，畢竟電腦在我們家扮演著很重要的角色。此外，萊恩從小就接觸到遊戲產業的開發端。我前往各地接受採訪

時，他經常跟著我四處跑。我從來沒有直接傳授任何遊戲設計原則給他，只不過我會在採訪中解釋，而萊恩有認真聽老爸說話。記者問到重複的問題時，萊恩永遠會搶先一步告訴他們。萊恩八歲的時候，我們已經無法不讓他入鏡，因為他會跳出來複誦所有的答案。

萊恩在大學時代擔任過某個組織的會長，該組織贊助一種叫「遊戲果醬」（game jam）的激烈競賽，參賽者必須在短短的四十八小時內打造出可用的遊戲原型。一開始我同意擔任他們的活動評審，但沒多久我就改變了主意，畢竟親自參賽比較有趣。遊戲果醬有如放個迷你假期，同樣可以自由探索任何遊戲主題與類別。那種不必加上花俏裝飾、光憑感覺即興的遊戲可以帶來一種純粹的滿足感。那次我替大學生製作了相當標準的迷宮遊戲《逃離殭屍旅館！》（*Escape from Zombie Hotel!*），不過眾所皆知，Firaxis 舉辦類似活動時，我都會走一點波希米亞風。舉例來說，我替「事情不一定會和看起來一樣」（Things Aren't Always What They Seem）這個主題製作了一個五顏六色的色塊平台遊戲。最終鏡頭拉遠，你會發現剛才走過的地方其實是一幅名畫。這個遊戲作品完美詮釋了我成天掛在嘴邊、萊恩大概從幼稚園就琅琅上口的原則：找出樂趣（Find the fun）。平台遊戲或許不是我擅長的領域，但「隱藏的藝術品」這個點子似乎召喚著遊戲。道理就和我平日處理的正式大型專案一樣，我絕對不會試著把某樣東西塞進特定的遊戲模板裡，我會從本身就有趣的事物著手，找出那樣東西注定要成為什麼樣的遊戲。

先選定遊戲類別、接著再回推的做法，除了可能會做出支離破碎

或令人不滿意的遊戲，另一個風險則是到了最後，設計師會明顯複製自己最喜歡的遊戲。幸好，在密西根大學的遊戲果醬中，我沒見到這樣的情形，大夥兒創意十足，有一支參賽隊伍利用混音器當控制器，另一支隊伍讓玩家化身為吃獅子的動物管理員。不過，近年來的設計師大多從有記憶以來就在打電動了，很容易陷入重複製作相同點子的循環。「找出樂趣」的意思不僅僅是找出你的主題有哪些有趣的地方；你還得走到外頭，進入這個世界，找出先前從來沒被製成遊戲的主題。找到那樣的主題後，你一定要讓那個主題有空間呼吸。至於什麼樣的遊戲風格將最能帶出那個主題，你要保持開放的心胸。你有可能最後在梵谷的臉上蹦蹦跳跳，或是當另一架飛機進攻時，你盤旋在半空中、伺機而動；接著你會發現，這兩種體驗帶來的樂趣，遠遠超過任何人的想像。

24
真真假假

　　大學住在瑞士的那段期間，儘管我懂得當地的語言，我還是經歷了不少文化衝擊。好吧，應該說我**大致**懂得當地的語言。我的叔叔費瑞茲（Fritz）與嬸嬸艾迪絲（Edith）有兩個正在讀小學的孩子。我抵達後的頭兩個星期，他們以我能應付的字彙難度協助我重啟腦中的瑞士神經元。然而，至少過了一個月後，我才發現我稱呼每一個人都是用小朋友在講的非正式代名詞，而不是成人之間該有的敬稱。英語裡沒有敬稱，我很難解釋我用了多不恰當的方式，親熱地跟新老闆和同事講話，但你可以想像一個素昧平生的醉漢摟住你，喊你「哥」。然而，對公司的同仁而言，當面糾正我的語法將會是個更不禮貌的行為，因此我一直被蒙在鼓裡，當了好一陣子沒教養的外國人。

　　總之，我在瑞士偶爾需要來點美國文化，一有機會，我就會跑到蘇黎世的電影院看英語電影，其中一部是一下子就成為經典的喜劇片

《閃亮的馬鞍》（*Blazing Saddles*，德文的電影名稱是 *Der Wilde Wilde Westen*）。觀眾席中誰會英語一目瞭然。我們三、四個講英語的人，笑點一出現就馬上爆笑，其他觀眾則會慢個幾秒，因為他們還要讀螢幕上的德文字幕。《閃亮的馬鞍》是我看的第一部由導演梅爾‧布魯克斯（Mel Brooks）執導的電影，但絕對不是最後一部。為了向導演致敬，我抽取他的作品元素，把我的西部拓荒原型裡一個拓荒家庭的姓氏定為施瓦茨（注：Schwartzes，梅爾‧布魯克斯曾在他的搞笑版星際大戰《太空炮彈》〔*Spaceballs*〕中，把《星際大戰》裡的概念「原力」改為「Schwartz」，例如把「願原力與你同在」改成「願Schwartz 與你同在」）。此外，《文明帝國》的宣傳口號是「當王真好」也不是巧合（注：「當王真好」是梅爾‧布魯克斯的電影《帝國時代》〔*History of the World, Part I*〕裡的常見用語）。

我很喜歡布魯克斯與所有的喜劇演員，因為他們其實非常擅長分析，很會挖掘與找出某種講法或某則故事哪裡好笑，而那其實和找出遊戲體驗的哪些地方吸引人並沒有太大的不同。兩者都嘗試以強化版的現實吸引觀眾，兩者都需要理解人性的弱點，才會知道哪些東西可以擊中人心。此外，違反直覺的是，幽默能讓嚴肅的時刻更加深刻。這就是為什麼莎士比亞都會在悲劇作品中穿插喜劇橋段，尤其是當你的素材有限時（戲院舞台背景是用畫的、八位元圖形），幽默能時不時提振一下精神，引領觀眾進一步走入虛構的場景，靠觀眾自己的想像走下去。

然而，不是所有的事都能靠插科打諢帶過。《北與南：蓋茲堡戰

役》自然該以嚴肅的方式呈現，模組社群往往也會趁機增加這款遊戲的真實度，而不是淡化。《越南衝突》這款遊戲同樣也很莊重正經。至於《魔法風雲會》，那不算是我們的遊戲，不能隨性實驗。除此之外，幾乎每一款我製作的遊戲都帶有喜劇的自覺，比方說《機密行動》裡那幾位誇張版詹姆斯・龐德式的反派角色，以及《鐵路大亨》裡那群差點被拋棄的迷你橋墩工人。

我們認為喜劇元素對《文明帝國》來說特別重要，因為治理天下的概念本身就令人惶恐。我們邀請你替六千年歷史裡的成千上萬百姓做出攸關性命的決定，而遊戲中的輕鬆時刻就有點像是對你友善地眨眨眼，承諾我們會協助你，站在你這邊，但悄悄推你一把，讓你自立。新聞頭條會定期更新你的國家近況，但頁面其餘的內容都是花邊新聞，例如：〈獅子以七比〇大勝角鬥士〉、〈瑪麗皇后的飲食祕密：蛋糕！〉。此外，我和布魯斯・雪萊討論了很久，找出究竟該怎麼樣以實體的方式呈現百姓的幸福度，我們一起思考了哪些事物是幸福、生活品質與參政的傳統象徵，最後我選定了貓王（Elvis），讓他成為貫穿《文明帝國》系列的笑點，《文明帝國Ⅲ》裡還有一個彩蛋（「彩蛋」是玩家術語，意思是隱藏的程式碼）：如果你在貓王的生日，也就是一月八號那天玩遊戲，你的國王就會化身為貓王。

另一個總是很受歡迎的趣味元素，就是把我們自己放進遊戲裡。我在《文明帝國》與《文明帝國Ⅲ》裡擔任科學顧問，在《阿爾發新文明》扮演祕密組織的領袖，在《文明帝國Ⅳ》同時化身為嚮導與蠻王，在《文明帝國Ⅴ》是一座大理石雕像。傑夫・布立格在《文明帝

國Ⅲ》是軍事顧問。布萊恩‧雷諾茲穿著北軍制服，出現在《北與南：蓋茲堡戰役》的策略指南封面上（布萊恩是辦公室裡不容置疑的冠軍，因此獲此殊榮）。此外，我的聲音也悄悄地在《北與南：蓋茲堡戰役》出場，不過我相當確定，那是不小心出錯的結果。在找專業人士來錄音之前，我們會先自己錄錄看，看哪句台詞的效果比較好。不知是怎麼搞的，我那句「側翼掩護好了！」成了漏網之魚，後製沒換成正式的版本。此外，《王牌飛行員》裡幾乎所有的聲音與人像全都是某位 Firaxis 同仁的口白，因為我們的手遊預算有限，自己來比聘請配音員划算。

公司裡沒有任何人在《模擬高爾夫球場》中登場，但令人不解的是，其中有一座湖是以羅賓‧威廉斯的兒子寇弟（Cody）命名的。其實遊戲裡的三座湖先前分別以羅賓的三個孩子命名，因為賓‧戈登告訴我，下回和羅賓見面時，他會讓羅賓試玩遊戲的原型。當時我想，羅賓要是發現這點，一定會很有趣。然而，《模擬高爾夫球場》正式推出之前，我們不得不換掉羅賓其他兩個孩子的名字：薩爾達與柴克（Zak），因為這樣看起來會有侵犯其他遊戲版權之嫌。（如今世人大概比較認得出來「薩爾達」是遊戲角色的名字，「柴克」則是在《模擬高爾夫球場》問世之前，在盧卡斯影業幾年前的遊戲《異形大進擊》〔Zak McKracken and the Alien Mindbenders〕中出現）。

近年來，遊戲彩蛋沒以前那麼流行了，主要原因是二〇〇五年爆發了一樁叫做「熱咖啡」（Hot Coffee）的醜聞。有人發現《俠盜獵車手：聖安地列斯》（Grand Theft Auto: San Andreas）裡頭有一個被放棄

但沒有完整拿掉的小遊戲。模組社群重現那個小遊戲後，世人立刻明白為什麼工作室決定把它砍掉。《俠盜獵車手》系列其實原本就以成人內容出名，但這次的事件引發了很大的法律爭議，眾人議論紛紛，《俠盜獵車手》是否是為了躲避分級委員會的審查，刻意把那個小遊戲藏起來，最後的和解金超過兩千萬美元。從此以後，發行商自然對任何類型的暗藏內容都神經兮兮的，他們普遍希望最好還是不要放彩蛋。

彩蛋的喜劇功能主要被「成就」（Achievement）的概念取代，也就是達成某些遊戲標準後出現的虛擬獎勵。標準的獎勵時刻包括玩家通過特別困難的關卡，不過其他的例子就有點搞笑了，例如：在隨機地圖遊戲中找到夏威夷，將出現著名夏威夷警探影集台詞「丹尼，搞定了」（Book 'em, Danno）的徽章（注：官方繁體中文版名稱為「檀島警騎黑名單」）。在《文明帝國 V》「蒙古的崛起」劇本中獲勝，將取得「汗」（Khan）的成就，輸了則會獲得「可歌可汗」（Khaaan!）。有些成就徽章稀奇古怪，例如：在《文明帝國 VI》，玩家如果同時擁有米開朗基羅與多那太羅的巨作，外加一個以上的下水道，並在紐約啟動達文西，將可獲得忍者龜主題的「披薩派對！」（Pizza Party!）徽章（注：忍者龜的四個角色原名皆取自文藝復興時期的義大利藝術家，分別為米開朗基羅、達文西、多那太羅與拉斐爾）。

不過，《文明帝國》多年來的所有相關玩笑，以及一直被流傳的趣事中，我覺得最滑稽的還是「核平聖雄甘地」（Nuclear Gandhi），不過原因很複雜。

在《文明帝國》裡，每一個文明都有預設的領袖，通常會是那個文明最有名的歷史人物，例如美國人由林肯帶領，英格蘭人的統治者是伊莉莎白一世等等。這是快速樹立特色的捷徑，但也引發了一些問題，聖雄甘地（Mohandas Gandhi）就是一個好例子。甘地是印度知名度最高的人物，但他不是渴望征服全世界的那種領袖。不過，我決定，不是也沒關係，畢竟遊戲的獲勝方式不只一種。甘地依舊可以在大部分的時候當個和平主義者，又在科學競賽中代表難以擊敗的挑戰，反正完美平衡的遊戲 AI 可以兼容並蓄。

　　接著，事情就開始有趣了起來（更遑論網路上五花八門的說法）：所有的領袖會有不一樣的各種特質，從一分到十二分不等，甘地的侵略指數一如預期被設定成一。然而，每當國家採取民主政體，另一條程式編碼就會讓侵略指數自動減兩分，所以理論上甘地的侵略指數會變成負一分。然而，程式計算不允許負分，溢位錯誤使得數值衝到數字表上的最大數，於是甘地的侵越指數一躍跳成兩百五十五分；因此，一旦印度成為民主國家，甘地就會化身為邪惡的好戰分子，開始用核子武器攻擊射程範圍內的每一個人。沒多久遊戲就更新了，但玩家覺得兩相對比實在是太有趣了，所以不斷地開這件事的玩笑。遊戲迷製作了各式各樣的哏圖，例如：甘地的圖被加上說明：「他們先是忽略你，接著嘲笑你，再來是攻擊你，然後你用原子烈焰清洗他們。」、「以牙還牙，以核武還核武，整個世界就會臣服於我的腳下。」

這一類的圖片在網路上傳得到處都是。其他迷因甚至不必加上文字，例如甘地被合成進電影《奇愛博士》（*Dr. Strangelove*）的結尾，騎在一顆落下的核彈上。

然而，我覺得核平聖雄甘地十分搞笑的地方，不在於這些無數的二創與故事，而是從頭到尾沒有任何一件事是真的，根本沒有溢位錯誤這回事。

印度打仗時，就和遊戲裡的任何文明一樣，甘地的確會在迫不得已的情況下動用核武，而許多玩家覺得這個設定很奇怪。真正的林肯本人的確也不太可能會動用核武攻擊任何人，但遊戲整體的概念是，每位領袖不論再怎麼崇尚和平，總會有畫出底線的時刻。此外，甘地確實會經常嚇阻玩家，因為他主要的特質是避免戰爭，而兩敗俱傷的可能性能有效阻止開戰。由於所有的領袖都用基本的外交指令檔，或許從謙卑的苦行僧口中說出恫嚇的話，會讓人覺得人物設定有點前後不一，但甘地提醒你「我們有核武，我們言出必行！」時，他只不過是在做拿破崙或其他任何領袖都會做的事。此外，以大力追求科技的文明而言，印度更有可能在遊戲的早期就取得相關的軍事技術，也就是說，甘地提出的原子毀滅威脅有可能在玩家連火藥都尚未掌握的階段出現。平心而論，甘地偶爾會顯得有點不必要地偏激，但那也只是口頭上的威脅。

不過，甘地事實上並不受民主政體帶來的分數變化影響，也沒有什麼數值跳到兩百五十五的事。那一類的錯誤源自「無正負號字元」（unsigned character），而那不是 C 程式語言的預設值，我也沒把它用

在領袖特質上。布萊恩・雷諾茲是用 C++ 寫《文明帝國 II》的，他同樣也沒有使用那種字元。《文明帝國》和《文明帝國 II》推出後，我們從來沒有接過有關甘地漏洞的抱怨，也不曾發布任何更新。在遊戲裡，甘地的侵略指數從頭到尾都是一。

死忠粉絲馬上會指出，在《文明帝國 V》中，與其他形式的戰爭相比，甘地偏好核武的程度設定在十二，就如首席設計師喬恩・謝弗透露的那樣。然而，那是在最早的《文明帝國》推出十九年後所做的更動，喬恩只是進一步做出了一個既有的小樂趣，畢竟甘地用核武這件事本身違和感就很重。在這系列的遊戲中，喬恩是替粉絲製作甘地彩蛋的第一人，而且在《文明帝國 V》二〇一〇年推出之前，喬恩從來沒有聽過兩百五十五分的溢位故事。

那麼，這個說法到底從哪裡冒出來的？

這件事最早是在二〇一二年七月出現的，也就是喬恩的《文明帝國 V》問世兩年後，距離最早的《文明帝國》已經過了二十幾年。當時有個叫「鮪魚」（Tunafish）的用戶在 TVTropes.org 上面提供了一條《文明帝國》的冷知識（他自己的說法），任何人都能編輯那個欄位。鮪魚的說法沒有被大幅更動過，到了同年十一月，某個匿名使用者在「維基亞」（Wikia，和維基百科類似的大眾文化網站）放上簡化後的同一個故事，接著那個 IP 位置就再也沒有編輯過任何維基亞詞條。TVTropes 不願意提供用戶資料，但一開始那個「鮪魚」帳戶似乎也不再有動靜。

六個星期後，討論串開始出現。先是有遊戲論壇的兩名老用戶再

度提起這個故事，其中一人詢問資料來源，另一人回答了維基亞的網頁。接下來的幾天，有幾則貼文流到其他小型網站上，再度只有一個人質疑出處，這回是 TVTropes 的連結被拿出來當證據。

接下來的一年半，故事漸漸傳播出去。每隔幾個月，電子布告欄 Reddit 就會冒出傳言，有一回，一位 Tumblr 上的男性用戶「Chaz」也引用了這則故事。這個故事真正熱門起來是在二〇一四年十月，當時有一則名叫《真實人生中的甘地與文明帝國裡的甘地》(*Real Life Gandhi vs. Civilization Gandhi*) 的漫畫再度被放上 Reddit。那則漫畫本身已經有好幾年的歷史，而且只是淡淡地強調甘地的手指擺在按鈕上的幽默之處。然而，在底下的留言有六名用戶分享了自己聽過的溢位錯誤故事。

三人成虎，很多人都那樣講，就成了事實。

十天後，遊戲新聞網站 Kotaku 報導了甘地的程式問題，幾小時後 Geek.com 上面也出現了類似的文章。兩家報導都把 Reddit 的討論串列為資料出處。好幾個新聞部落格也跟進報導，但這次把 Kotaku 當成資料來源。二〇一五年二月，一名同樣又是首度發言後就不見蹤影的匿名用戶，在維基亞的討論頁留下一則激動的留言：「我們不討論一下民主影響了甘地侵略指數的遊戲問題嗎？自《文明帝國》一代以來，那就是《文明帝國》系列的核心元素。」

一個半星期之後，「核平聖雄甘地」的事被收錄到超大型網站「懂你的迷因」(Know Your Meme) 上，原始出處也被列為《文明帝國》系列中「已經證實」的事實，卻又說那是《文明帝國 II》中的程

式錯誤，而不是一代。六個月後，在哈佛大學的電腦科學課上，那則故事被當成真實世界發生過的溢位錯誤實例。一直到了今天，每隔一段時間，那則軼聞依舊會被大型新聞網站與 BBS 提起，例如到了近期的二〇一九年，特斯拉創辦人伊隆・馬斯克（Elon Musk）又在推特上提到此事，而且幾乎每次這事又被挖出來的時候，至少會有幾則留言說：「拜託，這不是每個人早就知道的嗎」。

核平聖雄的軼聞顯然是一則警世故事，告訴我們資料來源的重要性。我想不通為什麼網友鮪魚當初要捏造這則故事，或許他的初衷正是刻意去證明網路上的說法有多不可靠。最懂網路的人最不相信網路。鮪魚顯然擁有足夠的程式知識，也杜撰出可信的故事。另一種可能是有人為了好玩而去散布種子，想找出能讓多少講得煞有介事、但完全是亂掰的故事，變成文化裡的正統講法。也有可能鮪魚只是個選用印度文明，然後在發展出民主政體後，恰巧被核武炸過的路人玩家。他邏輯跳躍，認為問題不在於自己採取了失敗的外交政策，於是就把過失怪在 AI 頭上。

對我而言，更值得探討的問題是「為什麼這個故事如此吸引人，每次出現都會帶來流量？」當然，《文明帝國》系列本身很受歡迎是原因之一，此外也和特定的玩家族群有關。我們製作的是電腦遊戲，我們的玩家自然懂電腦，而且他們大都是在網路上看新聞以及滿足自己的社交需求。與現實生活中隨口提一提相比，在網路的世界裡，東西只要一被寫成文字，就會流傳好長一段時間。此外，核武甘地的故事有提到一點技術細節，鄉民在分享這則故事時會覺得自己很聰明，

但解釋起來依舊很簡單，任何人都能懂。此外，這則故事很幽默，幽默的色彩會讓任何事物都流傳得更久一點。不論時間過去多久，不論實際上發生的機率到底有多低，「甘地居然會發射核武」這個概念本身就太好玩了。

有人主張，把甘地描述成熱愛核武反而更符合實際情形，因為甘地的政治理念不斷隨著時間演變，他向來深深痛恨其他國家壓迫他自己的國家。不過，這已經離題了，我的工作畢竟是創造出一群平衡的AI角色，接著找到捷徑，讓玩家在情感上與這些角色連結。印度的政治領袖尼赫魯（注：Jawaharlal Nehru，印度從大英帝國獨立後第一任總理）或許是個更貼近現實的選擇，但少了甘地，遊戲就不會那麼雋永，也不會那麼有趣。

此外，我認為這就是粉絲如此熱愛這則虛構故事的原因，以及為什麼沒有記者試著證實或揭發這則軼聞的理由。抓到深受喜愛的遊戲裡的錯誤所帶來的滿足感，勝過發現你不在乎的遊戲有問題。這是一個可愛的缺點，等同遊戲社群標題是〈遊戲設計師：他們也跟我們一樣！〉的偷拍照。從那個角度來看，我明白核平聖雄甘地歷久不衰的背後，玩家是懷著什麼樣的心情。就算那會使我跌落任何我被擺上的神壇，我也覺得沒有關係。我的程式的確會有出錯的時刻，即便甘地的事不是其中之一。此外，我很樂見玩家們如此投入這款遊戲，彼此互動，大家開心就好。

25

超越

　　我希望能說自己是《星艦爭霸戰》裡的寇克艦長（Captain Kirk），但其實我是舵手蘇魯（Sulu）。我覺得默默做事很好。理論上，一九六〇年代的男孩都夢想成為勇於探索、萬人景仰的太空人，但我有自知之明，深知那種大膽的冒險不適合我。寇克艦長出生入死，還得在外面交際；我適合待在背景裡當可靠的後盾，忙著做複雜的計算。

　　我還記得，一九六九年的夏天，電視上播報著阿波羅十一號登月任務（Apollo 11）。新聞主持人華特・克朗凱（Walter Cronkite）以不疾不徐的語氣報導了那場「人類幻想了幾千年的旅程」。從火箭升空一直到阿姆斯壯（Neil Armstrong）的太空靴踏上月球那四天，幾乎隨時都在播報新聞。那是第一次全國人民聚在一起的實時體驗，首度有如今日的我們一樣，每天隨時隨刻連結在一起。以前的新聞只會在晚

上播報半小時，而且主播克朗凱只負責傳遞消息，但月球播報讓他聽起來像一位先知。

克朗凱說：「我們現在幾乎隨隨便便就能脫口說出『人類登月』這幾個字，但是天啊，你想想。」

我想過。也不過阿波羅十一號登陸月球的六星期前，初代的《星艦爭霸戰》剛播完大結局。我抱著朝聖的心情看完每一集。我和朋友克里斯（Chris）、法蘭克（Frank）平日會在星期五的晚上先去YMCA（基督教青年會）游泳[†]，接著一起回我家收看最新的《星艦爭霸戰》。我最愛的那集叫〈永恆邊界之城〉（The City on the Edge of Forever），艦長寇克和大副史巴克（Spock）在那集穿越了時空之門，回到一九三〇年代，兩人試著在不改變歷史的前提下，救回自己的船員。寇克艦長一如往常陷入愛河，而且那個女孩一定得死，才能不動到時間線。對一個十三歲的男孩而言，這個概念超級震撼。一個小改變將如何可能澈底影響歷史的走向，這個問題在我的職業生涯中出現過一、兩次。

我認為，自從脫離了ASCII藝術的年代，我就沒製作過太空船遊戲實在是有點奇怪，但一直要到《王牌巡邏隊》證實了回合制飛行的概念可行，始終躺在硬碟裡的太空遊戲原型才終於感覺對了。和前輩《王牌巡邏隊》一樣，我的《星際戰艦》主要是一款戰術遊戲，輕鬆的故事結構帶著玩家從一場戰役過渡到下一場戰役，不會深入到破壞

[†] 成就解鎖：除了摩托車騎士，大家一起來——和士兵、鐵路工人、警監、波卡特洛酋長與閃亮的馬鞍造訪YMCA。

「《機密行動》原則」。不過我們安插了一點小巧思，把遊戲背景設置在和我們最新的《文明帝國》系列《文明帝國：超越地球》相同的宇宙，因此玩家可以在故事之外建立情節。玩家可以單獨玩《星際戰艦》與《文明帝國：超越地球》，也可以分享這兩款遊戲的數據，一起展開故事。或許有一天，我們會像遊戲界的漫威宇宙（Marvel Universe）那樣，以某種方式把每一款新遊戲連結在一起。（沒啦，我們未來不會那麼做。還要特別澄清這點感覺有點好笑，但還是說清楚比較好。）

我很難不天馬行空想著「或許有一天」的點子，因為我活得愈久，還真的有愈多事情成真了。一九九七年，我在《遊戲開發者雜誌》（*Game Developer Magazine*）的特約專欄曾談過，獨立工作室與大型發行商將漸行漸遠。我預測產業將「回到一九八〇年代中期令人心醉神迷的歲月。當時有幾個人有車庫，還有能在電腦遊戲產業掀起革命的願景。」那段話至少有部分是個人志向（那是我**期盼**的業界發展方向），大概也間接說明了當時我離開 Firaxis 的原因。我提到官僚體制「令人窒息」的本質，指出除了我們，一九九六年前五名的產品（《魔獸爭霸 II》〔*Warcraft II*〕、《迷霧之島》〔*Myst*〕、《毀滅公爵 3D》〔*Duke Nukem 3D*〕、《文明帝國 II》、《終極動員令》〔*Command & Conquer*〕）全都是小型公司開發的。不過，我根本無法預見近日 iTunes Store 或 Steam Workshop 那樣的平台，現在不是每年有二、三十款獨立遊戲問世，而是一天就有那麼多的量，有時甚至一個小時就冒出那麼多的作品。我先前對「虛擬實境頭戴式顯示器」與「互動式電

影」等熱門話題嗤之以鼻，認為趕流行會讓人無法專注在優秀遊戲的基本精神上；然而，我也曾經認為「CD-ROM」與「DVD」只是噱頭，不過爾爾，所以誰知道呢？或許有一天我會把《叢林福洛德》轉換到最新的虛擬實境設備上。我是覺得不太可能，但當初許多我們最荒謬的夢想，日後看起來都保守到可笑。永遠別把任何事當作不可能。

然而，真實世界的我其實對未來不是太著迷。《星艦爭霸戰》的宇宙真正令我悠然神往之處，在於這部作品處理與人性有關的主題。寇克艦長的船員碰上的問題很多和我們一樣，而那些問題又和巴哈服務的教區居民的煩惱一樣，各朝各代沒什麼區別。我永遠等不及想知道接下來會發生什麼事，不過我主要是在思考相關的創新可以怎麼樣改善原有的東西。世上的問題無法以一蹴可幾的方法解決，但不論效果如何，我真心認為我們的產業貢獻了部分的答案。電玩教育與啟發了成千上萬的人，拓展了他們的視野，讓他們看到不一樣的世界。與絕大多數的書籍相比，我們的遊戲更常被翻譯成更多語言。最優秀的遊戲串起戰爭文化中的個人，協助他們找到彼此的共通點。和所有形式的藝術一樣，有好的遊戲，也有不好的遊戲，但我認為好的比壞的多。今日有專門展示優秀遊戲的博物館，例如紐約的斯特朗國家遊戲博物館（The Strong National Museum of Play）與德州的國家電玩博物館（National Videogame Museum）。史密森尼學會等大量組織也舉辦了無數場的巡迴演出與特展。

我經常受邀參加這類博物館的公關活動，不過可以的話，我還是比較喜歡當參觀者就好，因為我擔心，別人總會把我和過去聯想在一

起。我能接受以當年的見證者身分發言，但我總會刻意讓對話的基礎建立在我們現在正在做的事上，以及我們接下來要去的地方。你一旦開始談自己過去的豐功偉業，你就完了；我絕對還沒完。我製作過的遊戲上市後，大部分的遊戲我再也沒有玩過，因為我已經著手進行下一個遊戲了。丹妮・邦頓・貝瑞說過，她回顧自己以前的遊戲時，「一下子覺得很棒，一下子又想捂住自己的眼睛」，因為她總會想到可以改成怎樣更好。我習慣不回頭看，某種程度上這可以避免懊悔，但即便我發現了缺點，通常我也不會一直反芻那些事。我把缺點當作新遊戲的靈感，下次就能以不同的方式行事。

當然，我避不開自己的部分舊作，但我坦然接受，畢竟是我自己伸出手和粉絲建立連結。我覺得我欠他們的是《席德・梅爾的 ×××！》，而不是席德・梅爾。《席德・梅爾的 ×××！》版的我與原型的我非常不一樣。原型的我每天坐在桌前，在每位遊戲迷眼中都是不一樣的人，凝結在時光之中，代表著粉絲心中記憶最深刻的遊戲體驗。對某些人來說，我是一位睿智的老教師，在他們的青春歲月引導他們；對其他人而言，我是搞笑的朋友，在每一個人都說他們的年紀已經大到不適合做那種事的時候，我和他們一起假扮成海盜。大部分的人眼中的我根本與我這個人無關，而是與他們感受到的樂趣有關。我希望替他們留存快樂的回憶。

我的意思不是《席德・梅爾的 ×××！》是假的，只不過他是靜態的，完全由席德・梅爾在最佳狀態下比本人好看的快照所組成。他不必擔心中間的低潮期。位於幕後的普通版席德・梅爾則總是在埋頭

苦思，心情欠佳，或是鼾聲震天。我能接受兩個版本的席德‧梅爾都存在的事實，也能接受兩者必須保持距離。我也當過互動中的另一方，看著演員或音樂家，感受到那股連結，就好像我透過他們的作品認識他們本人一樣，所以我懂。搖滾明星希望不斷寫出新的作品，但他的粉絲希望聽到的是他紅的曲子。我認為雙方都有各讓一步的義務。我可以演奏暢銷歌曲。只要有人問起，我會聊聊《文明帝國》，但我希望遊戲迷也能考慮玩一下我的新作品，讓我們的關係有機會更豐富。如今，與粉絲互動是我工作的一環，且絕對算不上是負擔，但和粉絲交流也並非我每天早上起床的原因。

得獎也帶給我相同的感受。舊金山的「遊戲巡禮名人堂」（Walk of Game）曾經頒給我一顆星，有新聞照，有演講，該有的儀式應有盡有，但接著六年後，「遊戲巡禮」的景點被整個拆掉，改建成塔吉特超市（Target）。我太清楚熱度不過是一時的，我只把得獎當作悄悄回想從前的機會，感激自己能擁有這樣的人生。不用說，製作遊戲是全世界最棒的工作，我絕不可能回顧過往然後說：「人生確實是很美好沒錯，但我覺得每個人應該更感激我一點。」

我確定只要我想，我可以把我的人生想成永無止境的苦難。我可以談我爸在某個冬天帶著凍瘡回家，但依舊得走路去值夜班。好幾年後，我們家才終於買得起車。我可以談我和朋友在公園從事運動活動時，我們必須分享一半的運動裝備。我家的第一台電視是鄰居淘汰不要的，因為他買了更棒的機型。我可以告訴你，我家為了讓暖爐持續供熱，真的要到地下室鏟煤。我可以滿腦子想著沒成功的交易與失敗

的專案，或是讓家庭悲劇定義我。

　　但是，我從正面的角度看世界。我不知道那是我一路上刻意做出的選擇，也有可能是我生性如此，反正我就是那麼做了。我小時候曾經在後院自製溜冰場，推起一圈的雪，接著在中間注水，等水凝固成厚厚的冰。我穿好溜冰鞋沒多久就滑倒摔斷了腿。然而，我真的不記得身體有多痛，也不記得被送去醫院，還忘了腿打了好幾個月石膏讓生活有多不方便。我只記得一件事，而且這個部分鮮明地留存在我的腦海裡：由於我不能走路，學長幫忙把我移到不同的教室，我覺得好風光。他們把我放在肩上，扛著我在校園裡四處遊行，我好像國王一樣。我記得很清楚，當時我心想：「發生這種事實在是太幸運了。」

　　我的另一段回憶是在上幼稚園的時候，全校一起去戶外教學，我抽獎得到馬蹄鐵遊戲組。我大呼不可思議：「全校有幾百個小孩欸！竟然抽中我了！」那組遊戲我保留了好幾年，原因不是我特別喜歡玩，而是因為那代表著一段暖洋洋的回憶，可以讓我回想自己有多幸運。還有，我也清楚記得，在第一屆 NFL 年度冠軍賽超級盃（Super Bowl）開賽的前幾週，我在美術課畫了一幅畫，正確預測了比賽分數（包裝工隊〔Packers〕以三十五比十打敗酋長隊〔Chiefs〕）。我幾乎確定，在這一生之中，我碰上這些小幸運的頻率沒有比別人高，但我的大腦似乎只想留下這類的記憶。

　　我認為人生就和遊戲設計一樣，你必須找出樂趣。外頭有很多喜悅等著你挖掘，但有可能和你預期的不太一樣。你無法在開始做某件事之前就決定要得到什麼結果。萬一是個糟糕的點子，你不能只因為

喜歡就堅持做下去。快速行動，快速重複，好好利用你已經知道的事，發揮創造力改造傳統。不過最重要的是，你要花時間找出可能性，一定要讓所有的決定都是有趣的決定。

特別致謝！

　　我的職業生活與個人生活都幸運到令人無法置信，一路上我絕對稱得上有貴人相助。首先我要向太太蘇珊、兒子萊恩，爸爸奧古斯特（August）與媽媽亞博蒂娜（Alberdina）致上無盡的謝意，謝謝他們的愛與支持。此外，我也深深感謝比爾‧史泰利、布魯斯‧雪萊、布萊恩‧雷諾茲、傑夫‧布立格、索倫‧詹森、喬恩‧謝弗、艾德‧畢奇（Ed Beach），以及每一位曾在 MicroProse 與 Firaxis 工作過的同仁——沒有你們，就沒有這兩家公司，也不會有遊戲。

　　要是沒有我才華洋溢又努力不懈的經紀人米爾悉妮‧史蒂芬奈德（Myrsini Stephanides）與編輯湯姆‧梅爾（Tom Mayer），這本書同樣不可能問世。出版業有人玩遊戲其實不令人意外，但能和與你有相同熱情的人合作，實在是美事一椿。謝謝你們，也謝謝 Archive.org、Mobygames.com、CGWmuseum.org、GDCvault.com 的網站管理員與投稿人，他們讓歷史研究變得前所未有地容易；感謝丹尼爾‧西維奇

（Daniel Silevitch）、大衛·穆里奇（David Mullich）、努特·艾傑·布瑞內（Knut Egil Brenne）、傑夫·約翰尼曼（Jeff Johannigman）、恩隆·努瓦武（Aaron Nwaiwu）協助追查難找的細節與資料。當然，我還想大力感謝珍妮佛·李·努南。她花了無數個小時耐心聽我前言不對後語、高談闊論，接著又做了大量的精彩研究，寫下我確定經得起時間考驗的書稿。

最重要的是，我要感謝整個產業：謝謝提供我們工具的軟硬體設計師，謝謝提供資訊給大眾的作家與記者，謝謝舉辦活動的行銷與公關人員。我最要特別感謝的是所有的玩家。沒有玩家，我們的工作甚至根本不會存在。謝謝你們。†

---

† 成就解鎖：全數破關！──閱讀本書的〈特別致謝！〉。

席德・梅爾的完整遊戲列表

《井字遊戲》（*Tic-Tac-Toe*, 1975）

《星艦爭霸戰遊戲》（*The Star Trek Game*, 1979）

《搶救人質》（*Hostage Rescue*, 1980）

《銀行遊戲Ⅰ》（*Bank Game I*, 1981）

《銀行遊戲Ⅱ：復仇》（*Bank Game II: The Revenge*, 1981）

《仿製太空侵略者》（*Faux Space Invaders*, 1981）

《仿製小精靈》（*Faux Pac-Man*, 1981）

《一級方程式賽車》（*Formula 1 Racing*, 1982）

《王牌地獄貓》（*Hellcat Ace*, 1982）

《直升機救援行動》（*Chopper Rescue*, 1982）

《叢林福洛德》（*Floyd of the Jungle*, 1982）

《噴火戰鬥機王牌》（*Spitfire Ace*, 1982）

《僚機》（*Wingman, 1983*）

《叢林福洛德Ⅱ》（*Floyd of the Jungle II, 1983*）

《北約司令》（*NATO Commander, 1983*）

《單人航行》（*Solo Flight, 1983*）

《空中救援Ⅰ》（*Air Rescue I, 1984*）

《F-15 獵鷹行動》（*F-15 Strike Eagle, 1984*）

《沉默艦隊》（*Silent Service, 1985*）

《歐洲遠征》（*Crusade in Europe, 1985*）

《沙漠決斷》（*Decision in the Desert 1985*）

《越南衝突》（*Conflict in Vietnam, 1986*）

《武裝直升機》（*Gunship, 1986*）

《大海盜！》（*Sid Meier's Pirates!, 1987*）

《紅色風暴》（*Red Storm Rising, 1988*）

《F-19 隱形戰鬥機》（*F-19 Stealth Fighter, 1988*）

《F-15 獵鷹行動Ⅱ》（*F-15 Strike Eagle II, 1989*）

《鐵路大亨》（*Sid Meier's Railroad Tycoon, 1990*）

《機密行動》（*Sid Meier's Covert Action, 1990*）

《文明帝國》（*Sid Meier's Civilization, 1991*）

《大海盜！黃金之旅》（*Pirates! Gold, 1993*）

《豪華版鐵路大亨》（*Sid Meier's Railroad Tycoon Deluxe, 1993*）

《C・P・U・巴哈》（*Sid Meier's C.P.U. Bach, 1994*）

《殖民帝國》（*Sid Meier's Colonization, 1994*）

《文明帝國網路版》（*Sid Meier's CivNet, 1995*）

《文明帝國Ⅱ》（*Sid Meier's Civilization II, 1996*）

《魔法風雲會》（*Magic: The Gathering, 1997*）

《北與南：蓋茲堡戰役》（*Sid Meier's Gettysburg!, 1997*）

《阿爾發新文明》（*Sid Meier's Alpha Centauri, 1999*）

《安提頓戰役》（*Sid Meier's Antietam!, 1999*）

《文明帝國Ⅲ》（*Sid Meier's Civilization III, 2001*）

《恐龍遊戲》（*The Dinosaur Game*，未上市）

《模擬高爾夫球場》（*Sid Meier's SimGolf, 2002*）

《大海盜！勇敢去活》（*Sid Meier's Pirates! Live the Life, 2004*）

《文明帝國Ⅳ》（*Sid Meier's Civilization IV, 2005*）

《鐵路遊戲！》（*Sid Meier's Railroads!, 2006*）

《文明：變革》（*Sid Meier's Civilization Revolution, 2008*）

《文明帝國Ⅳ：殖民霸業》（*Sid Meier's Civilization IV: Colonization, 2008*）

《文明帝國Ⅴ》（*Sid Meier's Civilization V, 2010*）

《文明世界》（*Sid Meier's CivWorld, 2011*）

《王牌巡邏隊》（*Sid Meier's Ace Patrol, 2013*）

《巡邏隊：太平洋領空》（*Sid Meier's Ace Patrol: Pacific Skies!, 2013*）

《文明變革Ⅱ》（*Sid Meier's Civilization Revolution 2 , 2014*）

《文明帝國：超越地球》（*Sid Meier's Civilization: Beyond Earth , 2014*）

《星際戰艦》（*Sid Meier's Starships, 2015*）

《文明帝國Ⅵ》（*Sid Meier's Civilization VI, 2016*）

創造文明的人

席德‧梅爾回憶錄——
將6000年人類文明史裝進電玩裡的傳奇遊戲設計大師
Sid Meier's Memoir!: A Life in Computer Games

作者：席德‧梅爾(Sid Meier)、珍妮佛‧李‧努南(Jennifer Lee Noonan)｜譯者：許恬寧｜總編輯：富察｜主編：鍾涵瀞｜編輯協力：徐育婷｜企劃：蔡慧華｜視覺設計：白日設計、薛美惠｜印務：黃禮賢、林文義｜社長：郭重興｜發行人兼出版總監：曾大福｜出版發行：八旗文化／遠足文化事業股份有限公司｜地址：23141 新北市新店區民權路108-2號9樓｜電話：02-2218-1417｜傳真：02-8667-1851｜客服專線：0800-221-029｜信箱：gusa0601@gmail.com｜臉書：facebook.com/gusapublishing｜法律顧問：華洋法律事務所　蘇文生律師｜出版日期：2021年10月／初版一刷｜定價：480元

國家圖書館出版品預行編目(CIP)資料

創造文明的人：席德 梅爾回憶錄——將6000年人類文明史裝進電玩裡的傳奇遊戲設計大師/席德.梅爾(Sid Meier)、珍妮佛.李.努南（Jennifer Lee Noonan）著；許恬寧翻譯. -- 初版. -- 新北市：八旗文化出版：遠足文化事業股份有限公司發行, 2021.10

352面；16×23公分

譯自：Sid Meier's memoir! : a life in computer games

ISBN 978-986-0763-39-3 (平裝)

1.梅爾(Meier, Sid) 2.傳記 3.電腦遊戲 4.電腦程式設計

785.28   110013391